BREVE HISTORIA DE
LA MÚSICA

BREVE HISTORIA DE LA MÚSICA

Javier María López

nowtilus

Colección: Breve Historia
www.brevehistoria.com

Título: Breve historia de la música
Autor: © Javier María López
Director de la colección: José Luis Ibáñez Salas

Copyright de la presente edición: © 2011 Ediciones Nowtilus, S.L.
Doña Juana I de Castilla 44, 3º C, 28027 Madrid
www.nowtilus.com

ISBN: 978-84-9967-234-2
Fecha de edición: Septiembre 2011

Impreso en España
Imprime: Imprenta Fareso
Depósito legal: M.31.654-2011

Índice

1

Introducción para leer al principio y al final

Sin lugar a dudas, uno de los acontecimientos deportivos que más expectación genera en las audiencias televisivas es la llamada Liga de Campeones o UEFA Champions League, como se la conoce en su denominación anglosajona. Esta competición, que disputan los mejores equipos de fútbol de cada una de las ligas europeas, consigue un enorme seguimiento en cada una de sus retransmisiones. Se calcula que el partido final de este torneo puede llegar a ser seguido por cientos de millones de telespectadores, no sólo en Europa, sino a lo largo de todo el planeta. ¿Qué tiene que ver esto con la historia de la música? Al principio, durante y al final de la emisión los espectadores habrán podido ver y escuchar la cabecera televisiva de esta competición.

Seguramente habrán apreciado una música impactante, con un coro majestuoso, que muchos sentirán acorde con la épica lucha por el balón que se supone es la esencia del evento. Lo que seguramente no sabrán muchos de esos televidentes es que esa música tiene más de doscientos cincuenta años y fue ideada

La sintonía de un acontecimiento deportivo de audiencias planetarias es un arreglo de una obra creada hace más de doscientos cincuenta años por Georg Friedrich Haendel.

por uno de los compositores europeos más famosos. Se trata de una adaptación de *Zadok el Sacerdote,* obra compuesta por Georg Friedrich Haendel para la coronación del rey Jorge II de Inglaterra en 1727. Este no es un caso único. No hace muchos años, una plataforma digital española anunciaba su parrilla deportiva utilizando como sintonía, y prácticamente sin voz en *off,* un *organum,* una grandiosa composición polifónica a cuatro voces de la Escuela de Nôtre-Dame de París. En ese instante, el oyente-telespectador, sin saberlo en muchos casos, podía retrotraerse en el tiempo, al puro núcleo de la Edad Media europea: unos ochocientos años atrás.

Realmente, lo que estamos haciendo no es hablar propiamente de música compuesta con anterioridad, sino de una manifestación típica de las sociedades industriales y posindustriales.

Más allá del fenómeno del concierto o de cualquier otra forma de producción de música en directo,

Encendemos el teléfono y suena... ¡Francisco Tárrega! La sociedad actual está invadida de sonidos donde obras musicales del pasado pueden aparecer en cualquier situación.

es un hecho ampliamente estudiado, por aquellos que se dedican al fenómeno de la escucha ambiental, que hay música por todas partes: en las tiendas, en los transportes, en espacios públicos y no tan públicos, en los medios audiovisuales, que incluyen publicidad dinámica, en la cinematografía y en la televisión, en los tonos de los teléfonos móviles, en el mundo de la informática y en un largo etcétera. Seguramente, más de una persona ha estado escuchando a Mozart involuntariamente a través del auricular telefónico mientras aguardaba a ser atendida por un operador u operadora libre, o ha gustado de tatarear o silbar la música de un anuncio televisivo de colonias sin saber que estaba interpretando a Léo Delibes.

Esta manifestación, a veces casi impositiva, de música ambiental, cuya escucha no requiere una atención concentrada, tiende a crear en el oyente una especie de inmunidad a la audición, respuesta por otro lado comprensible para poder sobrellevar tal invasión de sonidos. Sin embargo, tanta y diversa presencia podría convertirse en un acicate que despertase nuestra curiosidad y nos impeliese a buscar más sobre estas músicas que aparecen y desaparecen

De la Grecia clásica al siglo xx en doce pasos.
La abundante presencia de grabaciones musicales de
diferentes épocas ha estimulado la sensibilidad respecto
a una gran variedad de estilos.

como sintonía de nuestra vida. ¿No sería interesante saber algo más de Francisco Tárrega, cuyos compases catorce a dieciséis de su *Gran vals* han sido utilizados como tono distintivo de la marca de teléfonos móviles Nokia? ¿Puede nuestra curiosidad llevarnos a conocer con más profundidad la obra de Richard Wagner tras haber oído un fragmento de la *Marcha fúnebre de Sigfrido* en el emocionante instante en el cual Ginebra devuelve la espada a Arturo en la película *Excalibur* de John Boorman?

En buena medida, gran parte de la música presente en la sociedad actual tiene un carácter pretérito, porque, a la sazón, y de un modo un tanto simple, se puede decir que ya ha sido compuesta. Pero lo curioso es la capacidad que toda ella tiene para presentarse como actual, más allá de los códigos en donde ha sido concebida. Pensemos en una tienda de discos, real o virtual: en un espacio común no sólo conviven estilos, sino épocas de la historia muy diversas. Es llamativo que, aunque la posibilidad de contar con registros sonoros es algo muy reciente en la historia de la humanidad, la presencia del fonograma parece haber supuesto el estímulo definitivo para el conocimiento y la propagación de los estilos musicales del pasado. Resulta sumamente interesante darles una justa dimensión más allá de su, asimismo, incuestionable manifestación como música del presente.

No se puede tampoco perder de vista que la misma música ha sido un lugar abonado para la reutilización de materiales, o directamente, como en la literatura, para el uso de la cita. Ello ha propiciado no sólo la composición de música nueva, sino que ha generado la aparición de música del pasado en contextos inesperados. A principios de los años setenta del siglo xx, la Electric Light Orchestra versionó el tema *Roll over Beethoven* de Chuck Berry. En esta versión se manifiesta explícitamente la *Quinta Sinfonía* de Beethoven como base de una profunda ironía. A principios de los años ochenta de aquella centuria, el grupo español Olé-Olé conoció un éxito de ventas gracias a su tema *Conspiración*. Era un calco, por otra parte reconocido, del aria «*L'amour est un oiseau rebelle*» de la ópera *Carmen* del compositor francés del siglo xix George Bizet. Una década más tarde, el grupo Enigma se atrevió a mezclar *samplers* de canto gregoriano con ritmos de *hip-hop*. Un caso lleno de sutileza es el del famoso *Canon en re mayor* del compositor Johann Pachelbel (1633-1706). La secuencia armónica de esta composición aparece de una manera igual o aproximada en muchas canciones populares desde la década de 1960 hasta nuestros días, aunque los autores de las mismas no sean las más de las veces conscientes de ello. De alguna manera, «historia de la música» dentro de la propia música.

La música como patrimonio: *El Romancero gitano* de García Lorca y *Noches en los jardines de España* de... ¿De quién?

Un participante en un concurso televisivo de carácter cultural contesta con acierto a la pregunta sobre la autoría de *El romancero gitano* de Federico García Lorca. Sin embargo, no está tan seguro sobre quién fue el autor de *Noches en los jardines de España* de Manuel de Falla. Ambas obras pertenecen a una misma época —distan entre ellas poco más de un decenio— y a un mismo espacio cultural. Asimismo, entre los autores hubo una conocida amistad basada en el mutuo respeto y admiración. Sin embargo, el concursante, que a lo largo de varias emisiones ha contrastado tener una buena formación general, ha flaqueado en sus conocimientos sobre música.

No es más que una anécdota. Pero no es demasiado aventurado pensar que dentro del conocimiento general de la cultura, o de las artes en particular, el bagaje de ideas sobre la música no suele estar a la misma altura. Hay muchos estudios y ensayos que intentan arrojar luz sobre el porqué de esta situación, abordando aspectos que van desde lo sociocultural a lo educativo. No es este el lugar para un debate de esta índole, pero seguramente, de la misma manera que nuestra escucha se enriquece y mejora conociendo los mecanismos intrínsecos de la música, también lo hace sabiendo algo más acerca de las obras que disfrutamos. Quizá es un proceso análogo al que se produce delante de una pintura al intentar ir más allá de los rasgos puramente técnicos, profundizando en el conocimiento del entorno artístico y cultural del momento de su creación. Recuperar el contenido del discurso previene de la tendencia a cierta banalización del conocimiento fruto de la inmediatez y premura con la que se fabrican los productos culturales contemporáneos.

RESCATANDO LOS SONIDOS DEL SILENCIO: LOS PROBLEMAS DE HACER LA HISTORIA DE LA MÚSICA

En 1992, el grupo de pop Los Manolos popularizó su propia versión de una canción de The Beatles, *All my loving,* de 1963, llegando a convertirse prácticamente en la canción del verano en España en ese mismo año. Hagamos ahora un supuesto futurístico. Dentro de mil años un musicólogo ha decidido estudiar la música de finales del siglo XX. Si algo de lo poco que queda de esa época es la canción del grupo español y las imágenes del grupo de Liverpool actuando en la plaza de toros de las Ventas de Madrid, a tantos siglos vista le será difícil dilucidar quién se inspiró en quién, o si el pop tiene raíces británicas o españolas.

Charles Burney en una de las primeras ediciones de su *Historia general de la música*. Este historiador inglés y musicólogo escribió una de las primeras historias de la música en sentido moderno a mediados del siglo XVIII. Su papel queda oculto detrás de su discurso, pero es el actor fundamental que proporcionará una visión u otra según su enfoque.

Aunque esta historia tenga algo de disparatado, cuando de lo que se trata es de acercarse al pasado, diatribas de esta naturaleza no son infrecuentes. Es algo consustancial a la investigación histórica. Sabemos que siempre tenemos una panorámica incompleta producto, entre otros factores, de la falta de datos. Otras veces, a cada época le interesa en diferente medida un aspecto u otro del período que aborda. La historia cambia, pero la perspectiva sobre ella también, y a ello no es ajena la historia de la música. De hecho, la conciencia acerca de la «historicidad de la música» se inició realmente durante el siglo XIX, puesto que hasta entonces, como señala el pianista y musicólogo alemán Ulrich Michels, la música de cada momento se hacía según una obvia relación sobre

«¿Cómo suena esto?». Uno de los folios del *Códice Calixtino* del siglo XII. Se podría pensar que la fuente principal del historiador de la música son aquellos documentos que poseen notación musical. Pero no sólo se trata de transcribir, sino de investigar en diferentes ámbitos para obtener la visión más completa posible de la música de cada época.

la anterior. Fue en ese momento cuando nos empezamos a «apropiar» del pasado. Valga a modo de ejemplo cómo, en 1829, Felix Mendelssohn volvió a dirigir en público la *Pasión según san Mateo* de Johann Sebastian Bach, obra que no se había vuelto a interpretar desde la muerte de su autor en 1750. Puede considerarse este acontecimiento como el punto de arranque para el redescubrimiento de este compositor alemán.

Pero, además, la historia de la música posee algo de ejercicio de trapecio. Los siglos nos han dejado una enorme cantidad de documentos donde se plasma cómo se escribían los sonidos en cada época, aquello que normalmente conocemos como partitura, o con más exactitud, como notación. Dejando aparte el hecho obvio de que los documentos no representan a toda una época, resulta aún más característico de la disciplina la ausencia de su sustancia misma, esto es, el sonido. Apenas contamos con grabaciones que vayan más allá de los últimos ciento treinta años. Entonces, ¿dónde buscar para abordar el estudio de música pretérita? No sólo son las viejas partituras, que necesitan una disciplina concreta como es la paleografía musical, las que nos pueden hacer conocer la música del pasado. Los musicólogos echan mano de la organología (el estudio de los instrumentos), la iconografía (el uso de las imágenes como fuente de conocimientos diversos), la sociología, la acústica, el estudio de la composición, de la praxis interpretativa, la estética y otros tantos campos de estudio que permiten profundizar en la historia del fenómeno musical.

Esta incursión en el pasado ha generado no pocos debates a la hora de cómo reconstruir la música pretérita. Uno de los más interesantes es el que confronta a la hora de interpretar música a *historicistas* y *presentistas*. Los primeros, con gran predicamento durante las décadas de los sesenta y setenta del siglo xx, abogan por la posibilidad de poder reconstruir con una exactitud muy cercana

Música petrificada. Los instrumentos de cada época nos proporcionan una idea aproximada del timbre de la música. Para reconstruir una chirimía del siglo XVI como la de la foto, no sólo resultan útiles los ejemplares que se conservan, sino el estudio de las imágenes del mismo.

a la original la música del pasado, tanto en su aspecto sonoro como en su aspecto contextual, es decir, el marco para el cual fue concebida en primera instancia. Para sostener su tesis, se apoyan en las investigaciones muy rigurosas que sobre la historia de la música se realizan gracias a los diversos campos de exploración que hemos mencionado más arriba. Por el contrario, los presentistas, aceptando de partida su incuestionable procedencia del pasado, consideran que la música no es un objeto en sí mismo, ideal, y que por tanto, en su transmisión, se contagia de las sensibilidades del presente, tanto en la interpretación y escucha, como en el imaginario que se proyecta sobre ella.

En el fondo, lo que subyace dentro de este debate es algo que no afecta exclusivamente a la utilización de la música del pasado. Nos referimos al criterio de *autenticidad*, un principio con el que se suele abordar, no sólo la música, sino muchas otras manifestaciones de la actividad humana. Hablamos de cuál es el *rock* auténtico, el folclore auténtico, el son auténtico, y así podíamos continuar ampliando el abanico. Seguramente no hay una respuesta unívoca. Y quizá sea mejor así. Reconstruir el pasado musical con todo su detalle es un maravilloso empeño que nos descubre nuevas sonoridades, que, precisamente, son eso... *nuevas*. Como ya señalaba el historiador alemán Gustav Droysen en el siglo XIX, nos interesa el pasado porque sigue siendo. Pensemos en algo muy generalizado y que suele pasar desapercibido cuando pensamos en música: una buena parte de la creación musical del planeta se ha realizado, y se realiza, ateniéndose a tradiciones de improvisación, sin haber quedado ningún registro más allá de testimonios de tipo narrativo. Las improvisaciones al teclado de Bach o Beethoven, por ejemplo, no han quedado plasmadas en un modo musical. Únicamente se puede especular a partir de algunos indicios que aparecen en sus composiciones y de testimonios coetáneos.

PERSONAS, PERO SOBRE TODO ESTILOS. Y TODO SE TERMINA SOLAPANDO...

Es posible acercarse a la historia de la música señalando todos esos importantes nombres que en mayor o en menor medida pueden estar en nuestra cabeza: Mozart, Chopin, Louis Armstrong, The Beatles... Sin embargo, tanto la explicación como la significación de su obra están fuertemente conectadas, por un lado, con otros nombres quizá menos habituales en las grandes historias generales y,

¿Basta con ser un genio? En el Londres de 1763 un Mozart niño se encontró con uno de los hijos de Bach, Johann Christian, en cuyas partituras brotaba el nuevo estilo clasicista que empezaba a propagarse por la Europa del momento. El infante quedó profundamente impresionado. El contexto es fundamental para entender la música incluso de los más dotados.

por otro, con el contexto en donde vivieron y desarrollaron su creación. Volvamos al principio del párrafo: la impresión que causó sobre un niño Mozart uno de los hijos de Bach, Johann Christian, fue muy profunda.

Chopin no puede ser completamente entendido sin el pianista y compositor irlandés, padre del nocturno romántico, John Field. El histórico álbum de The Beatles *Sgt. Peppers* no se puede concebir sin el previo de The Beach Boys *Pet Sounds* y, en general, sin todo el ánimo exploratorio y vanguardista que animaba a la época. Si el gobierno de Estados Unidos no decide cerrar el barrio del Storyville en 1917 en Nueva Orleáns, los músicos de esta ciudad, que practicaban un estilo llamado *jazz*, no se hubiesen visto obligados a emigrar a otras urbes y, quizá, la trayectoria de Louis Armstrong hubiese sido otra. La historia de la música es la historia de la evolución de los estilos con todos sus matices y características.

Pero ¿cómo se produce la evolución de dichos estilos? No es una pregunta fácil de contestar. Tendemos a ver la historia como un avance lineal donde unos hechos suceden a otros, rebasando de alguna manera los nuevos a los precedentes. En cierto sentido, aún están operativos los enfoques positivistas surgidos hace más de doscientos años en la cultura occidental. Tal vez nos estamos olvidando de la música como un fenómeno de conjunto. Al menos, debemos ser conscientes de que lo que está en boga o lo que el investigador pondera por ser nuevo o rupturista, debe ser acompañado de una «apertura de foco» que nos permita ser conscientes de que, en muchas ocasiones, los estilos conviven, los más nuevos con los más viejos, se retroalimentan, o, incluso, no son aquellos que están más de moda los que terminan siendo trascendentes para el posterior desarrollo de la música.

Un par de ejemplos con respecto a lo anterior. A partir del año 1600 aproximadamente, surge para la música un nuevo horizonte con la aparición de la monodia acompañada. Sin embargo, en un principio se trató de un fenómeno muy localizado, especialmente en el cenáculo del conde Bardi, en Florencia. A la par que ello sucedía, en el resto de la Europa católica, la música religiosa prosiguió durante mucho tiempo dentro de los esquemas del estilo polifónico que se venía practicando anteriormente a esa fecha.

Otro caso más cercano en el tiempo. Una de las características de la historia del *rock* y del pop, desde su nacimiento hacia la década de los cincuenta del pasado siglo, consiste en que cada estilo que surge no lleva consigo una anulación absoluta del anterior. Echemos un vistazo a músicas populares urbanas y veremos que los prototipos de ellas han nacido en diversos momentos de los últimos setenta años aproximadamente. Por ejemplo, a finales de los años sesenta del siglo XX el *blues* se revitalizaba de alguna manera en la guitarra de Jimi Hendrix o en la música de John Mayall.

En definitiva, como nos propone el compositor y musicólogo alemán Clemens Khun, es posible una «historia diferente», donde «conviven» lo antiguo y lo nuevo en una inversión de conceptos, donde vieja música se presenta como nueva y visionaria, como la pieza para piano *Nuages gris* de Franz Liszt (1811-1886), y nueva música se presenta como vieja, como en la obra del compositor Arvö Part (nacido en 1935), abundante en miradas al pasado a través de la tonalidad y de la forma de sus composiciones.

Y ahora vayamos en búsqueda del sonido «antes de la historia».

2

La música desde la Prehistoria hasta el Renacimiento: del eco de la caverna al eco de la catedral

LA MÚSICA EN LA PREHISTORIA Y EN LAS PRIMERAS CIVILIZACIONES

En los albores

La mayoría de los especialistas apuntan al Paleolítico superior como el período determinante para la maduración del hecho musical en los primeros estadios de la humanidad. Se han señalado especialmente los períodos Solutrense (ca. 21000–17000 a. C.) y Magdaleniense (ca. 17000-10000 a. C.), por ser en ambos en donde aparece el mayor número de indicios de la actividad sonora de los primeros homínidos. ¿Qué huellas sonoras es posible rastrear en tan largo período de tan lejano tiempo? Para ello debemos acudir a dos tipos de testimonios: el arte rupestre y los vestigios de primitivos instrumentos, ambos siempre tomados con las debidas precauciones.

Algunas representaciones plásticas prehistóricas parecen sugerir que los primeros seres humanos ya se interesaban por la producción de sonidos. Ejemplos de ello son la figura antropomorfa de la cueva de Trois-Frères, situada en la localidad francesa de Montesquieu-Avant, ubicada en el departamento de Ariège, en el suroeste del país, la cual parece blandir un instrumento musical, tal vez un arco primitivo o una flauta, o, asimismo, la conocida como Venus de Laussel, aparecida en la localidad de Marquay, en el departamento de Dorgone, también al suroeste de Francia, que porta lo que aparentemente es un cuerno animal, de bisonte tal vez, instrumento ampliamente utilizado en diversas culturas a lo largo de la historia.

Acercándonos a los objetos, se han hallado huesos perforados de animales, falanges de reno o huesos de grandes aves, constituyendo lo que serían primigenios tipos de silbato o flauta. Algunos cuentan con tres o más agujeros. A través de estos últimos, resulta posible especular cómo el hombre de la época empieza a construir cierta conciencia musical dado que no se trata de artefactos que emiten simplemente un sonido, sino que pueden dar diversas alturas, esto es, diversos tonos. Quizá estamos ante un primer *ordenamiento* del sonido. Pero, además de flautas, han aparecido a lo largo de todo el siglo xx, especialmente en suelo francés, en yacimientos como La Roche, Laugarie-Basse o Badegoule, todos en Dordoña, o Lespugue, en el departamento de Haute-Garonne, también en el suroeste del país, numerosos restos de lo que se conoce como *rombos*. Se trata de una pieza plana, de piedra, hueso o madera, cuya longitud puede variar entre los quince y veinte centímetros, a la cual se le ata una cuerda en uno de sus extremos para que, haciéndola girar con ímpetu en el aire, se consiga crear un fuerte y penetrante zumbido. De todos estos instrumentos, incluidos diferentes variedades de «litófonos», idiófonos de percusión hechos en piedra o de tambores procedentes ya de la época neolítica (entre el 10000 y el 3000 a. C., aproximadamente), como el membranófono de arcilla

Una posible interpretación: la supervivencia puede pasar por la entonación de los sonidos apropiados para propiciar la caza. Animales y figura antropomorfa en la cueva de Trois-Frères, Francia.

aparecido en Bernburg, en el estado de Sachsen-Anhalt, en el noreste de Alemania, datado entre el 6000 a. C. y el 3000 a. C., se han realizado reproducciones con útiles semejantes a los que podía tener a su disposición el hombre primitivo, habiéndose comprobado la viabilidad de los mismos tanto en su factura como en su sonoridad.

Llegados a este punto, y quedándonos constancia de que la humanidad prehistórica alberga la facultad de producir sonido, podríamos formularnos una pregunta de casi imposible respuesta: ¿cuál es el origen de la música? Durante los últimos doscientos años se han esgrimido todo tipo de teorías: relacionadas con el lenguaje, con la evocación del mapa sonoro circundante de la naturaleza o con aspectos básicamente emocionales o comunicativos. Algunas de estas tesis se han apoyado en estudios etnológicos vinculados a los llamados «primitivos actuales», aunque hay que considerar que sobre estas sociedades incide un tiempo histórico que está en disposición de dejar huellas que trasladan no pocos equívocos.

En cualquier caso, es posible que en todas estas hipótesis haya algo de verdad. En este amplio arco temporal, el hombre ya ha dado muestra de haber generado una sensibilidad hacia lo trascendente en la medida en que los hallazgos de los enterramientos así parecen demostrarlo. La música, en este sentido, manifestación por excelencia inasible e invisible, debió suponer uno de los principales vehículos para generar significados trascendentes. La música puede ser propiciatoria de la caza, como parece indicar el hechicero de Trois-Frères, o, probablemente, de la fecundidad en el caso de la Venus de Laussel. Imaginemos el poder turbador del sonido de un rombo, con su potente zumbido amplificado por el eco de una caverna, audible a larga distancia.

Un concierto en época presente porta una fuerte carga simbólica, relacionada con la institución que lo convoca o con el grupo social que se cohesiona al participar de un estilo musical concreto. Toda la música a lo largo de la historia ha sido, antes que pura organización sonora, un lugar de referencia y funcional para los diversos aspectos que la sociedad le demanda, para que cumpla un papel en concreto dentro del entramado de determinada sociedad. El hombre prehistórico parece contar con el sonido y la música con el fin de dotar a su sociedad de ciertos significados y utilidades. En cierto sentido, hemos continuado este «hallazgo» de nuestros más lejanos ancestros.

Mesopotamia y Egipto (h. 3500-330 a. C.)

Viajemos ahora a las civilizaciones que surgieron amparadas por los ríos Tigris y Éufrates, o en la cuenca del extenso Nilo. En estos territorios florecieron las primeras estructuras urbanas, así como los primeros avances significativos en campos como la medicina o la matemática, junto a las primeras formas de escritura, y, por ende, de lo que puede considerarse ya literatura. Es precisamente este ámbito literario uno de los lugares en los que los pueblos de Mesopotamia han dejado constancia del uso de su música, apuntando la existencia de cantos para propiciar la cosecha o de una abundante himnodia relacionada con ritos religiosos y funerarios. En una sociedad en la cual ya existe la especialización del trabajo y la vida se concibe como un reflejo de un orden cósmico, los músicos alcanzaban una amplia consideración social, no en vano eran contemplados como una clase mediadora con lo divino. Tanto es así que para el pueblo asirio (ca. 1800-612 a. C.), los músicos eran exceptuados de las grandes matanzas que se infligían entre bandos tras las diversas contiendas. Estamos seguramente ante una continuación, si se quiere lógica, del espacio simbólico que la música le proporcionó a la humanidad en sus primeros estadios.

En las ceremonias de los templos sonaban los instrumentos. El *tigi,* una especie de flauta, el *sem,* un aerófono de lengüeta, o el *ala,* un instrumento de la familia de los tambores. Representaciones de ellos aparecen en los relieves y esculturas que han llegado hasta nosotros y, más aún, han pervivido ejemplares en mayor o menor grado de conservación, como la espectacular lira aparecida en una de las tumbas reales de Ur de mediados del tercer milenio a. C. Que un instrumento de estas características forme parte del ajuar de tan suntuoso enterramiento denota la importancia que músicos, cantantes y danzantes tenían en los estratos superiores de la sociedad. Pero, además, no debemos olvidar que la utilización de instrumentos de viento de lengüeta batiente, en su versión simple, tipo clarinete, o doble, tipo oboe, supone un avance en cuanto a la manufactura de instrumentos de la familia

El arpista babilonio, con su instrumento tipo ángulo, frente a su homólogo egipcio, con la tipología en arco. Probablemente esta última forma de arpa es una evolución, por incremento en número de cuerdas, del primitivo arco musical.

de soplo, algo que no deberíamos perder de vista como un elemento más dentro de la sofisticación de muchos de los campos científicos y culturales de estas civilizaciones.

La alta consideración de la música en Mesopotamia es parangonable a lo que sucedía en el valle del Nilo, donde también el orden material se consideraba reflejo de un orden cósmico, proporcionando una alta estimación al músico y al cantor en los espacios sagrados. Pero, como en las regiones del Éufrates y el Tigris, los usos de la música son también variados como se le supone a toda sociedad compleja: imágenes y textos nos hablan no solo de solemnidad, sino de danzas y bailes para la diversión, canciones de trabajo, propiciatorias de las cosechas, ritmos acompasados para los remeros y tantos otros. Dentro del instrumentario, destaca el arpa —*bint*—, que podría considerarse como una especie de «instrumento nacional» dentro de la cultura egipcia. La gran arpa de arco ya aparece durante el Imperio antiguo (h. 2850-2160 a. C.), junto a instrumentos de viento, como la flauta recta o la flauta doble, o de percusión, como sonajeros y tambores. Durante el Imperio medio (h. 2040-1650 a. C.), aparecen nuevos instrumentos como la lira, y se desarrollan diferentes tipologías de arpa —grandes como la «de pie», o más pequeñas como la «de mano»—, que aparecen representadas principalmente en la iconografía del Imperio nuevo (h. 1550-1070 a. C.), momento en que surgen los primeros cordófonos de mango tipo laúd.

¿Cómo podría haber sido la sonoridad de la música? A partir del número de cuerdas de algunos instrumentos, y por ciertos indicios, parece que las escalas pentatónicas o diatónicas, características de la música occidental, pudiesen haber tenido su origen en esta civilización. Sea como fuere, la presencia tan considerable de la música en Egipto hizo imaginar a autores como al historiador y biógrafo griego del siglo I d. C. Plutarco la idea de que el país del Nilo había sido el auténtico inventor de la misma. Pero ¿cómo vivieron los griegos este arte?

La música en el mundo clásico (h. s. vii a. c. - s. iv d. c.)

«Mientras vivas sé feliz / que nada te perturbe. / La vida es demasiado corta / y el tiempo se cobra su renta». Estos versos corresponden a la que seguramente es la primera composición musical completa que se ha conservado en Occidente. Están grabados en un epitafio hallado cerca de la ciudad de Aidin, en el suroeste de lo que hoy es Turquía, datado hacia el siglo III a. C. El hecho de que esta especie de *skoliom* o canción de banquete, género musical ensalzador de la vida, fuese inscrito en un lugar funerario, nos da una idea de hasta qué punto la música era importante en la sociedad griega clásica, como lo había sido también en las civilizaciones precedentes. De hecho, existe cierto hilo de continuidad entre ambos mundos, situación que muchas veces se ha soslayado a la hora de abordar la música de las polis griegas. No se debe perder de vista que fueron pueblos que convivieron y compartieron cultura. Así, en Grecia encontramos otra vez la idea de que la música puede incidir sobre el entorno físico por su poder inmaterial. En el mito de Orfeo la música adquiere un carácter ordenador. Por el contrario, en el rito dedicado a Dionisio, se exhibe el furor de fuerzas primigenias. Este contraste, que también aparece entre la lira de Apolo y la flauta de Marsias, nos habla de la música como armonizadora de contrarios, modificadora del comportamiento humano o reveladora del orden del universo. Esta concepción, que también albergaba el mundo judaico —David apacigua a Saúl con el sonido de su cítara—, trascenderá a lo largo de toda la Edad Media, alcanzando incluso la Edad Moderna.

Si los textos literarios o filosóficos han plasmado esta cosmogonía, también informan sobre la relevancia de la música en la vida cotidiana de la polis. Son una fuente indispensable para el conocimiento de los usos sociales, desde los cantos de las diferentes facciones que luchaban por el poder, hasta en géneros como los *linos*, cantos de bodas, los *threnos,* cantos fúnebres, o la música para las fiestas espartanas de las *Gymnopaidia,* iniciadas hacia el año 668 a. C. y mantenidas hasta el período romano. Pero el grado de preocupación por el arte musical en los antiguos helenos se observa también a través de sus pensadores.

Apolo con la *khitara*, cordófono tipo lira, frente
a Marsias con su *aulos*, aerófono de doble tubo.
Desde el mito se expresa la relevancia de lo musical
en la Antigüedad.

Damón de Oa, que llegó a ser maestro y consejero
de Pericles en la Atenas del siglo v, valoró la importancia de la música en la educación, mientras que el
filósofo Platón (ca. 428–348 a. C.), en obras como
La República o *Las Leyes*, entre otras, la consideró
prácticamente como un «asunto de estado», ya que
era de la opinión de que los sonidos influyen en el
comportamiento humano de tal manera que podían
afectar al gobierno de la polis. El también filósofo
y alumno de Platón, Aristóteles (ca. 384–322 a. C.),
comenzó a distinguir entre los actos especulativos de
escuchar y el oficio de ejecutar. Discípulo del anterior, Aristoxeno de Tarento († ca. 335 a. C.), señaló la
importancia de la percepción auditiva para acceder al
conocimiento de la música más allá de lo puramente
intelectual. La figura de Aristoxeno marca el arranque

De la difunta Lutatia Lupata sólo conocemos la estela funeraria que alberga su imagen dentro de una hornacina de mármol. El tributo a su figura se plasmó por medio de lo que probablemente era una de sus principales aficiones: tañer un instrumento de mango tipo laúd. Museo Nacional de Arte, Badajoz. Datada entre los siglos II y III d. C.

de la tradición que encara el estudio de la música desde un enfoque puramente práctico y empírico.

Aunque en el plano puramente musical no se poseen fuentes anteriores al siglo III a. C., sí es conocido el sistema teórico, el cual se basaba en cuatro notas descendentes o *tetracordo*. Con la unión de dos tetracordos, se formaban escalas de ocho notas conocidas como *modos* que recibían nombres como frigio o dórico. Aunque para los griegos solo eran «parte» de un sistema más amplio, dichos modos proporcionan la idea de escala y sus nombres pasarán a la Edad Media, aunque con una correspondencia diferente. Rítmicamente, existe una unión muy directa de la melodía con los pies métricos usados en la versificación. En general, el mundo griego estableció una relación directa entre poesía, música y movimiento, ideas que recogió el compositor Carl Orff durante el siglo XX para establecer buena parte de las bases de su sistema pedagógico-musical. Por otra parte, la iconografía instrumental nos señala que el mundo griego compartió tipologías con las civilizaciones antiguas, con instrumentos de cuerda tipo lira *(phormix, kithara, barbiton),* o instrumentos de viento de doble tubo *(aulos),* o tipo flauta de pan *(syrinx).*

Por su parte, la música en Roma se vio muy influida por la griega. Quizá la herencia etrusca, unida a la propia estructura imperial, hizo crecer el número de instrumentos tipo trompeta o vinculados en general a la ejecución de fanfarria: tuba, *cornu* o *lituus.* Asimismo destaca el órgano hidráulico *(hydraulis),* de potente sonoridad, que pasará a la Edad Media perdiendo su carácter netamente profano asociado a las celebraciones del circo. El filósofo Severino Boecio (480- h. 525 d. C.), con su libro *De institutione musica,* se convertirá en uno de los principales puentes de transmisión del conocimiento teórico de la música desde la Antigüedad hasta el período medieval, junto a otros autores de la baja romanidad como el senador

y escritor Magno Aurelio Casiodoro (ca. 485-ca. 580 d. C.)
o el obispo, filósofo y teólogo Agustín de Hipona, (354-
430 d. C.), más conocido como san Agustín.

Hasta el año 1000

Ora et labora:
el canto gregoriano y la liturgia cristiana

La historia de la música occidental durante el primer milenio pasa por ser la historia de la liturgia cristiana. Con toda seguridad, existió música profana de todo
tipo, desde la más ceremonial a la más mundana, pero
no ha quedado constancia de ella. Debemos comprender
que en una sociedad teocrática como lo fue la medieval,
la música religiosa formaba parte de los diferentes ritos
que sancionaban el orden social, de ahí que la conservación de esta música esté ligada, en una buena parte,
a su importancia como parte del estatus de poder. Tampoco debemos perder de vista que el cristianismo nació
como una secta dentro de la religión judaica, por lo que
es natural que la liturgia tomara préstamos del mundo
de la sinagoga, tales como las lecturas de la Biblia y
la salmodia. Esta última consistía en la entonación por
un solista de los versículos de los salmos contestados
por el grupo. Este proceder pasó a la liturgia cristiana
en muchos de sus cantos como el aleluya o el gradual.
Además, la salmodia se caracterizaba por la entonación
sobre una nota repetida —«cuerda de recitación»— de
buena parte del texto, algo que también influyó en el
estilo litúrgico cristiano.

En la medida en que el cristianismo se extendió
y llegó a ser la religión oficial del Bajo Imperio entre
los siglos I y IV de nuestra era, los diferentes centros
urbanos fueron desarrollando sus propios ritos, lo cual

supuso la necesidad de una estandarización. Así, nacieron las primitivas liturgias cristianas que en Occidente adoptaron el latín como lengua: la liturgia ambrosiana, centrada en la ciudad de Milán; la liturgia celta, llevada por los monjes irlandeses que evangelizaban la Europa del norte; la liturgia hispánica o mozárabe; la liturgia galicana, ligada al reino merovingio; y la liturgia romana antigua. Todas ellas fueron poco a poco reemplazadas por la liturgia romana que se impuso como la liturgia general de la Iglesia.

Fue pues la liturgia romana, convertida en el rito general de la cristiandad durante más de mil años, la que albergó en su seno el canto conocido como gregoriano, o también *cantus planus* o 'canto llano'. La leyenda creada en torno al papa Gregorio I (590-604) atribuyó a su figura la responsabilidad del desarrollo del canto de la Iglesia romana, de donde se explica la denominación que se le dio a este género, aunque, probablemente, su papel se circunscribió a la regularización y estandarización del uso de la liturgia. Debemos considerar que en este enorme repertorio de melodías, conformado hacia el año 1000 de nuestra era, confluyen, por un lado, un gran corpus de tradición oral transmitido previamente al desarrollo de los primeros manuscritos con notación, que aparecen hacia el siglo IX, y, por otro, la contribución de las diferentes liturgias más arriba indicadas junto a la no desdeñable influencia de la Iglesia griega. Asimismo, debemos ser conscientes de cuál fue su posterior uso y, por tanto, cuál ha sido la recepción del mismo. Conviene aclarar que el gregoriano, desde el año 1000, no ha sido un género inmutable. De hecho, algunas de sus melodías más características fueron escritas a partir de esa fecha. De la misma forma, desde ese mismo momento, los compositores comenzaron a interesarse por la polifonía. Esta nueva manera de hacer y componer música influyó en las versiones e interpretaciones que cada vez se alejaban más de sus formas y modelos primigenios. De ahí que, desde el Concilio de Trento —celebrado entre los años 1545 y 1563 en la ciudad italiana del mismo nombre como reacción a las reformas religiosas del norte de Europa de principios del siglo XVI—, el canto haya sido sometido a diversas depuraciones; la más importante de las cuales fue llevada a cabo por especialistas modernos, concretamente por los monjes benedictinos de la abadía francesa de Solesmes a finales del siglo XIX, que acudieron a los antiguos manuscritos para realizar las ediciones finalmente oficiales, estableciendo un modelo interpretativo que es el que se extendió y se hizo popular de alguna manera. No obstante, existen otras opciones como, por ejemplo, la del grupo de música antigua, especializado en música vocal medieval, Ensemble Organum, dirigido y fundado por Marcel Pérès en 1982, que basa sus interpretaciones en el estudio de tradiciones vocales vivas, o del conjunto Ensemble Gilles Binchois, fundado en 1979 por Dominique Velard, cuyas interpretaciones se apoyan en un riguroso estudio musicológico.

Características del canto gregoriano

El canto gregoriano o canto llano utiliza el latín como idioma. Es *monódico*, es decir, es interpretado a una sola voz sin la comparecencia de otras voces simultáneas. Su estilo interpretativo puede ser *directo*, por un solista, *antifonal*, con dos semicoros, o *responsorial*, un solista con respuesta del coro. Rítmicamente, la opción de Solesmes ha sido la *isocronía*, lo que conlleva otorgar a la mayoría de las notas de la melodía el mismo valor, dentro de una libertad rítmica que lo aleja del llamado *tempo giusto* o medida exacta. No obstante, otras corrientes de investigación, como la mensuralista, opinan,

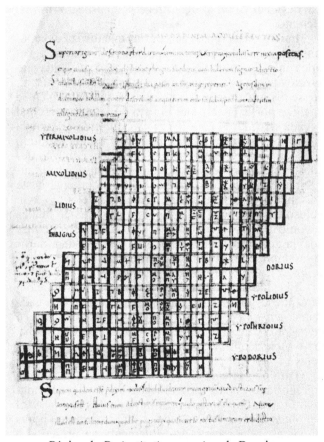

Página de *De institutione musica*, de Boecio
(del 500 d. C. aprox.), donde se muestran los modos
de la Antigüedad. Tratados como este transmitieron el
conocimiento musical del mundo clásico a la Edad Media.

apoyadas por no poca documentación, que las notas tenían desigual valor, lo que ofrecería un aspecto rítmico
diferente.

La organización de las alturas que utiliza el canto
llano se basa en los conocidos como *ocho modos*, agrupados en pares sobre las notas *re, mi, fa* y *sol*. Cada uno
de estos pares posee un modo auténtico y uno plagal,
que se distinguen por el ámbito de la melodía, bien se
organice por encima o por debajo de la nota principal
de cada uno de ellos —los *re, mi, fa, sol*—, llamada
finalis. Este sistema modal, *octechos*, estaba asumido
en época tan temprana como el siglo VIII, como lo demuestra el Tonario de San Riquier. Será muy importante durante toda la Edad Media y el Renacimiento hasta
la asunción de la tonalidad a principios del siglo XVII.
Incluso la modalidad se recuperará en obras de finales
del siglo XIX y principios del XX. Los músicos de *jazz*
todavía aprenden sus escalas para improvisar a partir
de la ampliación de este orden de escalas que realizó
Heinrich Loriti Glareanus en el siglo XVI.

El estilo del canto en cuanto a la interpretación del
texto puede ser *silábico*, una nota corresponde a cada
sílaba; *neumático*, dos, tres o cuatro notas por sílaba; o
melismático, un gran número de notas para una sílaba,
como suele acontecer, por ejemplo, en los finales de los
aleluyas.

Para comprender los tipos de cantos que alberga
el gregoriano es necesario ubicarlo dentro del calenda-
rio litúrgico, cuyos ritos más importantes son la *misa*
y el *oficio divino*. Por un lado, el oficio divino u horas
canónicas, relacionado probablemente en origen con
las conductas religiosas domésticas de los primeros
cristianos en su entonación de salmos, himnos o canciones espirituales, determinaba la división de rezos
diarios dentro del monacato, especialmente impulsa-
do por la extensión de la regla de Benito de Nursia,

03:00 Maitines

03:37 Lectura.

04:12 Oración.

04:49 Estudio.

05:30 Laudes.

06:15 Penitencia.

07:30 Prima.

09:00 Tercia.

11:00 Sexta.

12:45 Trabajo.

14:00 Ayuno.

16:30 Vísperas.

19:38 Lectura.

21:00 Completas.

22:00 Descanso.

(ALGUNA RAZON TENDRAN PARA SEGUIR EN EL MONASTERIO.)

Frangelico
SI LO PRUEBAS, ESTAS PERDIDO.

Las horas canónicas en un insospechado
lugar publicitario.

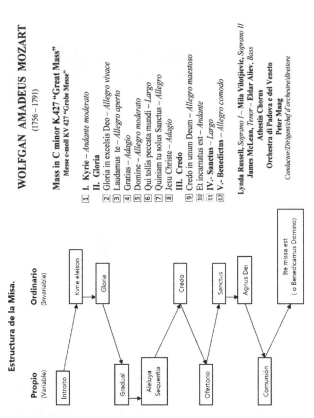

WOLFGAN AMADEUS MOZART
(1756 – 1791)

Mass in C minor K.427 "Great Mass"
Messe c-moll KV 427 "Grobe Messe"

1. **I. Kyrie** – *Andante moderato*

II. Gloria
2. Gloria in excelsis Deo – *Allegro vivace*
3. Laudamus te – *Allegro aperto*
4. Gratias – *Adagio*
5. Domine – *Allegro moderato*
6. Qui tollis peccata mundi – *Largo*
7. Quiniam tu solus Sanctus – *Allegro*
8. Jesu Christe – *Adagio*

III. Credo
9. Credo in unum Deum – *Allegro maestoso*
10. Et incarnatus est – *Andante*
11. **IV.- Sanctus** – *Largo*
12. **V.- Benedictus** – *Allegro comodo*

Lynda Russell, *Soprano I* – Mila Vilotijevic, *Soprano II*
James McLean, *Tenor* – Eldar Aliev, *Bass*
Athestis Chorus
Orchestra di Padova e del Veneto
Peter Maag
Conductor/Dirigent/chef d'orchestre/diretiore

Estructura de la Misa.

Propio
(Variable)

Ordinario
(Invariable)

Introito → Kyrie eleison → Gloria

Gradual → Aleluya Sequentia → Credo

Ofertorio → Sanctus → Agnus Dei

Comunión → Ite missa est (o Benedicamus Domino)

Dentro de la sucesión de cantos que componen la misa, aquellos que permanecen invariables a lo largo de todo el año litúrgico son conocidos como cantos del *ordinario*. Los textos de la misa han sido musicalizados a lo largo de toda la historia. Dcha.: una grabación de la *Misa en do menor*, composición de Wolfang Amadeus Mozart ejecutada por primera vez en 1783. La composición se apoya en los textos del ordinario.

(480-547), a partir del siglo VI. El rezo y las plegarias se codifican en un tiempo dividido en horas que son maitines, laudes, prima, tercia, sexta, nona, vísperas y completas. La música así concebida para esta estructura diaria del laborar y del orar se halla en el libro conocido como *Antifonario*. En el otro lado, la misa. Originada seguramente a partir de las asambleas privadas de los primeros cristianos, englobó pronto tanto aquellas oraciones que eran iguales en todas las misas del año y conocidas en su conjunto como *ordinario*, como aquellas que cambiaban según la festividad o las necesidades del año litúrgico y conocidas como *propio*. Todos estos cantos se encuentran recopilados en el libro conocido como *Gradual*. La misa, más allá de su naturaleza como rito religioso de una fe específica, se convertirá en una forma musical de gran futuro, no sólo por la musicalización polifónica que muchos autores posteriores harán de los cantos del ordinario, sino por las composiciones que sobre sus textos llevarán a cabo autores como Beethoven, Mozart o el mismo Johann Sebastian Bach, el cual, aún siendo luterano, realizó la *Misa en si menor*.

La notación

El canto llano se anota sobre cuatro líneas conocidas como tetragrama, invención atribuida a Guido d´Arezzo hacia el año 1000, utilizando las figuras denominadas *neumas* de la notación cuadrada, llamada así por el aspecto que poseen las cabezas de las notas. Hasta llegar a este sistema, aún utilizado hoy en día por los intérpretes de esta música, se recorrió un largo camino. Los sonidos de la música ya se habían plasmado de una manera física durante la Antigüedad clásica con notaciones como la alfabética. Sin embargo, es durante los primeros siglos medievales cuando se empieza a desarrollar la escritura que, con el discurrir de varias centurias, terminará desembocando en la notación musical de uso común hoy en día. Hay que señalar que en un primer momento estos signos musicales llamados *neumas*, se ubicaban encima del texto que se pretendía cantar y su misión era únicamente la de recordar al cantante aquella melodía que ya conocía de memoria. Con el tiempo, dichos signos fueron variando en altura, forma y colocación, dando pie a multitud de escrituras «neumáticas». A la par, se fueron añadiendo líneas para determinar la altura de las notas, primero ubicando el *do* y el *fa* a una quinta inferior, hasta llegar a las cuatro más arriba mencionadas. Se trató de un avance notable, que permitía al cantor no depender exclusivamente de su memoria. Como señalaba el propio Guido d'Arezzo, ahora el conocimiento perfecto del canto podía realizarse en unos dos años frente al adiestramiento de unos diez que suponía la ausencia de una herramienta como esta. Y, precisamente, fue D'Arezzo quien otorgó el nombre moderno a las notas, haciéndolas derivar de la primera sílaba de cada una de las frases del himno a san Juan Bautista, *Ut queant laxis*: «*Ut queant laxis / Resonare fibris / Mira gestorum / Famili tuorum / Solve poluti / Labii reatum*». Nótese que el *do* todavía es *ut*, como sucede en francés, y que aún no se utiliza el *si*, puesto que el sistema de Guido es «hexacordal» —de seis notas— y está diseñado para la instrucción de los cantantes.

Tropos y secuencias

En contra de una creencia comúnmente extendida, la Edad Media también nos ha transmitido nombres propios, al menos los suficientes como para dejar a un lado una visión puramente anónima del período. Uno de esos personajes con nombre es Notker Balbulus (ca. 840-912), monje, poeta y profesor de la abadía de Saint Gall, hoy en Suiza. Notker nos cuenta como hacia el año 862 aprendió de otro monje llegado de Jumieges, en Normandía, una ingeniosa manera para poder recordar lo que denominaba *longissimae melodiae*. El método consistía en aplicar unos versos a los extensos melismas para facilitar la memorización de los mismos. De lo que nos habla Balbulus es de uno de los tipos de *tropo* o embellecimiento que se realizaron sobre el canto gregoriano a partir del siglo ix aproximadamente, consistentes en añadir texto a melodías preexistentes, especialmente en cantos como el aleluya, caracterizado por sus largos melismas. Otro tipo de tropos radicó en añadir más notas, creando una extensión melódica, o incluso, en agregar texto y melodía, llegando a ser estas extensiones aun más dilatadas que los cantos oficiales de los que partían, funcionando muchas veces como glosa o explicación al texto oficial.

Las extensiones de texto y melodía, que tan satisfecho habían dejado a Balbulus, pronto empezaron a independizarse, convirtiéndose en auténticas composiciones *ex novo* de poemas musicados, adquiriendo la denominación genérica de *sequentia*. Por ejemplo, se conocen más de cincuenta de Adam de San Víctor, que vivió en la Francia del siglo xii. De la Edad Media se tiene constancia de más de cuatro mil quinientas secuencias, de las que la Iglesia sólo ha mantenido algunas en la liturgia, como el famoso, y tantas veces citado por compositores de diversas épocas, *Dies Irae*, de Tomás de Celano (ca. 1200-1260).

Tanto tropos como secuencias conforman nuevos procedimientos compositivos que reflejan, en cierto modo, nuevos ideales artísticos. Su misión fue el subrayar la solemnidad de fiestas y celebraciones especiales para las cuales eran destinadas. De la misma manera, la

Musica Enchiriadis, uno de los primeros tratados que aborda la polifonía. Arriba, el documento original. Abajo, la transcripción. Los signos resaltados en el rectángulo indican las notas de las sílabas a su derecha.

primera polifonía también tuvo esa misión, y a ello no es ajeno el hecho de que los grandes centros de producción de tropos y secuencias suelen coincidir con aquellos en los que aparecen las primeras polifonías primitivas: al fin y al cabo, la polifonía puede ser estimada en origen como un «tropo vertical».

LA BAJA EDAD MEDIA: DEL AÑO 1000 HASTA EL 1400

La aparición de las primeras polifonías o la historia de la gallina y el huevo

Procedentes de fechas situadas alrededor del año 1000, se conservan una serie de tratados en los cuales se describe cómo realizar el canto simultáneo a voces. Para estos primeros tipos de polifonía se utiliza, indistintamente del tipo de composición que se muestre, el nombre de *organum*. Algunos de dichos tratados son *Musica Enchiriadis,* anónimo procedente del norte de Francia del siglo IX, el *Micrologus* de Guido d´Arezzo, de alrededor del año 1000, o el anónimo *Ad organum faciendum* de hacia el año 1100. Lo que no se puede determinar con toda seguridad es si los ejemplos que muestran estos libros son ejercicios, teóricos o prácticos, o si se trata de una muestra de ejemplos ejecutados como tales. Esto nos traslada directamente a la cuestión de si la polifonía de la que se empieza a dar cuenta en las fuentes de esta época refleja realmente prácticas coetáneas, ya que los datos al respecto son cortos y, sobre todo, ambiguos. En cualquier caso, y con todo tipo de precauciones, la mayoría de los investigadores concuerdan en que la polifonía era una práctica común anterior a este período, incluso ya en el mundo antiguo.

Sea como fuese, a través de estas primeras fuentes de polifonía se puede observar que las fórmulas para realizarla van en aumento según los tratados avanzan en el tiempo. Así, en un primer estadio, se empieza simplemente añadiendo a cada nota de un canto llano, *vox principalis,* otra a una distancia de un intervalo igual hasta formar una voz nueva llamada *vox organalis.* Este proceder de «nota-contra-nota» recibe el nombre de *punctum contrapunctum,* de donde derivará la fructífera palabra *contrapunto* que tantas y magníficas páginas ha dado a este arte. A partir de aquí, se puede incrementar el número de voces *organalis*, variar el tipo de intervalos que se utilizan, mover las voces en sentido contrario, es decir, que mientras unas suban otras bajen, o incluso hacer que las voces se crucen como resultado de lo anterior. En estos inicios de la polifonía, serán los intervalos de cuarta, quinta y octava los que sean objeto de una preferencia por los autores, algo sobre lo que pesa la tradición pitagórica heredada de la Antigüedad que considera estas medidas como símbolo de perfección.

Por otra parte, contamos con fuentes destinadas al uso práctico, algunas con notación francamente difícil de transcribir, como sucede en el *Tropario de Winchester*, colección de más de ciento cincuenta polifonías a dos voces del siglo XI, y otras como los cinco aleluyas de Chartres, manuscrito de finales del siglo XI, donde se indica que las secciones de *organum,* es decir, de polifonía, se interpretan con solistas especializados, práctica que perdurará durante varios siglos.

Algunos espacios geográficos del Ars antiqua: Limoges, Compostela, París (h. 1100-h. 1220)

Durante la historia ha sido frecuente que aquellos que se reivindican a sí mismos como modernos o novedosos en sus propuestas sean los encargados de declarar «antiguo» aquello que buscan superar. Todas estas polifonías iniciales de la música europea medieval han recibido la denominación de Ars antiqua, en especial aquellas del siglo XII y XIII, en contraposición al estilo posterior Ars nova que abordaremos más adelante. Para el siglo XII, las principales fuentes son los manuscritos de la abadía de Saint Martial de Limoges y el *Liber Sancti Iacobi* de Santiago de Compostela, de mediados del mismo siglo. Estos puntos geográficos concretos parecen formar parte de una tradición de interpretación polifónica que se extendería a lo largo del suroeste de Francia y de las regiones septentrionales de la península ibérica, donde se observa nítidamente cómo la polifonía funciona como tropo a la hora de servir de ornato de la liturgia en ciertas solemnidades.

En Saint Martial, nos encontramos ya con los dos estilos característicos de esta polifonía. Por una parte, el *organum* florido o «melismático», donde la voz «organal», la añadida, se despliega con varias notas sobre cada una de las notas del canto original o *principalis*. De ahí la denominación de *melismático*, por el carácter que la tonada agregada adquiere. Por otro lado, en el estilo *discantus* se pueden encontrar dos, tres o cuatro notas en una voz, contra también dos, tres o cuatro notas en la otra en cualquiera de las combinaciones posibles, es decir, dos contra tres, cuatro contra dos, etcétera. Armónicamente, los intervalos se ciñen a los tratados teóricos de la época, habiendo diferentes opciones en el movimiento de las voces.

Y volvemos a encontrar ambos estilos en la polifonía de Compostela. De entre su repertorio hay que señalar el que es el primer ejemplo conocido de polifonía a tres partes, *Cogaudeant Catholici,* cuyas dos voces inferiores se mueven básicamente en el estilo de «nota-contra-nota», mientras que la tercera fluye en estilo *discantus.*

Trasladémonos a otro espacio. Un tratado anónimo de la segunda mitad del siglo XIII, conocido como *Anonymus IV,* nos habla de dos autores que representan a su vez a dos generaciones de músicos de polifonía activos alrededor del año 1200 en lo que se ha dado en llamar Escuela de Notre-Dame de la ciudad de París. *Anonymus IV,* cuya redacción probablemente estuvo a cargo de un estudiante inglés de la universidad de la misma ciudad, nos relata sus

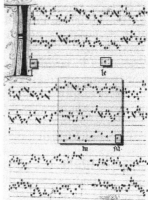

La grandiosidad de la catedral de Notre Dame de París tiene su correlato en la polifonía atribuida a los maestros Leonin y Perotin. En este ejemplo de *organum triplum*, las notas aisladas resaltadas en la voz inferior, corresponden a los largos sonidos del tenor en el estilo de nota tenida, mientras que el cuadro más amplio alberga la zona de *discantus*. Al añadir texto a las voces de esta sección denominada *clausula* se creó el modelo para el motete.

impresiones sobre dos maestros compositores, Leonin y Perotin, de los que apenas nada más se sabe que sus nombres. A Leonin se le atribuye la autoría del *Magnus liber organi* (El gran libro del *organum)*, y al segundo el haber aumentado dicho libro con piezas a tres y cuatro voces, *organum triplum* y *quadruplum* respectivamente. Evidentemente, no todas las composiciones fueron escritas por estos dos autores, si bien una idea de lo que pudo ser el *Magnus liber organi* se puede deducir a partir de manuscritos diseminados por distintos lugares de Europa. Esta producción musical se enmarca en un mundo parisino de gran actividad gracias al crecimiento urbano y comercial, a las escuelas catedralicias o a la pujanza de la universidad.

En el repertorio parisino continúa la constante de toda la polifonía medieval, e incluso renacentista, consistente en alternar secciones en polifonía, ejecutadas por solistas, con secciones en canto llano, interpretadas por el coro. Asimismo, se siguen cultivando los estilos de *discantus* y de *organum* florido pero con ciertas peculiaridades. En este último, resulta notable la larga duración que se asigna a las notas inferiores de la *vox principalis*, de tal suerte que se ha dado en llamar a este estilo *de nota tenida*. Por ejemplo, en el *organum* a cuatro voces de Perotin, *Sederunt principes,* la duración de la música de la primera palabra, con las tres voces superiores moviéndose estilo *discantus,* alcanza los ciento cuarenta y dos compases en su transcripción en compás de seis por ocho: en una interpretación puede rondar los tres minutos. Otra cuestión es cómo se interpretaban estos largos tenores, dada la dificultad que suponía para los cantores mantener tan largas notas, por lo que se ha especulado con la posibilidad del uso de instrumentos.

El aumento de la complejidad de la polifonía impelió a buscar un sistema de notación que permitiese mostrar con claridad los valores relativos de las notas dentro de cada línea de voz y entre las diferentes partes para poder «encajarlas» con claridad. De esta manera, empezó a desarrollarse la denominada *notación modal* que utilizaba patrones recurrentes de notas largas y cortas basándose en los pies métricos de la poesía clásica, ordenados en un total de seis modos rítmicos. Por ejemplo, el modo uno alternaba una figura larga con una breve, el tres, larga breve breve, y así todos los demás dando una sensación rítmica de subdivisión ternaria en términos modernos. Desde luego, la notación se enriquecía con otros elementos. Al lado de esto, aparecen los primeros métodos de estructuración, especialmente en los *organa tripla* o *quadrupla,* con el uso de progresiones melódicas, y los primeros atisbos de imitación como consecuencia del intercambio de material entre las voces.

Mater Dei - Mater Virgo - Eius

Politextualidad al servicio de la fe. En este motete a tres voces, la voz inferior procede de un neuma gregoriano y se dispone en patrones rítmicos repetitivos, como muestran las notas dentro de los rectángulos. Las voces superiores, de movimiento más rápido, albergan textos diferentes pero complementarios sobre la naturaleza mariana: la superior esgrime la maternidad divina, mientras que la segunda defiende su virginidad.

La palabra como activación: el surgimiento del motete y la polifonía del siglo XIII

Durante el siglo XIII, la necesidad de «tropar» añadiendo texto a la música precedente continuó siendo una práctica habitual que se extendió a la polifonía. Dicha práctica obtuvo un fructífero resultado cuando empezó a aplicarse a las *clausulae* de discanto de los *organa,* aquellas secciones en donde las melodías de ambas voces se movían como si de dos melodías se tratase, no con las largas notas de la voz inferior o tenor del estilo de nota tenida. Poco a poco, estas partes de *discantus* llegaron a independizarse hasta constituirse en un modelo para un nuevo tipo de composición independiente muy característico de toda la etapa bajomedieval: el motete. Que la adición de la palabra fue algo importante lo demuestra el nombre, que deriva del francés *mot,* 'palabra', otorgándose el nombre de *motetus* a la segunda voz, conservando en composiciones a más voces la terminología de *triplum* y *quadruplum* para las restantes.

A medida que el *organum* y otras formas como el *conductus* entraban en decadencia, el motete se afianzaba, especialmente en su aspecto profano, utilizando el francés y el latín, y adquiriendo unas pautas más o menos generales que consistían en una voz inferior o tenor basada en un grupo de notas derivadas de un neuma gregoriano, convertido con frecuencia en un patrón más o menos repetitivo, y una o dos voces superiores que avanzaban a una mayor velocidad. Uno de los aspectos que más puede llamar la atención es el hecho de que cada una de las voces cuente con un texto diferente. La temática de cada uno de estos textos es distinta, estableciéndose un juego intelectual donde el significado es a veces complementario, y otras, radicalmente diferente. El porqué de este hecho se ha querido ver en la dificultad de los autores medievales para aplicar el mismo texto a voces con figuración diferente, con lo que la solución fue, aunque a ojos modernos pueda parecer extraña, echar mano de la «politextualidad». Pero, además, la centuria nos proporciona todo una serie de innovaciones en el plano rítmico, atribuidas en buena medida a Pierre de la Croix, († ca. 1300). En la notación, paulatinamente, cesa el uso de la modal y comienza a emplearse la llamada *mensural*, ejemplificada en el tratado *Ars Cantus Mensurabilis* escrito hacia 1260 por Franco de Colonia, punto de partida de muchas evoluciones posteriores.

Sin embargo, no todo fueron motetes dentro de la composición polifónica del XIII. Así, encontramos formas menores como el *rondellus,* especialmente practicado por autores ingleses, consistente en una especie de canon, cuyo ejemplo más señero quizá sea el alegre recibimiento del verano que nos muestra *Sumer is icumen in,* o como el curioso «solfeo» a dos voces del *Códice de las Huelgas*, la principal fuente de polifonía de la península ibérica para esta época.

...y a la vez, la belleza de la música monódica: trovadores (siglos XII-XIV)

¡Oh! Fortuna / *velut luna* / *status variabilis,* ('¡Oh! Fortuna / como la luna / cambiante...'). Carl Orff puso música a estos versos, y a otros tantos de la misma naturaleza, en su archiconocida *Carmina Burana,* cantata escénica de 1937 que ha sido utilizada hasta la saciedad como banda sonora o sintonía radio-televisiva. Pero *Carmina Burana* es una colección de cantos en latín y alemán donde se canta al amor, al juego y a la bebida, e incluso se parodia la liturgia en lo que podría ser una de las primeras manifestaciones de contracultura. *Carmina Burana* es uno de los más relevantes ejemplos de canción monofónica

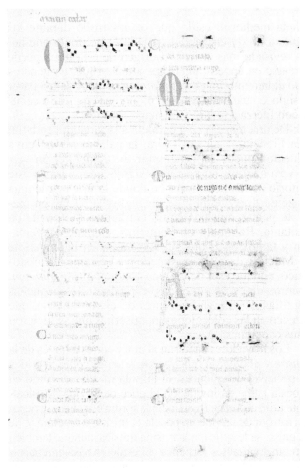

Nada se sabía de la música de la monodia profana
galaico-portuguesa hasta el descubrimiento del llamado
«Pergamino Vindel» a principios del siglo xx. Este bifolio
del siglo XIII contiene siete cantigas de amigo del trovador
Martín Codax, seis de ellas con notación musical.

profana medieval, estilo que se desarrolló durante los siglos XII al XIV en paralelo a toda la polifonía que hemos revisado más arriba. El origen de esta lírica puede rastrearse en épocas anteriores al año 1000, en géneros como el lamento fúnebre o *planctus,* aunque será a partir del siglo XI cuando la canción monódica empiece a caminar con fuerza a lo largo del mapa europeo.

De una manera casi paralela a la monodia en latín, en la Francia al sur del Loira, la palabra *trobar,* cuya traducción puede ser 'encontrar' o 'componer un verso', va a adquirir un profundo significado. Será en este territorio de los trovadores en donde la lírica en lengua vernácula florezca durante los siglos XII al XIV en manos de poetas músicos como Guillermo IX, duque de Aquitania, Raimbaut de Vaqueiras, Bernart de Ventadorn y tantos otros que se expresaron en la lengua de Oc. Muchos de ellos pertenecían al estamento aristocrático, aunque esta no era una condición *sine qua non.* Sabemos datos de sus vidas a través de las pequeñas biografías o *razos,* no ausentes de cierta fantasía, que aparecen en las colecciones manuscritas que se hicieron de sus canciones.

Los trovadores cantaron al amor cortés a través de la *chanson* y abordaron muchos otros temas como la crítica a la sociedad de entonces, la disputa mordaz o, como en la poesía latina, la invitación al goce de la vida. Musicalmente utilizaron con frecuencia la forma estrófica, es decir, cada estrofa de un poema poseía la misma estructura y, de esta guisa, se le aplicaba la misma música, aunque también hubo otras variantes formales. El estilo es básicamente silábico, con algunas ornamentaciones, sílabas entonadas con cuatro o cinco notas, de las que se ha sugerido que quizá reflejen ciertas prácticas improvisatorias.

En general, los trovadores no utilizaron formas fijas, una tendencia que sí empieza a observarse en sus homólogos conocidos como *troveros* del norte de Francia, cultivadores, entre otras, de la *chanson de geste* o del *lai*. Efectivamente. La fecunda huella marcada por los trovadores del sur de Francia pareció significar una especie de fuerza centrífuga que originó un cultivo de la música monódica profana en muchos lugares de la geografía europea. En la península ibérica, la lírica profana se expresa en lengua galaico-portuguesa. Su corpus se divide en dos grandes secciones. Por una parte, las cantigas galaico-portuguesas, cuyos géneros son similares al mundo trovadoresco en las cantigas de amor o en las de escarnio o *maldizer*, y más característico y autóctono en las denominadas *de amigo*, expresión de un sentimiento amoroso puesto en boca de una mujer. En el *Cancionero de Adjuda*, elaborado hacia finales del siglo XIII y conservado en la biblioteca del palacio de Adjuda, en Lisboa, una de las fuentes más antiguas para el conocimiento de esta lírica, nadie escribió la música en las pautas que el copista había preparado para ello. La historia a veces se muestra así de «cruel» en sus testimonios, y de todo este repertorio no se conocería ninguna de sus melodías sino fuese por un afortunado descubrimiento que el librero madrileño Pedro Vindel hizo en el forro de un libro en 1914. Se trata de un bifolio del siglo XIII con siete cantigas de amigo del trovador Martín Codax, seis de ellas con notación musical. En estas tonadas, una frase musical prácticamente idéntica para los dos primeros versos es seguida por una distinta para el refrán. Son los únicos ejemplos musicales que se conservan de este repertorio junto a las siete cantigas de amor, de estilo bien diferente, confeccionadas por el rey Dionisio I de Portugal, cuya conservación es muy defectuosa.

El otro gran aparato de la lírica peninsular corresponde a las *Cantigas de Santa María*, compiladas en la corte de Alfonso X el Sabio (1252-1284), rey de Castilla y León, donde se reunía una enorme pléyade de trovadores y juglares. La colección cuenta con más de cuatrocientas canciones anónimas que narran milagros realizados por la Virgen, salvo en las situadas cada diez que son de *loor*, es decir, de alabanza. En este sentido, este repertorio traslada el ideal de amor cortés al culto mariano, que tanta extensión obtuvo durante el siglo XIII. Estilísticamente presentan una gran unidad formal, tanto en lo poético como en lo musical, con un modo conciso, silábico y con un movimiento melódico básicamente conjunto salvo en algunos saltos interválicos entre frases. Además, dado que la escritura de las cantigas utiliza solamente la notación mensural, es posible transcribirlas con cierta seguridad en compases y figuras modernos.

Otro territorio dentro de la canción profana de aquellos siglos medievales se sitúa en suelo germano. El gusto por el *minne,* esto es, el tema del amor cortés, se refleja en los *minnesinger* que vienen a ser el equivalente a los trovadores occitanos. Poetas como Walther von der Vogelweide o Neidhart von Reuenthal cultivaron un estilo musical diferente al mundo francés en tanto la lengua alemana demandaba un tratamiento también diferente, dando como resultado un perfil más anguloso en las melodías. Los últimos representantes de esta escuela son personajes desvinculados del mundo aristocrático, integrantes del orden de las cofradías burguesas, agrupados en gremios conocidos como *meistersinger* o 'maestros cantores', los cuales inspirarían siglos después la ópera homónima de Richard Wagner.

En Inglaterra, la canción monofónica ha dejado pocos testimonios, no obstante de gran belleza, como la canción *Byrd one brere* ('Pájaro sobre una espina'), datada en el siglo XIII, mientras que en Italia, los *laude spirituali,* conocidos principalmente gracias a la colección del *Laudario de Cortona* —la compilación de *laude* es un laudario—, son cantos de alabanza de carácter religioso pero no litúrgico de la segunda mitad del

siglo XIII y principios del XIV, vinculados en su origen
con grupos errantes de penitentes. En su estilo se observan influencias del canto gregoriano, de los trovadores
y, probablemente, de elementos populares.

El siglo XIV en Francia: el Ars nova

En la historia de la cultura, y más concretamente del arte, se ha querido ver una frecuente dialéctica entre momentos de gran equilibrio y estabilidad, a
los que se caracteriza como *clásicos*, frente a los que
seguidamente precipitan esa estabilidad hacia un nuevo dinamismo. Si el siglo XIII viene a representar una
suerte de *clasicismo medieval*, los músicos franceses
de inicios del XIV manifestaron un claro deseo de superar la música de sus predecesores. Dos de los tratados
defensores de la innovación, aparecidos hacia 1320,
revelan en su título toda una declaración de intenciones: *Ars nove musice,* de Johannes de Muris (ca. 1300-
1350) y, especialmente, *Ars nova,* de Philippe de Vitry
(1291-1361). Vitry gozó de gran prestigio y popularidad como músico y poeta en su tiempo, a pesar de lo
cual apenas se conservan obras de su autoría y algunas
de ellas simplemente se le han atribuido.

La principal innovación de estos autores se
cimienta principalmente en cuestiones de notación
pero que a nivel práctico tienen amplias consecuencias. La reorganización de sistemas precedentes provocó, muy sucintamente explicado, que las
medidas binarias se utilizasen en pie de igualdad
con las ternarias, proporcionando además unas posibilidades combinatorias hasta ahora insospechadas,
al poder mezclar ambos tipos de medidas. Además, el
incremento de las subdivisiones de las figuras hizo que
cada vez se utilizasen notas más cortas. Valga como

Contestación y crítica a través de la música y la literatura.
El asno Fauvel, arriba a la izquierda, alcanza los más altos
honores siendo un símbolo de los vicios de la monarquía
francesa y del papado del siglo XIV.
Roman de Fauvel es una de las fuentes fundamentales
para conocer la música de su época.

ejemplo que la figura denominada *breve* se convirtió en el segundo valor más largo del sistema. Pero no fueron estas las únicas novedades. El *tenor,* o voz inferior, empezó a organizarse en patrones rítmicos a gran escala llamados *talea* que se repetían varias veces a lo largo de la obra, mientras que las repeticiones melódicas de esa misma cuerda pasaron a denominarse *color.* Ambos elementos podían combinarse de diferentes maneras, dando lugar a algo definidor de una gran cantidad de música de la época como fue la *isorritmia,* que en el fondo era una consecuencia de la tendencia a estructurar el tenor de una manera repetitiva en el siglo anterior, solo que ahora llevado a mayor escala. A todo esto debemos añadir que a los motetes, que solían ser a tres voces, se les añadió una cuarta voz, curiosamente ni más aguda ni más grave que las preexistentes, sino en la misma tesitura, o sea, en el mismo ámbito de notas que el tenor, conociéndose esta voz como *contratenor,* dando lugar a un tipo compositivo donde las voces estarían en dos ámbitos, *tenor* y *contratenor* frente a *duplum* y *triplum,* con valores en las figuras también contrastantes entre ellas.

Obras de este tipo han llegado a nuestros días en fuentes como el *Códice de Ivrea,* compilado hacia 1360 en el ambiente musical de la corte papal de Aviñón, o en la colección conocida como *Roman de Fauvel* realizada entre 1310 y 1314 aproximadamente, donde también figuran otros géneros como *rondeau,* cantos litúrgicos o curiosidades como las *chansons sottes,* ('canciones tontas'), junto a motetes atribuidos al mismo Philippe de Vitry. El texto, redactado casi en su totalidad por el clérigo de la cancillería real francesa, Gervais de Bus, es una mordaz crítica contra la corrupción monárquica y papal de Avignon, con tonos casi blasfemos que le valieron no pocos problemas a su autor.

¿Cómo fue recibida tanta novedad? Recordando una anécdota de la vida de Mozart que nos cuenta que tras el estreno de su ópera *El rapto del serrallo*, el emperador José II se dirigió a él diciéndole: «demasiadas notas», la reacción de algunos sectores a las innovaciones del Ars nova parece resonar en términos semejantes como una crítica al exceso. La famosa bula decretada ex profeso para la cuestión musical por el papa Juan XXII en 1322 nos da una idea del alcance de la controversia: «La multitud de notas que ellos emplean anula los sencillos y equilibrados razonamientos». Las críticas no se circunscribían únicamente a la «procacidad» en la cantidad de sonidos, sino que alcanzaban a la deformación de la melodía, a la técnica del *hoquetus*, por la cual la melodía era cantada alternativamente por varias voces a una velocidad endiablada, o incluso a cierto exhibicionismo por parte de algunos cantantes. La disputa entre el Ars antiqua y el Ars nova es quizá una de las primeras grandes polémicas de la historia de la música. En ella subyacen dos visiones que estarán presentes, en mayor o menor medida, a lo largo de los tiempos: una de tipo *heterónoma*, que considera a la música como algo al servicio de otra cosa, en este instante histórico como estructura para mantener el imaginario religioso sin aditamentos artísticos que distraigan a los fieles, frente a la que la considera un fin en sí misma, autosuficiente, con valores puramente auditivos.

El caso es que, a pesar de la bula, las innovaciones penetraron en mayor o menor grado en algo característico de la composición de la época: la musicalización polifónica de los movimientos del ordinario, es decir de aquellos cantos invariables a lo largo del año litúrgico: *Kyrie, Gloria, Credo, Sanctus* y *Agnus Dei*, marcando lo que será la tendencia que se adentrará en el Renacimiento. Estos movimientos se componían de forma individual y, posteriormente, eran recopilados en colecciones. Sin embargo, en algunas fuentes, como son los códices de Ivrea o de Apt, no sólo se agrupan por versiones del mismo texto, es decir, todos los *Gloria* o todos los *Credo*, sino que aparecen varias misas con el ciclo completo del ordinario y conocidas por la localización de sus fuentes: misas de Tournai, de principios del XIV, de la Sorbona, de Barcelona y de Toulouse, estas tres últimas de la segunda mitad del siglo.

Una panorámica de la música del XIV estaría incompleta sin subrayar la importancia de Guillaume de Machaut (1300-1377). Si quisiéramos hacer una historia de la música sólo con nombres, quizá este sería el primero de la lista. Este músico y poeta ha dejado una enorme obra. La música de Machaut va de lo monofónico, como en sus *lais,* hasta lo polifónico de sus motetes o de su singular *Misa de Nostre Dame,* su mayor obra individual y primera versión completa del ordinario que se conoce escrita por un solo compositor. Además, sistematizó lo que será el estilo de la canción profana hasta el primer Renacimiento, en buena parte consistente en un *tenor* y un *contratenor,* posiblemente instrumentales, que sostienen las voces superiores, y estructuralmente recogiendo la tradición de las llamadas «formas fijas» procedentes de los troveros y de autores como Jehan de Lescurel (del que sabemos falleció en 1304). Igual que, en un futuro, estructuras como la sonata tendrán su propia forma, estas *formes fixes* se organizaron de una manera estable del siguiente modo (la letra minúscula representa una repetición de la misma música con diferente letra): la *ballade*, AAB; el *rondeau*, ABaAabAB; y el *virelai*, Abba A, estructura esta última de muchas de la *Cantigas de Santa María* que vimos anteriormente. La música de Machaut es un resumen del siglo, llena del refinamiento del verso inicial de uno de sus más bellos *rondeau: Rose, liz, printemps, verdure* ('Rosa, azucena, primavera, verdor').

Una imagen de autor con su música. En la recopilación de música del Trecento del *Códice Squarcialupi* se situaron imágenes de los compositores, como este Gherardello de Firenze al lado de una de sus *caccia.*

El siglo XIV en otras geografías

Los frutos musicales de esta época en el norte de la península itálica resultan admirables si se tiene en cuenta la ausencia de una fuerte tradición polifónica precedente, a diferencia de lo que ocurría en el territorio francés. El Trecento musical discurre paralelo al literario de escritores como Petrarca (1304-1374). Se conoce un gran número de autores gracias a fuentes como el *Códice Rossi*, compilado entre los años 1330 y 1345 aproximadamente, o el *Códice Squarcialupi*, de las últimas décadas del siglo XIV. En este último, una miniatura con la imagen del compositor precede a la colección de sus obras. Algunos de ellos fueron Jacopo da Bologna, activo entre 1340 y 1360, o el ciego Francesco Landini (ca. 1325-1397), el más famoso de su tiempo hasta el punto de dar su nombre a una cadencia característica de la época, consistente en el movimiento de séptimo a sexto grado de la escala antes de resolver en el primero.

Llama la atención que gran cantidad de estos autores hayan sido eclesiásticos que se dedicaron a realizar música profana. Así, las principales formas practicadas pertenecieron a ese género. El *madrigal,* habitualmente a dos voces y con grandes pasajes melismáticos; la *caccia,* diferente a la *chace* francesa, ya que mientras esta era un canon vocal a tres partes, la forma italiana consistía en un canon a dos voces apoyado en una voz grave que se movía en contrapunto libre y sin texto; y, finalmente, la *ballata,* que a pesar de su nombre, estructuralmente estaba relacionada con el *virelai* francés y no con la *ballade*. Toda esta música posee una disposición rítmica que la diferencia de la francesa, debido en buena medida a la utilización de un sistema de notación propio, explicado, entre otros, por Marchettus de Padua en su *Pomerium artis musicae mensuratae* de aproximadamente 1319.

Aunque las músicas de tradición francesa e italiana aparecen como la corriente central dentro de la Europa del XIV, no debemos perder de vista que seguramente la situación fue más compleja y variada ya que, con probabilidad, mucha producción no ha quedado documentada. Veamos, a modo de ejemplo, el *Llibre Vermell* de la abadía de Monserrat, en Cataluña, escrito entre finales del siglo XIV y principios del XV por una misma mano. Se trata de una doctrina religiosa que contiene un pequeño cancionero cuya misión, en sus mismas palabras, es la de dotar a los peregrinos que se acercaban al lugar de una «música honesta y devota» para sus canciones y bailes, lo que, por otra parte, nos da indicios de nuevo sobre la arraigada costumbre de bailar y cantar en la iglesia durante la Edad Media. Si bien las intenciones pueden estar sobrepasadas por lo complejo de algunos de sus cantos, en principio no muy apropiados para músicos y cantantes no profesionales, el hecho es que nos encontramos con un variado panorama con *caccie* a dos y tres voces, *virelai* al estilo del Ars nova, piezas monofónicas o la conocida como *set gotxs recomptarem,* que señalada como *ballada* o danza circular, poco tiene que ver con la *ballade* francesa.

Instrumentos y música instrumental

Ante la práctica ausencia de ejemplares, la principal fuente para el conocimiento de la organología medieval pasa por acudir a representaciones plásticas cotejadas con las escasas fuentes escritas al respecto, como el *Tractatus de Musica*, de Jerôme de Moravia († ca. 1300). Así pues, la Edad Media contó con instrumentos de la familia de la cuerda, algunos pulsados como arpas, laúdes o salterios, aunque estos últimos también podían ser tañidos mediante percusión, o con fídulas, instrumentos estos que utilizaban el arco, invención que llega a Euro-

Instrumentos para un rey. Las imágenes que acompañan a las *Cantigas de Santa María* de Alfonso X son uno de los principales repertorios de organología medieval. De arriba abajo y de derecha a izquierda: rabel, laúd, campanólogo, chirimía, tejoletas, gaitas, trompetas rectas, arpas, salterio tipo canon, fídulas y cornetos.

pa con toda probabilidad a través del mundo musulmán entre los siglos VIII y IX. Como aerófonos se utilizaron diversos tipos de flauta, instrumentos de lengüeta simple como los albogones, o de lengüeta doble como las chirimías o las gaitas, estas últimas de gran predicamento, o con embocadura tipo trompeta, como las trompetas rectas o los cornetos. Claro está que desde el año 1000 hasta los inicios del Renacimiento, los instrumentos no permanecen inalterados en sus características: crecen en tamaño o aumentan el número de cuerdas en función de las nuevas necesidades musicales. En este sentido, se produce un cambio hacia mediados del siglo XIII dando lugar a lo que los expertos denominan irrupción del instrumentario gótico, con una considerable evolución en la cuerda. Surgen así instrumentos como la zanfoña, se produce la aparición de un gran número de instrumentos de viento, aunque esto pueda ser más una consecuencia de un aumento en las representaciones, y asoman los primeros ejemplos de percusión representados por campanas o pequeños tambores. También aparecen órganos, tanto positivos, «de suelo», como portativos, pequeños y «portables», y casi ya en el siglo XV los primeros ejemplos de teclados como el *claviciterium*, resultado de introducir sobre el salterio un mecanismo de teclado.

Otra cuestión es cómo se empleaban. Es posible que mucha de la música, vocal en su mayoría, utilizase instrumentos como acompañamiento o doblando las voces, caso de la canción profana, pero no se ha dejado constancia de ello. Los escasos ejemplos de música instrumental podrían ser los llamados motetes de Bamberg del siglo XIII o quizá el *Hoquetus David* de Guillaume de Machaut del siglo XIV, y desde luego, las transcripciones para teclado del *Códice de Faenza* de principios del siglo XV. Con toda seguridad instrumental era la música de danza, de la cual se conservan bellos ejemplos en el *Chansonnier du Roi* del siglo XIII. Asimismo, danzas conocidas como *estampie* o *istampitta*, aparecen en el *Códice Robertsbride*, (ca. 1325) o en diversas fuentes italianas de principios del siglo XIV, con ejemplos tan bellos como el *Lamento de Tristano* o *La Manfredina*.

A modo de epílogo: el Ars subtilior

A las puertas de un cambio de época, entre los siglos XIV y XV, un estilo evoluciona de una forma muy singular. Tal y como nos muestran los manuscritos de Chantilly de

Sutilezas para expresar amor en el *rondeau Belle, bonne
sage: «[...]mon coeur qui a vous se presente»*, ('[...]
mi corazón que se presenta a vos'). La palabra *coeur* se
sustituye por una pequeña imagen de un corazón; la partitura
tiene forma de corazón; el apellido del autor, Cordier,
es otra referencia al mismo órgano.

finales del siglo xiv, una serie de músicos pertenecientes a diferentes cortes de la época, como la papal cismática de Aviñón, la condal de Foix en Francia o la de los reyes de la Corona de Aragón, cultivaron una polifonía caracterizada por una inusitada complejidad en lo notacional y en lo rítmico, donde las líneas individuales de las voces conseguían un máximo de independencia rítmica que exigían un gran virtuosismo a la hora de ser interpretadas. Este gusto por la sofisticación musical, acorde con la *subtilitas* intelectual del ambiente de estas cortes, se despliega en otros aspectos como en las representaciones gráficas de las partituras, cuya forma suele aludir al contenido de la composición, o como en los títulos y letras sugerentes que, jugando con las palabras, se ensamblan en el significado de las obras. De muchos de los compositores que aparecen como autores en el manuscrito de Chantilly sólo se conocen sus nombres. Dos buenos ejemplos de su *subtilitas* podrían ser el canon perpetuo *Tout par compas suy composés,* 'Estoy totalmente compuesto de compases', de Baude Codier, activo en los primeros años del siglo xv, o los versos «humoso hecha humo por humo en humosa especulación» de *Fumeux fume par fumee* del *rondeau* de Solage, del que sólo se sabe de su labor a finales del siglo xiv.

Esta tendencia no tendrá continuidad. Parece que el otoño de la Edad Media quisiese echar un cerrojo profético, puesto que algunos aspectos del Ars subtilior no volverán hasta la música del siglo xx. Al entrar en el xv, se abandonan los aspectos más complejos de este repertorio, especialmente en el plano rítmico. La música del Renacimiento se apoyará en muchas de las formas y logros precedentes, pero el vehículo hacia la nueva sonoridad vendrá de una isla.

3

Música en el Renacimiento: la emancipación de un arte

Si durante el siglo xv hubiese habido algo parecido a una revista cultural, esta podría haber sido una declaración periodísticamente interesante: «Las posibilidades de nuestra música han aumentado tan maravillosamente que parece que hay un arte nuevo, si es que podemos llamarlo así, cuya fuente y origen dicen que se halla en los ingleses, de los que Dunstable, muerto en 1453, destacó como el principal». De esta reflexión, que el teórico y músico flamenco Johannes Tinctoris (ca. 1435-1511) dejó escrita hacia el año 1470, compartida por otros, como el poeta francés Martin le Franc (ca. 1410-1461), podemos extraer un par de conclusiones: que los compositores hacia mediados del siglo xv sentían que se adentraban en una nueva era y que la aportación a la tradición continental de los autores ingleses había sido esencial para facilitar tal novedad. La opinión que sobre su propio tiempo tienen las personas que lo habitan puede carecer de las ventajas de una perspectiva global sobre el pasado. Sin embargo, en este caso, y en cierta manera, los autores no iban muy desencaminados.

Pero ¿qué características tendría la música a la luz del proceso cultural que opera en la centuria? Al Renacimiento no se llegó por un cambio brusco, sino que diferentes movimientos acaecidos previamente allanaron el camino, caso de la literatura del Trecento en el siglo xiv, por ejemplo. Además, un gran número de instituciones y formas sociales cuajadas durante el período medieval continuaron vivas. En la música sucedió algo parecido, puesto que formas anteriores como la misa o la *chanson* penetraron en el mundo renacentista transformándose paulatinamente. El eclecticismo de un autor como Johannes Cicconia (1335-1441) es sintomático: poco a poco abandona ciertas técnicas como la politextualidad, anuncia nuevos modos en la composición de misas y personifica, probablemente, al primer compositor que se acoge a una trayectoria profesional típica del período que supone el trasladarse del norte al sur de Europa, en este caso de Lieja a Padua. Sin embargo, si el Renacimiento supuso una cierta «mirada» hacia el mundo clásico en cuanto a la búsqueda de modelos, los músicos del siglo xv carecían de ellos. Aunque ciertas corrientes historiográficas pretendieron interpretar el «equilibrio» de la polifonía renacentista como un reflejo de los cánones del arte clásico, lo cierto es que los compositores y músicos de esta época no pensaron en ello. Sus oídos se movieron en otra dirección.

El «sonido inglés»

Y esa dirección apuntaba hacia el mundo inglés. ¿Qué llamó la atención de los autores continentales en obras de compositores como John Dunstable (ca. 1390-1453) o Leonel Power († 1445)? Seguramente no uno, sino varios aspectos.

La escritura a tres voces no parecía una polifonía de melodías independientes, sino que ofrecía un aspecto de lo que en términos modernos llamaríamos «acorde de tríada» o de tres notas. La disonancia estaba controlada, lejos de las prácticas de sus coetáneos del Ars subtilior. Parecía que el ritmo estaba dinamizado por el texto, sin ningún tipo de isorritmia. Toda composición aparentaba ser libre, sin sujeción a formas preestablecidas. Y, finalmente, había una preferencia por el uso de intervalos «imperfectos» para el mundo medieval como eran las sextas y terceras. Los músicos ingleses acudían a ellos, especialmente en aquellos pasajes cuya escritura derivaba de una práctica de improvisar polifonía llamada *faburden*, que en el continente tenía su propia versión en el *fauxbourdon*, de procedimiento un tanto diferente, pero de resultados realmente parejos. Esta interválica de terceras y sextas ya se hallaba en la tradición inglesa en ejemplos como el *rondellus* del siglo XIII *Sumer is icumen in* que vimos en el anterior capítulo.

Esta música, mucha de la cual se conoce a través del manuscrito de Old Hall, recopilado entre 1410 y 1430 aproximadamente, fue conocida en el continente por los contactos que se produjeron gracias a la presencia de los músicos de obispos ingleses que acudieron al Concilio de Constanza (1414-1418), en lo que hoy en día es Alemania, a la prolongada ocupación inglesa del norte de Francia durante la guerra de los Cien Años (1339-1453) o a que figuras como el propio Dunstable acudían al continente como parte de séquitos nobiliarios.

La cantera de músicos: tres generaciones franco-flamencas

Conviene hacer tres consideraciones previas para contextualizar los cambios que se operan a lo largo del XV. Por un lado, se tiende paulatinamente hacia una composición

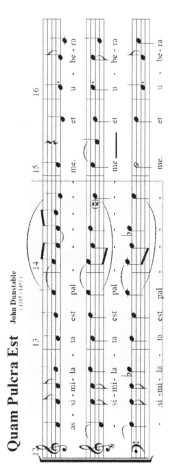

Pasajes como este, perteneciente a una composición de
música inglesa de principios del siglo xv, llamaron la
atención de los músicos del continente. La zona resaltada
muestra un movimiento en paralelo de intervalos de tercera
y sexta seguramente derivado de la técnica de improvisación
conocida como *faburden*.

a cuatro voces, ya que el contratenor que habíamos visto aparecer durante el período del Ars nova se divide en uno *altus* y en otro *basus*. Dicha repartición en cuatro voces es muy similar a la que muchos estudiantes de armonía han «padecido» hasta no hace mucho tiempo a la hora de hacer sus ejercicios. Por otra parte, un aspecto interesante radica en cómo el contratenor *basus* empieza a operar poco a poco como un bajo en el sentido moderno de la palabra. De esta forma, en las cadencias, esto es, en el final de las frases musicales, esta voz realiza movimientos de quinto a primer grado, generando resoluciones de «sabor» prácticamente tonal. Finalmente, se camina hacia el uso de la «notación blanca», curiosamente por una cuestión casi de índole económica: al agrandarse el tamaño de los manuscritos resultó más práctico dibujar los contornos de las notas que llenarlos con tinta negra.

Volvamos a las personas. Durante toda la época, los músicos de Borgoña y los Países Bajos nutrieron cortes y capillas musicales a lo largo de toda Europa, en un característico camino de norte a sur. Un gran número realizó extensos viajes y, a pesar de su procedencia norteña, pasaron buena parte de su vida tal y como se decía en terminología de la época; *oltramontani*, esto es, en Italia. Para echar un vistazo a los compositores del siglo seguiremos una hoja de ruta en donde se puedan apreciar las transformaciones en tres formas principales, a saber: el motete, la misa y la *chanson*.

La primera generación franco-flamenca (h. 1420-1470)

El motete se halla en estado de transición. Un ejemplo de lo que sería una tradición que da sus últimos coletazos es el famoso *Nuper rosarum flores* de Guillaume Dufay (1397-1474), compuesto con ocasión de

Un encuentro entre Verdi y Wagner en el siglo XIX, o entre Bach
y Haendel a mediados del siglo XVIII, tendría un equivalente
a principios del XV en esta miniatura ubicada en la obra
Champions des Dames, de Martin le Franc: Dufay, al lado del
órgano, con Binchois, que sostiene un arpa, considerado en ese
momento el instrumento cortesano por excelencia.

la reconsagración de Santa María del Fiore en Florencia
en 1436, una vez erigida la cúpula de Filippo Brunelleschi
que cerraba el crucero del templo. Se han buscado ciertas
correspondencias matemáticas entre el edificio y la disposición formal del motete, aunque no se puede asegurar
completamente su certeza. En un orden puramente musical, presenta algo absolutamente medieval, como es la
isorritmia en los dos tenores compuestos a partir de una
sección de gregoriano, y escritos a distancia de un intervalo de quinta, que tal vez simbolice la superposición de la doble cúpula de Brunelleschi. Sin embargo, hay aspectos que
anuncian una nueva estética: la ausencia de politextualidad o

ciertas relaciones melódicas entre las diferentes voces nos hablan de un mayor equilibrio e integración entre ellas, características estas que aparecen todavía más marcadas en los motetes no isorrítmicos del autor.

El futuro también tendrá forma de misa. Desde finales de la Edad Media, la tendencia, en lo que a esta forma se refiere, consiste en buscar medios para dotarla de una mayor unidad estructural entre los movimientos del ordinario. Recordemos: el caso único del siglo XIV de la *Misa de Nostre Dame* de Machaut, los ciclos de misas, un incipiente propósito de dotar de cohesión a través del uso de un motivo que apareciese a lo largo de la composición, como ocurría en la misa de Machaut o en algunas obras de Ciconia, y, en definitiva, en el uso de un mismo número de voces, claves o motivos que aparecía en ciertas misas. Pero siguiendo lo que parece el guión de la época, el aliento final fue insuflado por los ingleses que operaban en suelo continental. Ellos establecieron el procedimiento que, con ligeras variaciones, terminará convirtiéndose en estándar durante los siglos XV y XVI: basar los cinco movimientos del ordinario —*Kyrie, Gloria, Credo, Sanctus* y *Agnus Dei*— en una misma melodía ya existente que llamaron *cantus firmus,* de ahí su denominación de «misas cíclicas sobre *cantus firmus*». Esta melodía previa podía ser litúrgica, de tal suerte que, por ejemplo, una *missa caput* partiría de las notas sacadas de un melisma de la palabra *caput* de una antífona. Pero pronto comenzó a sacarse el material de música profana, caso de la misa *Se la face ay pale* (ca. 1440) de Dufay, que utilizó como *cantus firmus* el tenor de la *chanson* homónima de su autoría.

Visto globalmente, este proceder representa el triunfo de valores puramente estéticos y no prácticos, ya que la liturgia en sí no precisaba este tipo de unidad. Pero mientras motete y misa parecían caminar hacia una conversión, la *chanson* en manos de autores como Gilles

Binchois (ca. 1400-1460) se mostraba más bien inmóvil, anclada en las «formas fijas» y en la expresión del amor cortés, todo ello heredado de la época medieval.

La segunda generación franco-flamenca (h. 1450-1490)

A mediados de siglo, un nuevo grupo de compositores se dispone a profundizar en las posibilidades de las formas precedentes. Los préstamos para constituir el *cantus firmus* miran principalmente a la *chanson* polifónica o a las melodías profanas, de entre las que destaca la popular *L'homme armé* ('El hombre armado'), que obtuvo una fecunda utilización debido tal vez a sus características apropiadas para ejecutar diversos procedimientos compositivos a partir de su diseño. ¿Y cuáles eran entonces los procedimientos que conducirían hacia una mayor sofisticación y abstracción del motete y en especial de la misa? Existen varias posibilidades, como someter las notas del *cantus firmus* a procesos de aumentación o disminución en cuanto a su duración, transportar o invertir dicho *cantus firmus,* seccionarlo, o incluso, utilizar varios diferentes. Otras opciones pasan por componer un *cantus firmus* como en el motete *In Hydraulis* (ca. 1470), de Antoine Busnoys (ca. 1430-1492), donde se usan las proporciones pitagóricas para componerlo, o, incluso, el prescindir totalmente de cualquier melodía previa, como sucede en el caso de la *Missa Prolationum* de la segunda mitad del siglo xv de Johannes Ockeghem (1425-1497), que ha sido considerada el logro contrapuntístico de mayor calado del siglo, ya que, teniendo cada una de las voces las mismas notas y figuras, son los signos del compás escritos al principio de cada una de ellas los que marcan cómo se desenvuelven a la hora de ser interpretadas, creando así una grandiosa y bella polifonía. Además, los autores no sólo acudían a una de las voces de la *chanson* para tomar el material, sino que, en ocasiones, todo el tejido polifónico era susceptible de penetrar en cada uno de los movimientos de la misa.

Pero más allá de cómo se operaba con el *cantus firmus,* los cambios también terminaron por afectar a la construcción sonora. Por un lado, el registro se amplió, especialmente hacia los sonidos graves, como en la mencionada *Missa Prolationum,* que cuenta con un ámbito de veintidós notas. Por otra parte, la especialización de las voces de corte medieval que todavía se puede ver en Dufay cede paso a una escritura más integrada, donde las partes de la composición son más homogéneas, contribuyendo todas de una manera similar al discurrir de la música dentro de la escritura contrapuntística.

En el otro eje, el de la música profana, a pesar del lastre de las «formas fijas» medievales, la *chanson* no permaneció ajena a estos fenómenos tendentes a cierta escritura imitativa o a una concepción más igualitaria de las voces. Además, en ella aparecen síntomas de una cierta ralentización en el ritmo: de un impetuoso compás de seis por ocho en términos modernos, se tiende a un más pausado tres por cuatro. Al lado de ello, surgen ciertos atisbos en cuanto a la expresión del sentido del texto por medios musicales, algo que tendrá su pleno desarrollo en el siguiente siglo. Estos incipientes cambios se producen en paralelo a un considerable aumento en el número de manuscritos, lo cual facilitó una mayor transmisión de la música. Los cuadernillos en circulación hacían que canciones de Busnoys u Ockeghem fueran conocidas a lo largo del mapa europeo, sometidas eso sí a frecuentes arreglos que han terminado dando versiones dispares del mismo repertorio. Este amplio tráfico de música creó una especie de «lista de éxitos», un grupo de una decena de canciones aproximadamente, como *Fors seulement* de Ockeghem, que fueron las más utilizadas para la realización de composiciones, tanto vocales como instrumentales, y que presumiblemente dan a entender también lo que podríamos denominar como un primer fenómeno de «éxito de público».

La tercera generación franco-flamenca (h. 1470-1530)

«Vestíos de luto / Josquin, Brumel, Pirchon, Compère. / Y llorad a lágrima viva. / Habéis perdido a vuestro buen padre». Este «padre» era Ockeghem. Los versos del poema *Nymphes des bois* ('Ninfas de los bosques') del poeta, músico y cronista francés Jehan Molinet (1435-1507) fueron musicados por Josquin Desprez (ca. 1455-1521), quizá el mayor músico de esta generación, con el subtítulo «Lamento por la muerte de Jean Ockeghem». Son el reflejo del sentir de una generación de músicos, como Pierre de la Rue (ca. 1455-1518), Jacob Obrecht (ca. 1458- 1505), Heinrich Isaac (ca. 1450-1517) o el mismo Josquin, que homenajeaban al que consideraban la piedra angular de su música.

Con estos autores, las «formas fijas» medievales entonaron su definitivo canto del cisne. La sonoridad se volvió vertical y los motivos melódicos empezaron a ser concisos y con un perfil muy definido, generado a veces por el propio ritmo de las palabras de los textos. Aunque la imitación entre las voces no era algo nuevo, hicieron de ella el elemento constructivo fundamental creando una igualdad entre las partes casi absoluta. Si se cae una voz, toda la composición cae en pedazos. Este proceder también explica el gusto por los cánones, que en su faceta más compleja se propagó durante el período. Muchos autores de la época percibían que esta manera de concebir la composición se distanciaba de la

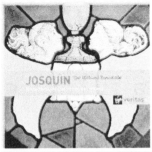

Príncipe de la música. Así es apodado en varias ocasiones Josquin Desprez, seguramente el músico más relevante entre los siglos XV y XVI. Su numerosa producción de misas, motetes o *chansons* ha sido objeto de frecuentes interpretaciones y grabaciones por diferentes *ensembles*.

música precedente. Así lo expresaba Pietro Aaron en su *Toscanello in musica* de 1523: «…muchos compositores eran de la opinión de que la voz soprano tenía que ser compuesta primero, luego el tenor y después el bajo […]. Los compositores modernos tenían una idea mejor que consideraba todas las partes a la vez».

En este caldo de cultivo, el motete le toma la delantera a la misa y se convierte en el campo de experimentación de vanguardia, unido ello a un aumento considerable de la producción total. En ellos, los autores iniciaron una práctica de gran futuro consistente en

Dufay, (1397-1474): "Nuper rosarum flores".

Ockeghem, (1425-1497): "Missa mi-mi".

Josquin Desprez, (ca. 1455-1521): "Missa Pange Lingua".

Evolución del tejido polifónico durante el siglo XV. Dufay aún muestra una escritura de corte tardo-medieval donde cada una de las voces posee su propio perfil. Obsérvense las largas notas resaltadas en las voces inferiores contrastando con el diseño de las superiores. Ockeghem opta por una disposición parecida en todas las líneas, con lo que se logra una mayor integración de toda la estructura. Además, el ámbito desciende. La nota señalada resultaría muy grave en el estilo de Dufay. Finalmente, Josquin no sólo integra, sino que realiza imitaciones continuas: adviértase la similitud entre los grupos de notas señalados.

expresar los sentimientos y emociones del texto a través de la música, lo cual fue conocido posteriormente bajo la denominación de *musica reservata*, concepto acuñado hacia mediados del siglo XVI por el alto funcionario de la corte bávara Samuel Quickelberg (1529-1567). Siguiendo estos principios, la música se acelera con palabras como *velocious,* o desciende en la melodía y en la armonía para subrayar el sentimiento de pena o de bajada al mundo de ultratumba, y así en muchos más pasajes. Se ha querido ver en ello una de las influencias más prominentes del humanismo en su encuentro con la polifonía franco-flamenca en suelo italiano. Sea como fuere, veremos que esta estética se adueñará por completo del madrigal del siglo XVI. Así las cosas, como forma voluble sometida a la exploración musical, y teniendo en cuenta el lugar un tanto «ubicuo» que el motete podía tener en la liturgia o en otros ámbitos —el papa Leon X (1513-1521) los hacía interpretar mientras comía—, se entiende lo que para Tinctoris era un motete a finales del siglo: «...una composición de extensión moderada, a la que colocan textos de cualquier tipo, pero con mayor frecuencia en latín».

A pesar de la vitalidad motetística, la misa continuó siendo cultivada con gran profusión. Amén de la ya anterior misa sobre *cantus firmus*, dos transformaciones ahondan en este principio compositivo. Por un lado se halla la «misa paráfrasis», donde la melodía preexistente se esparce por todas las voces, algo lógico si se tiene en cuenta la imitación total que caracteriza el estilo de la época. Es el caso de la *Misa Pange Lingua* de Josquin sobre el himno de canto llano del mismo nombre. Por otro, la misa «parodia» basa toda su elaboración en el completo entramado polifónico de una composición dada, principalmente un motete. Este será el modelo favorito del siglo XVI, el cual se nutrirá fecundamente de los procedimientos musicales, tratamiento de los géneros o formas de expresión de esta tercera generación.

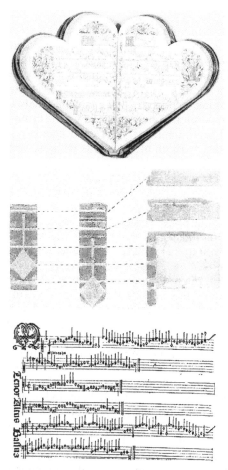

Más rapidez y mayor número de ejemplares. La práctica de escribir la música a mano, como en el *Cancionero Cordiforme de Saboya* (arriba), irá cediendo paso a la imprenta que, con el uso de los tipos móviles, conseguirá resultados como el de la imagen inferior perteneciente a la antología *Harmonice musices odechaton A* publicada por Petrucci en 1501.

Y llegó la imprenta

El cancionero Cordiforme de Saboya, escrito hacia 1470, o el *Códici Chigi*, compilado probablemente entre 1498 y 1503, son excelentes fuentes para el conocimiento de la música vocal del siglo XV. Pertenecen a la tradición medieval de compilar repertorios en bellos y decorados manuscritos. Pero la música, claro está, no permaneció ajena a la aparición de la imprenta. Hacia la década de los setenta aparecen los primeros ejemplos de impresión con partituras, a veces por medio de xilografía, que no dejaba de ser una técnica más antigua, pero también los primeros usos de tipos móviles, como en la curiosa *Gramatica brevis* de 1480 de Franciscus Niger, donde los tipos impresos sólo eran las figuras y notas, quedando el cliente emplazado a trazar él mismo las líneas de los pentagramas. Pero, finalmente, en las postrimerías del siglo XV, las partituras se imprimían completas.

El primer gran editor de partituras fue Ottaviano dei Petrucci (1466-1539) que, con el «privilegio» (esto es, el monopolio de impresión) de la República de Venecia, publicó entre 1501 y 1520 un total de sesenta y una colecciones de música, lo que da cuenta del éxito del invento, con piezas instrumentales, polifonía, *chanson* o misas, entre otros. La aventura editorial de Petrucci, que proporcionó un notable conocimiento de autores como Josquin, Isaac u Obrecht, tuvo pronto imitadores en muchos lugares de Europa. La historia le rendiría homenaje dándole su nombre a una de las primeras fuentes de caracteres musicales que utilizaron las computadoras en el siglo XX. En definitiva, y para la publicación en general, la imprenta supuso para la música la posibilidad de llegar a un mayor público, a un coste menor y haciendo que los repertorios «viajasen» a mayor rapidez, lo que condujo a una reiterada fecundación entre los diversos géneros.

La primera mitad del siglo XVI

La emergencia de la música de las naciones

Hacia el año 1500 las «formas fijas» estaban en absoluta decadencia. Los compositores continuaron poniendo música a la poesía cortesana propia de estas formas, como en la famosa *Milles regretz* de Josquin, de la que se hicieron varias versiones instrumentales y de la cual se dijo que era la canción favorita del emperador Carlos V (1516-1556), de ahí que se terminase conociendo como «Canción del emperador». Pero, imposible de vivir ajena a su tiempo, el tratamiento de la *chanson* será cada vez más parecido al del motete, con lo que la forma medieval quedó prácticamente anulada. Frente a esta tradición en declive, comienza el auge de una corriente que se puede denominar como «popular» en la medida en que los compositores construyeron arreglos polifónicos a tres o cuatro voces de melodías que probablemente se tarareaban o cantaban tanto en tabernas, como en hogares, o en salones cortesanos.

Pero la evolución de la música en Francia daría un nuevo capítulo entrado ya el siglo. Entre los años veinte y cincuenta, el primer gran editor francés Pierre Attaignant (h. 1495-h. 1552) publicó más de mil quinientas piezas, de las cuales un enorme número pertenecen a un género novedoso llamado «*chanson* parisina», aunque la delimitación geográfica de la misma no coincide exactamente con el área de París. Este género de canciones ligeras, rítmicas, a cuatro voces, con notas repetidas, silábicas, de metro binario y homofónicas principalmente, alcanzaron un notable éxito, de lo que dan prueba las centenares de transcripciones para laúd y voz solista que se hicieron de las mismas. Destacaron en este género el lírico Claude de Sermisy (h. 1490-1562) y Clement Janequin (1485-1558), que nos dejó ejemplos

«Mil lamentos por abandonaros» son las primeras palabras de la *chanson*, popularísima en su época, *Milles regretz* de Josquin Desprez. Canción favorita de Carlos V (dcha.), puede apreciarse su versión instrumental para vihuela, obra de Luis de Narváez (1500 - 1560). La partitura, escrita en notación «de tablatura» característica de instrumentos de mango tipo laúd, muestra la corriente renacentista que realizaba versiones instrumentales de temas de éxito.

«programáticos», esto es, con ánimo de ser descriptivos de algún acontecimiento o suceso, como sucede en sus composiciones *La Guerre* ('La guerra') o *Le Chant des Oseaux* ('El canto de los pájaros'). Este género tendrá representantes más tardíos en la segunda mitad del siglo en autores como Claude le Jeune (1528-1600).

Pero, mientras esto sucedía, en diferentes latitudes europeas los estilos nacionales empezaron a cristalizar con sus propias convenciones y expectativas. Así sucedió en los reinos de los Reyes Católicos (Isabel I de Castilla, 1451-1504, y Fernando II de Aragón, 1452-1516), donde villancico y romance se asentaron como formas poético-musicales típicamente nacionales, tal y como nos muestran, entre otros, cancioneros como el *Cancionero de Palacio*, escrito entre 1500 y 1520, o el *Cancionero de la Colombina*, escrito entre 1460 y 1480 aproximadamente. El romance, poema estrófico, suele narrar un hecho histórico o epopéyico, como en la composición *Una sañosa porfía*, que narra la toma de Granada en 1492 por los ejércitos cristianos. Sin embargo, fue el villancico la forma más popular, de temática básicamente profana, lejano a lo que se convertirá andando el tiempo. Así lo muestran ejemplos como *Hoy comamos y bebamos,* del salmantino Juan del Encina (1468-1529), quizá el poeta y músico más importante de este repertorio junto a Juan de Urrede (h. 1451- h. 1482). Este último representa una tradición más dependiente de la escuela neerlandesa, mientras que el de Salamanca personificaría una versión más indigenista. El villancico cuenta con coplas y estribillos, pudiendo ser estos últimos de origen popular al igual que algunas de las melodías, con lo que se sitúa en el mismo tipo de senda de renovación que la *chanson*. El villancico es de estructura clara en sus frases, silábico, de escritura homofónica y con un claro sentido tonal en términos modernos. Vemos que son características anejas a la *chanson* parisina, compartidas asimismo en buena medida por la *frottola,* género por excelencia de la polifonía italiana en el cambio de siglo. Cultivada en las cortes italianas de Mantua, Ferrara y Urbino por autores como Marchetto Cara (h. 1465-1525) o Bartolomeo Trombocino (h. 1470- h. 1535), la *frottola* es un arte cortesano, a pesar de sus connotaciones rústicas, muy centrado en una temática amorosa de tintes melancólicos. Con esquemas rítmicos muy marcados, con cierto balance de *hemiola*, esto es, alternancia rápida entre ritmos de dos y tres pulsaciones, eran compuestas a tres o cuatro voces, habiéndose sugerido la posibilidad de que la voz superior fuese la cantada mientras que las restantes

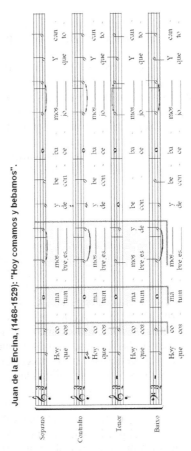

Juan de la Encina, (1468-1529): "Hoy comamos y bebamos".

Los «estilos nacionales» que surgen a principios del siglo XVI en lo que hoy son España, Alemania o Italia suelen contar con características más sencillas que la polifonía franco-flamenca coetánea. Se puede observar en el villancico de Juan del Encina, *Hoy comamos y bebamos*, donde las voces caminan casi siempre juntas con los mismos valores, lejos de complejos contrapuntos.

se interpretarían instrumentalmente. Se conocen once antologías de este género publicadas por Petrucci entre 1504 y 1514.

El panorama de los estilos nacionales debe completarse en tierras germanas, donde la canción polifónica también alcanzó pronto a la imprenta. Su precedente había sido el *tenorlied* o 'canción de tenor', donde una melodía previa se armonizaba añadiéndole una o dos voces a mayores. Este repertorio proporcionará el cimiento socio-musical sobre el cual se apoyará el desarrollo del futuro mundo protestante.

Una cuarta generación

Entre 1520 y 1550 aproximadamente, la generación de músicos de Nicolas Gombert (h. 1495- h. 1560), Jacobus Clemens (h. 1510- h. 1555), conocido como «Clemens *non* Papa» para evitar confusiones con Clemente VII, o Adrian Willaert (h. 1490-1562), recogió el estilo heredado por sus predecesores, si bien aumentaron por lo general el número de voces de las composiciones a cinco o seis. Cultivaron todo tipo de géneros, fuesen motetes, *chanson* e incluso algunos menores como ejemplifica la *villanella* de Willaert, *Vecchie Letrose*. Las misas siguieron los principios constructivos de la «paráfrasis» o de la «parodia». En este sentido destacó el español Cristóbal de Morales (h. 1500-1553), quizá el polifonista compositor de misas más conocido de su momento. No obstante, frente a la continuidad, donde se va a poner el acento es en profundizar en la exploración de las relaciones entre texto y música, algo que ya habíamos visto brotar en los postulados de lo que daba en llamarse *música reservata*. Willaert será un pionero en este aspecto, aplicándolo a sus motetes y al nuevo madrigal.

La expresividad como divisa: el inicio del madrigal

Curiosamente, la paternidad del madrigal del Cinquecento, género que será con el devenir del siglo símbolo de la música italiana por excelencia, se debió a compositores franco-flamencos establecidos en Italia. No hay un origen concreto que explique del todo su nacimiento, pero en él parecen converger diversos factores: los usos compositivos y expresivos del motete, el estilo de la *frottola* más tardía, el lirismo de la *chanson,* especialmente de la de Sermisy, y, tal vez, la defensa del italiano como lengua literaria, en la modalidad del toscano de Dante Alighieri (1265-1325) y de Francesco Petrarca (1304-1374), que hizo el poeta y teórico literario Pietro Bembo (1470-1547) en su libro *Prose della volgar lingua* publicado en 1525. El resultado son composiciones de textura densa, en muchas ocasiones a cinco o seis voces, con secciones contrastantes entre contrapunto y homofonía tipo acorde, entre pasajes a dos voces, o *bicinias,* y pasajes donde actúan todas las partes de la obra. Del madrigal del Trecento sólo ha quedado el nombre.

La mejor manera de apreciar cómo el madrigal expresa las «imágenes» que sugiere el texto es ver un ejemplo como *Aspro core e selvaggio* ('Áspero y salvaje corazón') que Adrian Willaert compuso hacia 1545 sobre un poema de Petrarca. El texto juega con ideas antitéticas que condicionan el hacer del músico. Al principio, la palabra «áspero» se musicaliza con intervalos de sexta —diríamos hoy en primera inversión del acorde— contrastando con el momento en que aparece «dulce», donde se acude a acordes en su primera posición, con mayor resolución y estabilidad. Más adelante, se pasa de «día claro» a «noche oscura» descendiendo bruscamente la melodía superior una octava, e introduciendo una disonante alteración para que quede patente la entrada en la oscuridad. En «cuando nace», el pasaje comienza en las voces más graves para sucesivamente ir apareciendo las superiores, en un movimiento de abajo arriba. La expresión «lloro a todas horas» repite el motivo musical varias veces para enfatizar «todas horas». Y así una extensa serie de recursos o «madrigalismos» que podríamos encontrar con facilidad en otros ejemplos coetáneos, echando mano de la armonía, la interválica, la disposición de las voces o la velocidad en aras de una yuxtaposición intelectual de texto y música, donde el primero logra codificar a través de su organización la estructura de la música.

La segunda mitad del siglo XVI

Entre el cromatismo y la expansión geográfica: desarrollos del madrigal

La tendencia madrigalesca a señalar la expresividad del texto por encima de cualquier otra consideración se acelera en la última mitad del siglo XVI. Giaches de Wert (1536-1596) o Luca Marenzio (1553-1599) son algunos de los nombres que avanzan en este sentido, imprimiendo un mayor cromatismo a las composiciones. Frente a la poca atención que le otorgaron algunas corrientes en épocas pasadas, quizá porque los propios coetáneos fueron muy críticos con él, la historiografía más moderna ha valorado el peso de las experimentaciones de Nicola Vicentino (1511- h. 1576) a la hora de llevar al madrigal tardío hacia un cromatismo tendente a experimentar fuera del ámbito de los *modos,* esto es, las escalas que todavía en ese momento amparaban el aparato teórico-musical de la época. Vicentino buscaba recuperar los géneros de la antigüedad griega conocidos como «cromático» uno y «enharmónico» otro, albergando este último la utilización de cuartos de tono. Sus investigaciones le llevaron a crear un instrumento de teclado llamado *archicembalo* que permitía interpretar esos microtonos. Llama la atención que haya que esperar al siglo XX para encontrar propuestas musicales de corte parecido. Un ejemplo de lo visionario que resultan algunos de los madrigales surgidos en este ambiente de finales del siglo XVI nos lo da el comentario que, en torno a 1782, el historiador Charles Burney hacía del madrigal *Moro, laso, al mio duolo* del compositor Carlo Gesualdo (h. 1561-1613): «… extremadamente desagradable e hiriente para el oído ir de un acorde a otro con el cual no hay relación alguna, real o imaginaria». Otro interesante autor en este círculo es Luzzasco Luzzaschi (h. 1545-1607), vinculado fuertemente con la corte de los duques de Este en Ferrara, en donde se ubicaba el famoso *Concerto delle Dame,* ('Concierto de las Damas'), un grupo de cantantes especializadas cuyo repertorio, no solo de Luzzaschi, sino también de Marenzio o Gesualdo, era secreto e interpretado de una manera privada para un público selecto, lo que agrandaba la leyenda sobre su virtuosismo y calidad. Las damas de Ferrara eran músicos profesionales, versadas en literatura y poesía, con ocasionales beneficios complementarios por su labor, y no meras cortesanas instruidas en música. Con ellas se inicia el difícil camino de la mujer como músico profesional, como el caso de Maddalena Casulana (h. 1544-1590), la primera mujer de la que se tiene noticia de haber impreso sus obras.

El madrigal tendrá un éxito notable de sur a norte de Europa. En Inglaterra, la publicación de *Musica transalpina* en 1588, una *selecta* de los mejores madrigales traducidos por el cantante y editor Nicolas Yonge (h. 1560-1619), puede considerarse un hito crucial en la historia de la música inglesa dado el vivo interés que despertó el cultivo del género a raíz de la aparición

Instrumentos de baja sonoridad como el laúd, propio para el deleite cortesano, junto a la flauta «traverso» y el canto, todo ello adecuado para la ejecución en interiores. Esta pintura anónima de la primera mitad del siglo XVI podría evocarnos con facilidad el virtuoso y afamado conjunto *Concerto delle Dame* de Ferrara, que floreció en la corte de los Este durante la segunda mitad del mismo siglo.

de dicha publicación. Autores como Thomas Weelkes (h. 1575-1623), compusieron madrigales «a la inglesa», donde la música contaba con mayor autonomía y no se hallaba tan supeditada a las estructuras del texto. El éxito en suelo inglés es tal que todavía en 1741 se funda la Madrigal Society para la interpretación del género. El madrigal se prolongará en el tiempo. Como veremos, en una colección de ellos se detonará la polémica que simbolizará el arranque de una nueva época.

Al servicio de la fe: la Reforma

El 30 de octubre de 1517, Martín Lutero (1483-1546) fija sus noventa y cinco tesis en la puerta de la iglesia de Wittenberg. El conflicto religioso en Europa se había fraguado durante siglos, pero el acto de Lutero generó una onda expansiva que afectaría a todos los órdenes de la sociedad, incluida la música. El propio Lutero marca la línea, habida cuenta de su faceta de cantor y músico, al creer firmemente en el poder educativo y ético de la música, de la cual considera que el pueblo debe ser partícipe. El resultado inmediato es el origen del *choral* o *kirchenlied,* ('coral'), himno estrófico, monódico y en alemán que se convierte en la gran contribución luterana a la música. Muchos de estos corales eran de nueva factura, algunos compuestos por el propio Lutero y otros adaptaciones de melodías profanas y sagradas, o incluso directamente «contrafactuados», es decir, cambiando únicamente el texto original de la melodía por el del coral. Esta rápida expansión y producción del coral explica que se convirtiese en la base para mucha de la música polifónica luterana creada en siglos posteriores, cumpliendo así la misma función que había tenido el canto llano como *cantus firmus* dentro de la música de la Iglesia católica. En época tan temprana como 1524, Johann Walter (1496-1570) publicó una antología de corales a voces, arreglados en diversos estilos, bien tipo motete o bien más sencillo, tipo acorde, destinados a ser cantados por el coro.

Pero la aparición de otros movimientos reformistas también afectó a la música. En 1539, se crea la Confesio Helvética, que une a los seguidores de Ulrich Zwinglio y de Juan Calvino, asentando definitivamente la rama calvinista de la Reforma. El calvinismo sostuvo una fuerte contestación a todo lo que consideraba ornato superfluo de la liturgia cristiana, de tal manera que ese recelo condujo a permitir sólo cantos sobre textos bíblicos, dando lugar a los salterios calvinistas, donde las traducciones a lengua vulgar métricas y rimadas del Libro de los Salmos se musicaban para cantar al unísono y sin acompañamiento. Mientras tanto, tras la separación de la Iglesia de Inglaterra en 1534, en ese país se impuso paulatinamente el uso del inglés en la liturgia. Los progresivos cambios fueron conformando un nuevo repertorio de música eclesiástica inglesa, donde destaca el *athem* ('himno'), que viene a ser el equivalente al motete en la liturgia latina católica. El *athem* terminó derivando en dos tipos: uno llamado *pleno* para coro, en estilo contrapuntístico, y otro *de versículo* para voces solistas con acompañamiento instrumental y breves pasajes para coro. Algunos de estos fueron compuestos por William Byrd (1543-1623), el último gran compositor católico en suelo inglés, lo que no le impidió escribir música para la nueva Iglesia junto a misas y motetes en latín.

También al servicio de la fe: la Contrarreforma

Las voces a favor de una respuesta que contrarrestase estas reformas del norte europeo no tardaron en surgir. El resultado fue la convocatoria del Concilio de Trento, que se celebró a intervalos entre los años 1545 y 1563. Desde un punto de vista musical, las quejas que allí se manifestaban iban dirigidas contra el espíritu excesivamente profano de la música, —recuérdese el uso de *cantus firmus* profanos o provenientes de la *chanson*—, contra la compleja polifonía que impedía la comprensión de las palabras —algo que recuerda las críticas al Ars nova, contra el «ruidoso» uso de algunos instrumentos e, incluso, contra la mala pronunciación del latín y la actitud irreverente de algunos cantores. A pesar de ello, no se prohibieron ni los modelos profanos ni la polifonía, y las directrices fueron muy generales, encaminadas a evitar lo «impuro y lo lascivo» en la «casa de oración» que eran las iglesias. A pesar de que una de las grandes leyendas de la historia de la música cuenta que la polifonía fue salvada *in extremis* gracias a que Palestrina compuso la obra a seis voces conocida como *Misa del Papa Marcelo,* demostrando así la «viabilidad» de este estilo, lo cierto es que en la decisión final del cónclave sobre la música debió de pesar más las *preces speciales* ('oraciones especiales') a las que puso música Jacobus de Kerle (h. 1531-1591) y que se cantaron durante las sesiones conciliares.

El caso es que para la historia fue Giovanni Perugi de Palestrina (h. 1525-1594) quien se proyectó como el gran compositor del último Renacimiento. Depuró los libros litúrgicos y escribió principalmente música sacra. Su estilo parece conservador, sobre todo si se compara su música con mucho del repertorio de la época. Así, su escritura tendía a ser a cuatro voces y evitar cualquier tipo de cromatismo. El diseño melódico de cada una de las partes tiende al arco, moviéndose por grados conjuntos, como queriendo recuperar las cualidades del canto llano. Palestrina alcanzó tal grado de prestigio que su estilo se ha asimilado directamente como norma de la música religiosa polifónica y su contrapunto todavía se estudia hoy en día como modelo.

A la misma generación, a la que algunos denominan la quinta generación del Renacimiento, pertenecen el franco-flamenco Orlando di Lasso (1532-1594), compositor también de un gran número de música religiosa católica, y altamente expresivo en sus madrigales, y el español Tomás Luis de Victoria (1548-1611), centrado prácticamente en la composición de música para la iglesia. Victoria llegó a ser el sucesor en Roma del mismo Palestrina, pero durante mucho tiempo quedó eclipsado por la figura de su antecesor. Sin embargo, su polifonía no es una mera continuación. Sus líneas expresivas o el uso de la disonancia, tal vez más conectados en ese sentido con los madrigalistas de la época, auguran formas del primer Barroco a principios del siglo XVII.

Capillas musicales

Una de las instituciones musicales más características de todo el Renacimiento, que por otra parte hundía sus raíces en el último período de la Edad Media, es la capilla musical, conocida también como capilla catedralicia, capilla cortesana o capilla real, dependiendo de cuál fuese el lugar en donde desarrollaba su actividad. La capilla fue en origen un grupo de cantores, niños y adultos, bajo la dirección de un maestro, cuya misión era la de interpretar la polifonía de la liturgia, en suma, buena parte de la música que hemos examinado hasta ahora. Solía contar con uno o varios organistas, uno de los cuales podía ser el mismo maestro de capilla, el cual también ejercía de director, y, con el tiempo, con un grupo de instrumentistas conocidos como *ministriles*, que a principios del siglo XVI estaban totalmente incorporados a la institución, lo que permite entender algunas de las quejas pronunciadas durante el Concilio de Trento en cuanto a los «excesos» instrumentales que se producían en el culto. Otras encomiendas del

Orlando de Lasso dirigiendo la capilla musical de la corte de Baviera a finales del siglo XVI, en una miniatura de Hans Mielich (1516-1573). Estas capillas agrupaban a cantantes y músicos dirigidos por el maestro de capilla, puesto que desempeñaron muchos compositores importantes.

maestro de capilla eran formar músicos enseñando aspectos como el contrapunto, el canto o el instrumento, la de reclutar cantantes, cuidar el espacio físico de la capilla y la de hacerse cargo, cual padre, de los *seises* o mozos de coro, niños que desde pequeños se integraban en la formación y que terminaban siendo a veces cantores o ministriles de la misma capilla. Estas obligaciones, transmitidas oralmente durante mucho tiempo, empezaron a fijarse por escrito en los reglamentos de las capillas durante el siglo XVI. Cuando se producía una vacante de maestro, se convocaba un concurso para cubrir su puesto, y los candidatos eran sometidos a sofisticadas pruebas de dirección, improvisación y composición. En muchas ocasiones, los tribunales encargados de juzgar no hacían gala de la imparcialidad que se les presuponía, pues estaban expuestos a algo tan «moderno» como las influencias.

Así constituidas las capillas catedralicias, concebidas en buena parte a imagen y semejanza de la capilla pontificia, continuaron en funcionamiento durante la época barroca y aún más allá. Es importante señalar que fueron el modelo para las capillas reales y para las de aquellos nobles más pudientes que podían contar con músicos y cantores para mostrar el poderío de sus cortes. Asimismo, estas agrupaciones reflejaban el diletantismo de buena parte de la nobleza y su deseo de utilizarlas como una «inversión» en su salvación eterna, dado el carácter «amplificatorio» que se consideraba que la oración adquiría al ser ejecutada por músicos y cantores. De esta guisa, las capillas de cortes principescas, fuesen de titularidad secular o religiosa, actuaban como auténticos mecenas, compitiendo entre sí por contar con los mejores músicos y cantores, lo cual incluía a los compositores. Ello ocasionaba una dura competencia por hacerse con los servicios de los mejores y más reputados, lo que dio lugar a un auténtico «mercado» en la búsqueda de cantantes y músicos, que incluso eran contratados a distancia por embajadores. Todo este movimiento generó una importante documentación gracias a la cual se pueden seguir los movimientos de músicos y creadores de música.

Teóricos, instrumentos y música instrumental

Si buena parte de la teoría musical de la Edad Media se había preocupado por saberes puramente especulativos, el incremento del interés por aspectos relacionados directamente con el quehacer musical que había aparecido durante los últimos siglos medievales fue en ascenso durante todo el Renacimiento. La nómina de tratadistas es amplia: el flamenco Johannes Tinctoris (h. 1435-1511), los españoles Juan Bermudo (h. 1510-

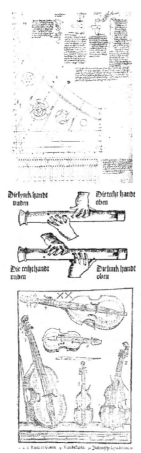

De arriba abajo: diseño para la construcción de un clavicordio por Henry Arnaut de Zwolle hacia 1440; instrucciones para interpretar la flauta de pico en *Musica getutscht* de Sebastian Virdung, de 1511; segundo volumen del *Syntagma musicum* de Michael Praetorius, de 1618, mostrando los diferentes tamaños, de más agudo a más grave, del *consort* o conjunto de violas.

1565) y Bartolomé Ramos de Pareja (h. 1440- h. 1491), los italianos Pietro Aaaron (1490-1545) y Gioseffo Zarlino (h. 1517-1590) y un largo etcétera. Teóricos y músicos prácticos a la vez, en la mayoría de los casos, dejaron información sobre los usos sociales de la música, los géneros, los progresivos cambios y propuestas en cuanto a la construcción de la teoría musical en aspectos como escalas, armonía o contrapunto, y sobre las características técnicas de los instrumentos y su música.

En cuanto a esto último, se observa que el instrumentario renacentista evoluciona a partir del medieval, desapareciendo paulatinamente algunas tipologías de la práctica más avanzada, en especial aquellas que utilizaban un bordón o nota tendida para su acompañamiento, principio este que encajaba mal en los nuevos usos de la música, aunque algunas, como la gaita, todavía aparecerán en tratados publicados alrededor de 1600. Durante el siglo XV se hereda de la Baja Edad Media la división entre *haut*, instrumentos de fuerte volumen, y *bas*, de volumen bajo. Se trata de una división que atiende a la sonoridad, probablemente a la distinción entre el uso en exteriores frente al uso en interiores, de tal suerte que esta partición se nos muestra distante de la moderna entre viento (madera o metal), cuerda (pulsada, frotada o percutida) y percusión. *Haut* eran la trompeta y la chirimía, y *bas* podían ser la flauta, el arpa o el laúd, estos últimos seguramente los preferidos para el acompañamiento en la *chanson,* tal y como sugieren ciertas representaciones pictóricas. Los instrumentos de gran sonoridad tenían su sitio en el estándar de la *alta capella*, conjuntos al servicio de las ciudades o ayuntamientos, con funciones herálicas o protocolarias, formados por chirimías, trompetas, sacabuches, antepasados estos del trombón, y más tarde incluso por bajoncillos, antepasados del actual fagot, o *cornetos*, instrumento de boquilla como las trompetas, pero con orificios similares a los de un instrumento tipo flauta. Por otra parte, a mediados del siglo XV comienza a haber una preocupación en dejar por escrito las formas de lo que llamaríamos una primitiva *luthería,* como demuestran los diseños para la construcción de un laúd y de un primitivo clave que hacia 1440 realizó Henry Arnaut de Zwolle († 1466). También aparece un incipiente interés por la manera de desplegar música instrumental en un lenguaje propio y no derivado del vocal, como sucede en la música para órgano que figura en el *Fundamentun organisandi* de Conrad Paumann, de 1452, donde aparecen arreglos para órgano de piezas polifónicas o preludios para rellenar pausas en la liturgia. Por otro lado, la música para conjuntos seguramente consistía en arreglos de música vocal de formas como el motete.

Para el siglo XVI, esta preocupación por describir los instrumentos se manifiesta en un importante incremento en el número de tratados que, junto a características de diseño, muestran instrucciones para la interpretación. Están redactados en lengua vernácula y no en latín, lo que prueba su destino para músicos prácticos. En 1511 se publica *Musica getutscht,* de Sebastian Virdung. En 1519 *Musica instrumentalis deudsch* de Martin Agricola y en 1618 aparece el segundo volumen del *Syntagma musicum* de Michael Praetorius, uno de los más completos tratados de organología de toda la historia que resume todo el aparato organológico del siglo XVI. Todos ellos presentan una gran cantidad de ejemplares de la familia del viento. Por otra parte, los instrumentos se agrupan en series desde el más agudo o soprano hasta el más bajo, cubriendo todo el espectro, dentro del ideal de masa sonora homogénea propia del Renacimiento. Estos conjuntos reciben el nombre de *consort*: *consort* de flautas, de violas, etcétera. El órgano portativo entra en desuso, alcanzando el órgano de iglesia las combinaciones de registros que le otorgaban, en lo esencial, las características de los

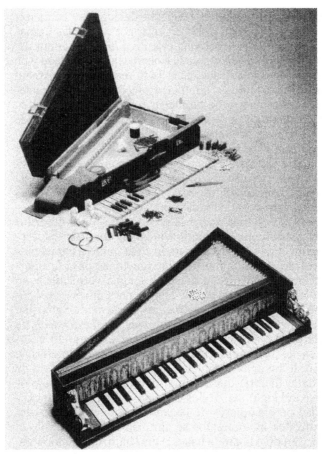

«Hágalo usted mismo». A finales de la época renacentista comenzaron a proliferar instrumentos de tecla como el cémbalo, la espineta o el virginal que aparece en la imagen. La normalización en el uso de instrumentos de época para interpretar la denominada «música antigua» en nuestros días ha hecho que se comercialicen kits de montaje.

instrumentos posteriores. También en la tecla comienzan a proliferar los instrumentos tipo clavecín, esto es, con las cuerdas pulsadas mediante un mecanismo de teclado. Reciben diferentes nombres como espineta, virginal o cémbalo. El laúd se convirtió en el instrumento doméstico ideal para acompañar la voz solista o para tocar arreglos de piezas vocales gracias a su capacidad para ejecutar contrapunto, melodías, escalas y ornamentos de todo tipo. Utilizaba un tipo de notación especial denominado *tablatura* —aún hoy en día muchos guitarristas usan un tipo de grafía parecida—. En la península ibérica la función del laúd era desempeñada por la *vihuela,* con la caja de resonancia de forma entallada a la manera de la guitarra.

Algunos tipos de composición puramente instrumentales empiezan a caracterizarse a lo largo del siglo XVI, escritos para instrumentos solistas o conjuntos. Junto a los ya vistos preludios para rellenar los espacios de la liturgia, aparecen formas como la *canzona,* derivada de la *chanson* tipo parisina, también denominada *canzona da sonar* para distinguirla de aquella que era vocal. Con el tiempo adquirió una estructura en secciones, que ya se intuía en la canción parisina, y adoptó un lenguaje más contrapuntístico. Al lado de la *canzona* aparecen otras formas como el *recercare,* donde una serie de temas se desarrollan por imitación y contrapunto, y la *variación,* que se realizaba a partir de un *bajo ostinato,* sobre cuya repetición se realizaban improvisaciones o se componían contrapuntos. Muchos de estos bajos repetitivos derivaban de danzas como el *passamezzo* o de aires y canciones muy conocidos como el *Ruggiero* o *Guárdame las vacas.* Las *diferencias,* que es otro nombre que reciben las variaciones, alcanzaron sobre esta última gran notoriedad. Finalmente, casi en las postrimerías del siglo, la variación floreció con fuerza en los instrumentos de teclado en la escuela de *virginalistas* ingleses.

Danza cortesana ejecutada por flauta y tamboril del *Liber Chronicarum* (1493) de Hartmann Schedel (1440-1514). La popularidad de la danza renacentista se muestra en las frecuentes colecciones que se imprimieron, así como en su estatus como parte de la educación de la clase noble.

Una mención especial como música instrumental merece la danza, muy expandida y de gran estima en la sociedad del Renacimiento, ya que dentro de ella se esperaba que hombres y mujeres de cierta clase y educación supiesen danzar. Estas obras fueron profusamente editadas e impresas. Su escritura no contaba apenas con juegos de contrapunto y se supeditaba principalmente a una melodía principal. Solían agruparse por *pares*. Muy apreciada era la combinación de una lenta en ritmo binario o *danza de pasos*, seguida de una rápida o *danza de saltos* de escritura ternaria. Así funcionaba el célebre par constituido por la «pavana», de carácter pausado, seguida de la «gallarda», danza animada y veloz.

Y una perspectiva desde la música

El musicólogo estadounidense Allan W. Atlas imagina qué hubiese ocurrido si Busnoys se hubiese quedado dormido en su siglo XV y hubiese despertado cien años después. ¿Habría reconocido su estilo musical en las obras de Palestrina o de madrigalistas como Willaert? Probablemente no. Musicalmente hablando, el Renacimiento es un período de enorme evolución donde la música se emancipa como arte, tanto en su dimensión técnica como expresiva. Conviene recordar que ella, como otras muchas creaciones de la humanidad, se sirve de las grandes áreas temporales heredadas del canon establecido a partir de la historia general, y de la cultura y del arte en particular. Es útil. ¿Pero qué hubiese sucedido si la historia de la música hubiese marcado su propia pauta para determinar su evolución temporal? El capítulo que acaba de leer podría «estrangularse»: por un lado, hasta la segunda mitad del XV, la música, ingleses aparte, sufre una inercia de muchos de los modos y formas medievales. La segunda mitad del XVI es una fragua de muchas ideas y búsquedas que podían enlazarse con los siguientes ciento cincuenta años. Pues allá nos vamos.

4

El Barroco: de la monodia acompañada a la apoteosis bachiana

EL ORIGEN DE LA MÚSICA BARROCA

Síntomas de innovación: *seconda pratica* y monodia acompañada

«Pero permítaseles estar seguros, en lo que respecta a las consonancias y las disonancias, de que hay un modo diferente de considerarlas, distinto al ya establecido, uno que defiende la manera moderna de composición con el asentimiento de la razón y de los sentidos». Con estas palabras del prefacio de su *Quinto libro de madrigales* (1605), Claudio Monteverdi (1567-1643) se defendía de las críticas del compositor y teórico Giovanni Maria Artusi (ca. 1540-1613). Artusi mostraba en su obra *L'Artusi overo delle imperfettioni della moderna musica* (1600) cómo los madrigales de Monteverdi quebrantaban diversas reglas en cuanto al uso de las disonancias, la coordinación entre las diversas partes o la mezcla de modos. Ante estas objeciones, Monteverdi denominaba a su manera de proceder como *seconda pratica* ('segunda práctica'), de la cual no se consideraba el iniciador, sino que señalaba precedentes en autores como el compositor franco-flamenco Cipriano de Rore (h. 1515-1565) y en otros coetáneos. Lo cierto es que muchas de las «libertades» que el contrapunto de Monteverdi usaba se confirman a través de manuales de finales del siglo XVI y principios del XVII, los cuales explican cómo realizar el contrapunto improvisado, lo que, por otra parte, ilustra acerca de cómo las prácticas improvisatorias estaban encontrando su acomodo en la música puesta por escrito.

Otra de las razones que Monteverdi esgrimía para justificar su opción compositiva es que en la «segunda práctica la poesía es soberana sobre la harmonía», lo cual justificaba sus «excepciones» a las reglas al uso. Esta declaración se entiende mejor en el contexto de la conocida como Camerata Florentina, un grupo de intelectuales y músicos auspiciados por el conde Giovanni Bardi (1534-1612), dedicados a la investigación, discusión y experimentación sobre la música griega de la Antigüedad y su poder para movilizar las emociones humanas. Conocemos las conclusiones de la Camerata a través de uno de sus integrantes, Vincenzo Galilei (h. 1520-1591), padre de Galileo Galilei. En su libro *Dialogo della musica antica, et della moderna* (1581) se defiende que la música griega era de única melodía, que sus ritmos se basaban en el ritmo del texto y que con ella se cantaban las tragedias. Por tanto, el poder expresivo de la música procedería de su facultad de imitar las alturas, el ritmo y las inflexiones del lenguaje, y no del uso de «ridículos» giros para expresar el contenido del texto, tan abundantes en los madrigales del siglo XVI como hemos visto en el capítulo anterior. En última instancia, lo que se cuestionaba era el contrapunto que en su compleja polifonía anulaba el valor de las

LE NVOVE
MVSICHE
DI GIVLIO CACCINI
DETTO ROMANO·

IN FIRENZE
APPRESSO I MARESCOTTI
MDCI·

Portada y un fragmento de *Le nuove musiche* de Caccini. Esta obra es la primera gran colección de monodias acompañadas del primer Barroco. La melodía se sustenta sobre una línea de bajo, la voz resaltada. Los acordes se improvisan a partir de unas reglas preestablecidas. Los números que aparecen en los recuadros indican la posición del acorde y las palabras en la voz superior los adornos a aplicar en la melodía. Es una escritura que contrasta ampliamente con la polifonía renacentista.

palabras por ser estas cantadas a la vez en diferentes voces y con diferentes ritmos y contornos melódicos. El compositor Giulio Caccini (1551-1618) cuenta en el prefacio de su publicación *Le nuove musiche* (1602) que al haber frecuentado la Camerata había aprendido «...más con sus doctos razonamientos que en más de treinta años de contrapunto». Así pues, el resultado de seguir este ideario fue la aparición de la «monodia acompañada», estilo donde la melodía fluye libremente con disonancias lejanas a las reglas del contrapunto renacentista, sostenida por notas graves sobre las que se agregan acordes que no están escritos. *Le nuove musiche* es una colección capital, ya que es la primera publicada que incluye todo tipo de variantes de esta nueva monodia, lo que el propio Caccini denominaba «*in armonia favellare*», es decir, 'hablar en armonía', entendida esta última como música. El tratado proporciona muchas indicaciones para interpretar estas monodias acompañadas, en cuanto a tempo, adorno o gradaciones en la intensidad.

Pasado y futuro

La mirada hacia la Antigüedad que se fraguaba en este ambiente no era más que una continuación de ciertas tendencias del siglo precedente, como el caso de las investigaciones de Nicola Vicentino que hemos visto en el capítulo previo. Esta perspectiva, presente asimismo en la temática de la primera ópera, debería hacernos pensar que el inicio del barroco musical parece transitar por el ideario renacentista de apuntalarse en los logros del mundo clásico. No obstante, la monodia tenía sus precedentes más cercanos en un tipo de canto acompañado y parcialmente improvisado del siglo XVI, en las canciones con acompañamiento de laúd de la escuela inglesa de autores como John Dowland (1563-1626) o en las composiciones del círculo de Ferrara. Al fin y al cabo, a principios del siglo XVII poco se sabía de la música de la Antigüedad en comparación con las artes plásticas. Sin embargo, algunas de las prácticas iniciadas en el seno de la Camerata suponen el puntal estructural de la música venidera. Así ocurre con el tipo de acompañamiento de esta monodia, consistente en una simple notación de la línea de bajo. Un instrumento grave ejecuta dicha línea, —una viola de gamba, un fagot o incluso un órgano en la música religiosa—, mientras que los acordes se improvisan a partir de unas reglas concretas, siendo estos interpretados por instrumentos polifónicos de teclado o de trastes tipo laúd. Estos acordes nos muestran todavía una armonía experimental carente de la clara dirección tonal que la caracterizará en un futuro. Esta práctica de *basso continuo* ('bajo continuo'), cuyos precedentes estaban en la improvisación de acompañamientos sobre líneas de bajo, en especial las pautas repetitivas u *ostinati* de las danzas, se extendió a gran parte de la música de la época barroca, de tal suerte que el musicólogo alemán Hugo Riemann (1849-1919) llamaría al período comprendido entre el siglo XVII y aproximadamente la primera mitad del siglo XVIII la «era del bajo continuo». De todas formas, esta consideración debe ser tomada con precaución dado que no es aplicable a toda la música del período, por ejemplo, al repertorio destinado a instrumentos de tecla. En cualquier caso, una de las primeras consecuencias fue que la idea de composición se centró sobre las voces extremas, la más aguda y la más grave, en una polaridad soprano-bajo.

Atendiendo a la utilización de los instrumentos, debemos recordar que durante el Renacimiento estos acostumbraban a doblar cada una de las voces de una composición polifónica, o incluso a sustituirlas. A comienzos del siglo XVII se extendió paulatinamente la práctica de dividir las composiciones en grupos de instrumentos y voces que contrastaban entre sí creando diversas combinaciones tanto en lo instrumental como en lo vocal. Dicha práctica, conocida como estilo *concertato,* evolucionó rápidamente en la llamada «escuela veneciana» iniciada por autores como el ya mencionado Adrian Willaert o Andrea Gabrieli (1510-1586), donde los conjuntos se dividían en diferentes secciones o grupos llamados *coros* formados por instrumentistas, cantantes o combinaciones de ambos: de ahí se toma el nombre de composición *policoral* o *policoralismo*, corriente que marcará parte de la música del Barroco. El genio eminente en este aspecto fue el sobrino de Andrea, Giovanni Gabrieli (1557-1612), que fue uno de los primeros autores en dejar indicaciones específicas sobre la utilización y combinación de voces e instrumentos.

Pero además del *concertato,* para una comprensión correcta de la época, debemos tener en cuenta otros dos aspectos. Por una parte, el ritmo fluyente y uniforme de la polifonía renacentista será sustituido, en un extremo, por la lógica flexibilidad consecuencia de la adaptación de la melodía al texto, y en el otro, por la pulsación mecánica recurrente de la danza y de mucha música instrumental. Por otro lado, no debemos perder de vista que durante el Barroco la retórica, entendida como el sistema de elaboración y significación de los discursos, será uno de los principios básicos que el compositor tendrá en mente a la hora de decidir sobre las intenciones, rasgos y motivos básicos de una obra en el momento de planificar su forma. De ahí que se produzca un traspaso de las figuras de la retórica, como por ejemplo la anáfora, el énfasis, el oxímoron y un largo etcétera, al «discurso» musical.

Nacimiento y primera expansión de la ópera

Con anterioridad al siglo XVII hubo espectáculos escénicos donde la música jugaba un papel importante. Es el caso de los dramas litúrgicos medievales que se representaban en los templos de la cristiandad, o de ciertos ciclos de madrigales renacentistas que se ponían en escena con elementos narrativos y diálogos. Sin embargo, el precedente más directo para la ópera está en los *intermedii* —literalmente, 'intermedios'—, representados en los entreactos de las obras teatrales, donde partes no cantadas figuraban junto a números de madrigal, motete, música instrumental o *ballet*, y normalmente su temática era de tipo mitológica y pastoril. La primera ópera, es decir, la primera obra escénica totalmente cantada y dividida en escenas fue *La Dafne* (h. 1594-1598), con música de Caccini, Jacopo Corsi (1561-1602) y Jacopo Peri (1561-1633), y con libreto de Ottavio Rinuccini (1562-1621), de la cual sólo han sobrevivido seis fragmentos. Y si hablamos de la primera ópera completamente conservada, esa es *L'Euridice* (h. 1600), de la cual existen dos versiones, una de Caccini y otra de Peri, ambas con el mismo libreto también de Rinuccini. En estas primeras óperas encontramos desarrollado, con ciertos matices, el estilo recitativo emanado de las propuestas de la monodia florentina, así como el uso de coros, pero con una escritura que huye deliberadamente de cualquier tipo de contrapunto.

El «invento» tuvo una rápida acogida, principalmente como espectáculo cortesano. En Florencia, la hija de Caccini, Francesca Caccini (1587- h. 1641), compuso en 1625 *La liberazione di Ruggiero dall'isola d'Alcina*. En Mantua, Monteverdi, que probablemente asistió a la primera representación de *L'Euridice,* puso en escena en 1607, basándose en la misma trama, *L'Orfeo,* con libreto de Alessandro Striggio (h. 1573-1630),

El teatro de San Giovanni Grisostomo inaugurado en el carnaval de Venecia en 1687, conocido después como Teatro Malibram. Durante el siglo XVII se abrieron un gran número de teatros en donde arraigó de una manera insospechadamente fecunda lo operístico. Público, compañía, empresario y espectáculo musical se fundieron en una corriente que dinamizó la música.

trascendental obra que alberga el estilo de la monodia florentina, madrigales con bajo continuo, pasajes instrumentales y una riquísima y amplia orquestación. Con no ser la primera ópera de la historia, puede decirse que su resonancia posterior la ha convertido en el primer hito importante del género.

Hacia los años veinte del siglo XVII, la ópera se asienta en Roma con un carácter grandioso y espectacular. Allí es en donde aparecen los primeros signos de virtuosismo musical entendido como un fin en sí mismo más allá de la trama, primándose arias, *ballets,* coros o danzas por encima del recitativo. La temática solía ser religiosa, algo que se entiende dado el patronazgo ejercido por miembros de la curia vaticana para la puesta en escena de estas obras, como por ejemplo el *Sant'Alessio* (1632) de Stefano Landi (1587-1639). En Venecia escribió Monteverdi sus últimas óperas, *Il ritorno d'Ulisse in Patria* (1640) y *L'incoronazione di Poppea* (1642). Si el estilo recitativo de estas creaciones de Monteverdi resulta un tanto desfasado, en obras como *Giasone* (1649), de su alumno Francesco Cavalli (1602-1676), comienzan a observarse los convencionalismos propios de la ópera veneciana que se convertirán en estándares de la ópera italiana, a saber: concentración en el canto solístico, clara separación entre aria y recitativo, y esquemas claramente distintivos para diferentes tipos de arias. En 1637 se produce en esta ciudad otro hecho de especial trascendencia: la apertura del primer teatro comercial por parte de los romanos Francesco Manelli (h. 1595-1667) y Benedetto Ferrari (h. 1603-1681). De esta forma nace el primer fenómeno de espectáculo musical al cual se accede por la compra de entrada. Con ello emerge un nuevo tipo de público y la figura del empresario musical.

El musicólogo italiano Enrico Fubini ha evaluado esta evolución del espectáculo operístico durante los primeros decenios del siglo XVII valorando que el hecho de que la propuesta de la monodia florentina, ese «recitar-cantando» que primaba el lenguaje, terminase asimilado por un espectáculo primordialmente escénico fue un fenómeno realmente imprevisible. Seguramente, ninguno de los miembros de la Camerata pudo prever que la dimensión verbal de su propuesta, aquel «*in armonia favellare*», terminase engullida en tan poco tiempo por un espectáculo musical de vastas dimensiones y pensado para un amplio tipo de público.

Autóctono *versus* italiano

El modelo italiano, es decir, su estilo de canto y escritura musical unido a la idea de ópera como espectáculo totalmente cantado, se extendió por la geografía europea en donde entraría en contacto con tradiciones músico-escénicas particulares, produciéndose diferentes dinámicas de asimilación, rechazo o síntesis. Dichas tradiciones músico-escénicas específicas diferían, *grosso modo,* de la ópera italiana en el hecho de incluir partes recitadas, no cantadas, junto a elementos como el ballet. Con frecuencia, estos espectáculos se desarrollaban en el seno de las cortes con un claro componente participativo y con una ambientación de tipo mitológico y alegórico. Así, en Francia existía el conocido como *ballet de court,* género cortesano auspiciado por la monarquía y de composición colectiva. También cortesano, y muy similar al anterior, era la *masque* ('mascarada') inglesa, cuyos textos eran elaborados por autores de la talla de John Milton (1608-1674). En la misma línea podemos hablar de la *zarzuela* en España —no confundir con la zarzuela castiza del siglo XIX—, con danzas, coros, diálogos y algunos elementos característicamente autóctonos como el villancico o las seguidillas.

En este escenario, lo italiano pugna por abrirse paso con diferentes resultados. En Francia, se realizan soluciones de compromiso donde lo vernáculo cobra presencia en la inclusión de números de ballet. Robert Cambert (h. 1628-1677) compuso obras como la *Pastorale d'Isy* (1659), auténtica ópera totalmente cantada en el idioma del país. Sin embargo, la carrera de Cambert fue truncada por las intrigas de un emergente Jean-Baptiste Lully. En la convulsa Inglaterra de mediados del siglo XVII, se observa la influencia del recitativo italiano y de la monodia en la música hecha para las «mascaradas», o de elementos franceses como el ballet. Es el caso de *The Siege of Rhodes* (h. 1657) del compositor Henry Lawes (1596-1662). En España, la primera ópera de la que se tiene noticia, aunque no se conserva su música, es *La selva sin amor* (1629), con partitura de Filippo Piccini († 1648) y texto de Lope de Vega (1562-1635). Indicativo de lo novedoso que era la concepción italiana son las palabras del propio Lope en la dedicatoria, en la que asegura que la obra «se interpretó cantada, algo nuevo en España». Los intentos de hacer una ópera nacional fueron refrendados más adelante con obras como *La púrpura de la rosa* (1660) o *Celos aun del aire matan* (h. 1661), ambas del tándem formado por Juan Hidalgo (1614-1685) y el famoso dramaturgo Pedro Calderón de la Barca (1600-1681). La segunda se conserva completa, mientras que de la primera sólo se conoce la música que para el mismo texto hizo en segunda versión Tomás de Torrejón y Velasco (1644-1728) para la corte virreinal de Perú en 1701. Fue la primera ópera del Nuevo Mundo. A partir de este momento se producirá un dominio apabullante de la ópera italiana en España, especialmente durante el reinado de Felipe V (1700-1746). Una última parada nos lleva al norte de los Alpes. La primera ópera alemana fue *Dafne* (1627), compuesta por Heinrich Schütz (1585-1672) sobre una traducción muy libre del texto de Rinuccini. Schütz, alumno de Giovanni Gabrieli, quizá pase por ser el compositor más sobresaliente del área protestante en ese momento, una suerte de equivalente a Monteverdi en su ámbito. No obstante, será la ópera italiana la que se cultive en centros como Múnich o Hanóver gracias al traslado de compositores y músicos, en especial de Venecia, aunque también estará influenciada por elementos franceses en el tipo de obertura y de canto.

Interpretar la música con los instrumentos de época.
El Ensemble Baroque de Limoges con, de izquierda a derecha,
traverso, violín y *viola da gamba*. Al fondo, el clave.

Oratorio

Durante las primeras décadas del siglo XVII, el oratorio comienza a cristalizarse paulatinamente como nueva forma vocal hasta alcanzar sus rasgos característicos: una composición dramática, de carácter sagrado pero no litúrgico, con un tema bíblico con frecuencia tomado del Antiguo Testamento. A diferencia de la ópera, no se representa, por lo que desde un principio se hizo necesaria la presencia de un narrador, conocido como *testus* o *historicus*. Su nombre proviene del lugar de encuentro de los laicos devotos de la Congregazione dell´Oratorio en Roma, cuyos miembros, desde el siglo XVI, se reunían para rezar en el *oratorio*, literalmente 'lugar para la oración'. También entonaban canciones devotas, algunas de las cuales fueron compuestas por autores como el propio Palestrina. En este mismo emplazamiento se puso en escena en 1600 la «representación sagrada» *Rappresentatione de di Anima, et di Corpo* de Emilio de Cavalieri (h. 1550-1602), obra sobre la cual los estudiosos no se ponen muy de acuerdo a la hora de apreciarla como el primer oratorio. En cualquier caso, la corriente en latín de este género tuvo su máximo exponente en la figura de Giacomo Carissimi (1605-1674), con obras como *Jonás* o *Jepthé* (h. 1650). A la muerte de este autor, fue el oratorio *volgare,* en lengua italiana, el que alcanzó mayor pujanza. En un plano puramente social, el oratorio acabó por convertirse en uno de los instrumentos propagandísticos de la Iglesia contrarreformista. Aunque por su naturaleza puede considerarse distante de la ópera, está claro que aprovechó el «tirón» de esta para lograr hacerse un hueco. De esta forma, en el oratorio aparecen elementos como las arias y los recitativos, así como la influencia en general de las nuevas corrientes estilísticas como el *concertato* y la presencia del bajo continuo, aunque, a diferencia de la ópera, albergó desde un primer instante una mayor presencia de pasajes asignados al coro. Esta tendencia se vio acrecentada a lo largo del siglo XVII, de tal suerte que el oratorio llegó a convertirse en un sustituto operístico durante la Cuaresma, momento del año en el cual los teatros permanecían cerrados.

Los instrumentos

Para comprender mejor el paisaje sonoro, hagamos, antes de proseguir, una panorámica general sobre el instrumentario del siglo XVII y principios del XVIII. Durante el período Barroco la flauta de pico, o flauta dulce, muy similar a la que todavía usan los alumnos para aprender música en la escuela, fue ampliamente

Otros instrumentos del Barroco. El sacabuche, antecesor del trombón, el *corneto* y el arpa, instrumento preferido para acompañar en España y en su imperio durante el siglo XVII.

usada. La flauta travesera o *traverso* fue ganando terreno sobre todo hacia el final de la época. Las chirimías, instrumentos de doble lengüeta, permanecieron en uso, aunque paulatinamente fueron sustituidas por el oboe barroco, precedente del instrumento actual. En un proceso muy similar, el bajoncillo fue reemplazado por los primeros fagotes. Dentro del viento metal figuran los sacabuches, antepasados de los actuales trombones, o las trompetas, diferentes a las actuales, pues todavía no usaban el sistema de pistones. En la cuerda, el violín y su familia emergen con fuerza. En la tecla destaca la familia de los claves, cuyos miembros reciben diversos nombres como clavicémbalo o clavecín. Conviene señalar que estos instrumentos, a diferencia del piano donde las teclas accionan macillos, utilizan plumas de ave para hacer vibrar las cuerdas. De ahí su característico sonido. En otro orden de cosas, conviene tener en cuenta que algunas tipologías que gozaron de un destacado uso desaparecieron al compás del ocaso del estilo. Entre todas destaca la *viola da gamba*, instrumento que no debemos confundir por su aspecto con el violonchelo, puesto que, a pesar de tocarse apoyado entre las piernas del ejecutante y tañerse con arco, posee un mayor número de cuerdas y dispone de trastes sobre su mástil. Fue un instrumento noble y cortesano, sirvió para la ejecución del bajo continuo e incluso se escribieron bellos pasajes a solo o a dúo para él, como los ideados por el violagambista francés Marin Marais (1656-1728). También terminó cayendo en desuso el *corneto*, utilizado sobre todo en el primer Barroco. Su factura albergaba orificios como las flautas y una boquilla como la trompeta. Finalmente, no nos debemos olvidar del laúd, considerado por el filósofo Marin Merssenne (1558-1648) como el instrumento de la nobleza por excelencia, y de otros modelos asociados a este como el *chitarrone* o la tiorba.

Emancipación de la música instrumental

Como en la música vocal, las innovaciones se venían fraguando desde los últimos años del siglo XVI. Ya hemos visto la relevancia de los instrumentos en el nacimiento del estilo *concertato,* síntoma de que nos alejamos de una mera imitación de modelos vocales para caminar hacia una concepción autónoma. En términos generales, la música instrumental durante el primer Barroco experimenta también la polaridad bajo-soprano que otorga el uso del continuo, y tiende a asumir un aspecto multiseccional, esto es, a articularse en diferentes episodios o secciones sucesivos.

Se pueden hacer diferentes grupos. Por una parte está la música proveniente de las danzas del Renacimiento, las cuales lentamente sufren un proceso de estilización, perdiendo su función de acompañamiento de danzantes para acabar convirtiéndose en música pura. En este nuevo concepto de la música será habitual el uso de la «variación», en especial en aquellos bajos *ostinatos* heredados del Renacimiento. También es habitual el arte de la variación en aquellas piezas «rapsódicas»,

Dcha.: el violín en una pintura del maestro de Acquavella (h. 1620), instrumento procedente de la *lyra da braccio*, y a la izquierda en una pintura de Giovanni Bellini (h. 1505), será la tipología emergente desde principios del siglo XVII.

de aire improvisatorio, donde se alternan pasajes contrapuntísticos e imitativos con otros más verticales. Reciben diferentes nombres como preludio, *intonazione* o tocata. Su finalidad era variada: rellenar o sustituir partes de la liturgia, servir como preludio a piezas de mayor tamaño, o ser, simplemente, obras en sí mismas. Un gran cultivador del género, tanto en órgano como en clave, fue el alumno de Luzzaschi, Girolamo Frescobaldi (1583-1643), el cual publicó diversos libros de tocatas en donde proporciona varias indicaciones para la interpretación de las mismas en cuanto a la ejecución del tempo, de los trinos o de los arpegios entre otros. En sus *Fiori Musicali* (h. 1635), amén de tocatas, aparecen *canzonas* y *recercares*. Como vimos en el capítulo anterior, se trataba de formas que empezaban a tomar carta de naturaleza durante el final del Renacimiento partiendo de modelos vocales. El *recercare*, al carecer del sustento de texto que tenía el motete, también aplicó en algunos casos la variación como vía de «crecimiento» de su forma, y en otros el uso de uno o varios temas musicales que se imitaban a lo largo de la obra. En este último caso estaríamos en la antesala de la fuga. En España, el equivalente al *recercare* se conoce como *tiento*, en el que sobresalió el maestro Francisco Correa de Arauxo (1584-1654). Mientras, la *canzona,* derivada de la *chanson* parisina, pronto se vio transformada por autores como el mismo Frescobaldi o Giovanni Gabrieli, al aplicar sobre ella los procedimientos imitativos cercanos al *recercare*. Algunas *canzonas* para conjuntos instrumentales recibían el nombre de *sonata*.

EL DESARROLLO DE LA MÚSICA BARROCA HASTA FINALES DEL SIGLO XVII

La música instrumental: hacia la creación de un idioma específico

Al compositor barroco le debemos el hallazgo de concebir la escritura para cada instrumento teniendo en cuenta sus características específicas. En un primer momento, es en la música para violín en donde se aprecia particularmente esta revolucionaria actitud. Aparecen así gestos propios como el uso de dobles y triples cuerdas, *pizzicati*, posiciones muy agudas, armónicos y, en general, una concepción que apunta al virtuosismo. Aunque durante buena parte del período todavía serán relativamente comunes las composiciones en las que todavía la interpretación se deja abierta a diferentes instrumentos, poco a poco la especificidad idiomática se irá transmitiendo a otras tipologías como el clave y el laúd, y en menor medida a instrumentos de viento.

Por otra parte, este despegue violinístico se produce íntimamente ligado al asentamiento de la sonata que, como decíamos, tomaba su nombre de la denominación

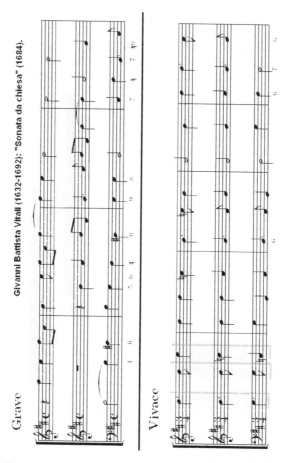

Fragmentos de una *sonata da chiesa* de Vitali, género
característico instrumental del Barroco medio en donde se
experimenta con las posibilidades específicas del violín.
Configuración a dos voces y bajo continuo, distintos tipos
de escritura, imitativa en el grave y más homofónica en el
vivace.

que recibían algunas *canzone* instrumentales entendidas como «*musica per suonare*», frente a la *cantata* que sería «*musica per cantare*». A la definición de la sonata también contribuye el caldo de cultivo que componen el uso del bajo continuo, del *concertato* y del lenguaje virtuosístico de la voz de *corneto* de algunas *canzone* que servía como modelo de escritura. Autores como Biagio Marini (1594-1663), Giovanni Battista Fontana (1571-1630) o el propio Frescobaldi fueron conformando gradualmente tres corrientes principales que se mantendrían hasta los últimos años del Barroco: la sonata a solo, la «tríosonata» o sonata a trío, con dos voces y continuo, y la sonata para tres o cuatro voces, que anticipa la forma del concierto del Barroco tardío. Uno de los principales centros para el desarrollo del género fue Venecia, con figuras como Giovanni Legrenzi (1626-1690), que reforzó el carácter imitativo de estas composiciones y redujo el largo número de partes, característica aún deudora de la *canzona*. En la ciudad de Bolonia, Giovanni Battista Vitali (1632-1692) aporta dos elementos muy importantes: por una parte, es uno de los primeros en mostrar una preocupación por aspectos didácticos, como lo demuestra su *Artifici Musicali* (1689), publicación con obras de dificultad progresiva, y por otra, porque con él aparece la primera clara distinción entre *sonata da camara*, una combinación o *suite* de diferentes danzas, frente a la *sonata da chiesa*, pensada para acompañar los servicios litúrgicos y consistente en cuatro o cinco movimientos que alternan en velocidad y en carácter.

La historia de la emergencia de un idioma específico para la composición instrumental tiene otro capítulo en una suerte de traslado de técnicas entre familias instrumentales que se produce en la Francia del XVII. En un principio, son los laudistas los que asimilan los ornamentos del estilo vocal, y sobre todo los procedentes

Izqda.: músico desconocido por Anton Domenico Gabbiani
(1652-1726). Dcha.: mujer portando un laúd por Christian
van Couwenbergh (1604-1667). El laúd, uno de los «reyes»
del instrumentario del siglo XVII, noble y adecuado para el
acompañamiento o la interpretación a solo. En la pintura de
la época, personajes anónimos querían retratarse con él.

de los virginalistas ingleses que dieron origen a los símbolos para la ejecución de los adornos. Por otra parte, crearon lo que se conocía como *style brisé* ('estilo quebrado'), donde las notas se alternan sucesivamente en diferentes registros, creando una especie de flujo constante de sonidos que paliaba la corta duración del sonido de la cuerda de estos instrumentos. El laúd asumió como parte esencial de su repertorio la interpretación de pautas de danza, donde la *allemanda,* la *courante* y la *zarabanda* formaban un núcleo compositivo que se extenderá durante el Barroco a obras para otros instrumentos o para conjuntos instrumentales, como las *suites* orquestales de Johann Sebastian Bach. Denis Gaultier (h. 1603-1672) fue quizá el más destacado laudista de su época. Él mismo contribuyó enormemente al género del *tombeu,* un tipo de pieza en miniatura a modo de homenaje a una persona desaparecida. Los compositores volverán con frecuencia a esta forma. El propio Maurice Ravel (1875-1937) compondría dos siglos después uno dedicado a la memoria del clavecinista François Couperin (1668-1733).

Precisamente fue el clavecín el encargado de ejercer de receptáculo de todo el caudal ideado para el laúd cuando este entró en decadencia por la irrupción de otros instrumentos, en especial de la guitarra, con su técnica de acordes que puso de moda, entre otros, Robert de Visée (1650-1725) en la corte de Luis XIV. Jacques de Chambonniéres (h. 1602-1672), Louis Couperin (h. 1626-1661) o Henry D'Anglebert (1635-1691) recogieron el legado de los laudistas: nombres peculiares para algunas composiciones, organización en *suites* de danzas y sobre todo el «estilo quebrado» y la abundancia de adornos, los cuales agrandaron en número y características, ya que el teclado permitía otros recursos técnicos. También sobre el teclado y en suelo germano, el alumno de Frescobaldi, Johan Froberger (1616-1667), asimiló las pautas italianas de su maestro y la tradición francesa, tanto en sus *suites*, que estabiliza en *allemanda, courante, zarabanda* y *giga*, como en el «estilo quebrado». Es también en la zona alemana donde se empieza a crear una incipiente distinción entre la música ideada para clave y la compuesta para órgano. Este último recibe influencias italianas, francesas e incluso holandesas del compositor y organista Jan Sweelinck (1562-1621), algo que puede observarse en la obra de Samuel Scheidt (1587-1654), que introduce la partitura italiana en su colección para órgano *Tablatura Nova* (1624), sustituyendo la hasta entonces complicada grafía de tablatura para órgano propia de la escuela alemana.

Finalicemos este viaje por la emancipación de lo instrumental en dos puntos. A diferencia de otros lugares del continente europeo, en Inglaterra se observa una resistencia a que la antigua viola del Renacimiento sea sustituida por los instrumentos de la familia del violín, haciendo que los *consort* de tipo renacentista permanezcan en activo durante buena parte del siglo XVII, a veces con la variación del denominado *broken consort* que incluía instrumentos de diferentes familias. También es una peculiaridad inglesa el uso a estas alturas del canto llano como *cantus firmus* para realizar composiciones instrumentales conocidas como *fancies* ('fantasías'), especialmente destinadas al conjunto de violas. Su estilo, muy ligado al contrapunto renacentista, sufrirá paulatinamente la influencia de la trío sonata italiana, como puede observarse en las últimas obras de John Jenkins (1592-1678). En España cabe destacar tres tendencias. En el órgano continúa la tradición del *tiento* con autores como Gabriel Menalt († 1687). Por otra parte, es esta la época en la que se produce un incremento notable en la acogida de la guitarra. La prueba de este nuevo clima son las publicaciones teórico-prácticas que aparecieron por aquel entonces. Si Juan Carlos Amat (1595-1642) lo había hecho en 1596 con su tratado sobre la guitarra española de cinco órdenes —orden equivale a cuerda—, será Gaspar Sanz (mediados del siglo XVII-principios del XVIII) con su *Instrucción de música sobre la guitarra española y método de sus primeros rudimentos hasta tañerla con destreza,* publicado entre 1674 y 1697 en ocho ocasiones, quien acomete el mayor compendio para el instrumento que salió a la luz en la centuria. Completa la tríada de la organología hispana del seiscientos algo que puede parecer sorprendente: España, y por extensión su imperio, era un territorio de arpistas. El arpa se consideraba el instrumento de acompañamiento por excelencia, haciendo las veces de clavecín, esto es, apoyando la elaboración de acordes de continuo, aspecto facilitado por las nuevas arpas de doble orden o cromáticas. El propio Juan Hidalgo, al que vimos en las primeras composiciones operísticas españolas, era tañedor del instrumento. Esta abundancia del arpa, incluidas en las capillas musicales de muchas catedrales, explica su permanencia como instrumento del folclore de algunos países latinoamericanos.

Evolución de la música vocal

Compositor, violinista, comediante, bailarín, coreógrafo y con una ambición sin límites, la evolución de la música vocal en Francia durante la segunda mitad del siglo XVII se personifica en la figura del florentino Giambattista Lulli, a la sazón Jean Baptiste Lully (1632-1687), al que ya mencionamos a propósito de haber acabado con la carrera de un prometedor Perrin. Lully obtuvo la licencia real para ejercer el monopolio completo sobre el montaje de óperas. De alguna manera, su labor representa un absolutismo musical en paralelo al absolutismo político ejercido por Luis XIV. De esta forma, se entiende que los espectáculos de Lully eran vehículos de propaganda del poderío del Estado. Antes de realizar óperas, este compositor realizó *ballet de court* en la más pura tradición francesa y entre 1665 y 1672 *comedies ballet*, género creado por Moliére para realzar las obras de teatro con la introducción de recitativos, coros y, especialmente, danzas. Pero a partir de 1672, Lully se vuelca en la composición de *tragédie lyrique,* que no es otra cosa que ópera en francés, y, por tanto, espectáculos totalmente cantados, de los que son buenos ejemplos, entre otros, *Alceste* (1674) y *Armide* (1786). La obertura ideada por el autor para la *tragédie lyrique* se caracteriza por tener una estructura bipartita, con una sección lenta de tipo marcial seguida por otra más rápida y de tipo fugado. Este diseño será ampliamente utilizado a lo largo del Barroco, de tal suerte que se conocerá

La magnificencia de los espectáculos operísticos de Jean Baptiste Lully se vislumbra a través del vestuario ideado para los personajes, en este caso el Hércules de la ópera *Atys*, diseñado por Jean Berain hacia 1676.

como obertura «a la francesa», siendo utilizada por autores como Haendel y Bach, los cuales escribirán oberturas, pero con la variante de regresar a la sección inicial lenta tras la interpretación de la parte rápida. Volviendo a Lully, el ritmo de sus melodías se atiene a los dictados del ritmo del texto francés, mientras que las arias suelen ser más breves que las de sus homólogos italianos del momento. Dada esta situación en la que el aria resulta débil como estructuradora del conjunto, el coro adquiere mayor peso. Otra característica importante es la escritura a cinco voces, pensada para un núcleo de cuerdas, que podía reforzarse ocasionalmente por un trío de viento madera. No en vano Lully fue el creador de la orquesta de cuerda conocida como *Les violons du roi*, donde se practicaba una disciplina orquestal desconocida hasta entonces, con elementos como la uniformidad del movimiento de los arcos, algo que habitualmente vemos hoy en día en cualquier orquesta, o la precisión rítmica que, de alguna manera, acabó con la vida del compositor, ya que su muerte fue causada por la gangrena de un pie producida por el golpeo accidental de la vara que usaba para dirigir y llevar el tempo.

Si Lully está asociado a la figura de Luis XIV, Henry Purcell (1659-1695) es conocido como el «genio de la Restauración» por haber desarrollado su labor en el tiempo de vuelta a la monarquía en Inglaterra tras el período republicano liderado por Oliver Cronwell (1599-1658). Purcell compuso odas, canciones de bienvenida y música religiosa. El gobierno de la Restauración se decantó por la puesta en escena del espectáculo de la *masque*, de ahí que la producción del compositor se centrara en este género y en las canciones que, a modo de música incidental, aparecían como parte de obras teatrales, dando lugar a lo que se conoce como «semi-óperas» como *The Fairy Queen* (1692) o *The Tempest* (1695), basadas ambas en obras de William Shakespeare. Su única ópera, *Dido y Eneas* (ca. 1689), fue una obra de pequeño formato, de apenas una hora de duración y destinada a una pequeña plantilla instrumental y de cantantes, ya que fue concebida para su representación en la escuela de Josiais Priest en Chelsea. El precedente de esta obra era *Venus y Adonis* (1682), de John Blow (h. 1649-1708), curiosamente con el mismo argumento que la *Púrpura de la Rosa*, de Hidalgo y Calderón. El estilo de Purcell tiene influencias francesas, como en el tipo de obertura, pero sus divisiones entre recitativo y aria son más claras. Muy característico es el uso de bajos de *ground* o bajos *ostinatos*, esto es, con pautas repetitivas que utiliza incluso como base de sus arias.

La música vocal a lo largo del siglo XVII no se agota con la ópera. Otras formas se desarrollaron más allá de los grandes escenarios, a veces en lugares más pequeños, concebidas para una audiencia selecta. Es el caso de la *cantata,* auténtico lugar de experimentación musical, donde destacó Barbara Strozzi (1619-1677), o el dúo de cámara, que viene siendo el equivalente vocal de la sonata a trío, género en el que se apoyaría Johann Sebastian Bach para producir su famosa e irónica *Cantata del Café*.

Henry Purcell (1659-1695): "Lamento de Dido" (ca. 1689).

Una de las más bellas arias de Henry Purcell se construye sobre su habitual práctica de componer sobre bajos de *ground* o bajos *ostinatos*. Obsérvese en los cuadros cómo la serie de notas del conocido como «bajo de chacona» se repite una y otra vez.

Pero el otro gran campo de la música vocal se encuentra en el mundo religioso. Ya habíamos visto cómo el oratorio llegaba a suponer casi una alternativa a la ópera en determinadas épocas del año. En el mundo católico existen dos tendencias. La primera se ancla en un tipo de composición de corte renacentista inspirado en la para entonces ya figura mítica de Palestrina. La segunda, con autores como Giovanni Paolo Colonna (1637-1695), trata la misa bajo el prisma de las novedades musicales de la época, concibiendo sus partes como números separados, con arias o dúos de sabor operístico.

Para el mundo luterano se ha hablado de una «edad de oro» que empezaría aproximadamente hacia mediados del siglo XVII, una vez finalizadas las convulsiones de la guerra de los Treinta Años. A partir de ese instante, el corpus del *coral* fue ensanchado con nuevas aportaciones. Así, en autores como Schütz hubo una propensión a hacerlo rítmicamente más regular y a experimentar con las novedades del estilo *concertato*, del tipo de coro o del aria solística. A estos ingredientes sólo le faltaba la aparición de Erdmann Neumeister (1671-1756), teólogo que creó un nuevo tipo de poesía sacra a modo de meditación devota de los textos de la Biblia y a la que denominó *cantata*, para que germinase la forma definitiva de la cantata luterana de la que Bach nos dejará innumerables pasajes, si bien, antes de él, otros músicos como Johann Kuhnau (1660-1712), predecesor del propio Bach en Leipzig, fueron decisivos en la definición de la forma. En este ambiente también se conformó lo que se conocía como *pasión,* un tipo de composición que hundía sus raíces en una tradición alemana conocida como *historia,* basada en alguna narración bíblica. La pasión a finales del siglo XVII recogió elementos del oratorio, con recitativos, arias o coros. Además, sumó textos de tipo meditativo al relato bíblico y corales de la tradición luterana. Esta será la base de las pasiones del maestro Bach.

El Barroco tardío
(hasta mediados del siglo XVIII)

La reforma de Zeno y Metastasio

Habíamos dejado a la ópera italiana a mediados del siglo XVII extendiéndose por Europa, gracias al traslado de compositores como Carlo Pallavicino (1630-1688) o, más tardíamente, Agostino Steffani (1654-1728). El espectáculo se había codificado, casi «cosificado», en una estructura en la cual primaba el canto solístico. Se separaba claramente el recitativo del aria, y sobre esta se volcaba un virtuosismo vocal que comenzaba a estar por encima incluso de la propia trama, confusa en muchas ocasiones; un mero pretexto para la creación de llamativos efectos escénicos. El compositor Benedetto Marcello (1686-1723) ironizaba sobre esta situación ya que creía que el autor de música moderna «se abstendrá de leer la obra entera para no confundirse». Así las cosas, se entiende por qué el escritor, bibliotecario y libretista Apostolo Zeno (1668-1750), así como el continuador de su obra, el también libretista Pietro Metastasio (1698-1782), decidieron devolver el drama a una unidad de acción de inspiración neoclásica, eliminar las tramas paralelas y los personajes cómicos, y utilizar un lenguaje elevado. Sus libretos fueron el texto de muchas óperas, llegando incluso a ser utilizados por el propio Mozart. En suma, con ellos se delimitó lo que sería «*ópera seria*» frente a ópera *buffa*.

La ópera seria era de ámbito internacional, siendo algunos de sus primeros representantes Francesco Pollarolo (h. 1653-1723), Antonio Lotti (1666-1740) o el propio Haendel. Este tipo de corriente operística es uno de los lugares donde mejor asiento obtiene el *aria da capo*, que se convierte prácticamente en uno de los dis-

La grandeza y sentido elevado que se pretendía otorgar a la ópera seria de principios del siglo XVIII se conjuntaba con el diseño de sus escenarios, como este de Francesco Galli-Bibiena (1659-1737) para una ópera desconocida.

tintivos del Barroco tardío. Su nombre surge de la denominación *da capo,* literalmente 'desde la cabeza', que aparece al final de la segunda sección haciendo repetir la primera, dando un esquema final ABA. En las óperas de Alessandro Scarlatti (1660-1725), amén de las *arias da capo* y de una clara separación entre recitativo *secco* y aria, aparece lo que se conoce como *obertura napolitana,* compuesta por tres movimientos, dos rápidos con un lento en medio. Esta obertura independizada y como repertorio de concierto dará lugar a la sinfonía. Scarlatti ha sido considerado el gran compositor de la escuela napolitana que en esta época pasa a tener la hegemonía de lo operístico.

Tonalidad, armonía, temperamento, contrapunto

Uno de los grandes logros del final del período barroco fue la codificación definitiva de la armonía tonal, aspecto que seguramente se utilizaba en el plano práctico desde finales del siglo XVII en lugares como Bolonia. En este sistema, un centro tonal, el acorde principal —el que se realiza sobre la primera nota de la escala— sirve para establecer diferentes gradaciones entre los distintos acordes. Las progresiones de estos conducen siempre a la resolución en dicho centro. Dichas progresiones se realizan muchas veces con acordes de séptima sobre todos los grados de la escala. De esta forma, cada acorde funciona como dominante del siguiente, precipitándose los unos sobre los otros siguiendo los intervalos de quinta: esta es una de las sonoridades frecuentes del Barroco final. Y todo ello fue gracias a la consolidación del sistema temperado, sistema de afinación que dividió la escala en doce semitonos, es decir, en doce partes iguales, lo que permitió usar todas las tonalidades en pie de igualdad. Debemos tener en cuenta que hasta principios del siglo XVIII los anteriores sistemas de afinación solo permitían moverse por tonalidades cercanas a la principal, puesto que más allá se perdía la afinación. De esta manera, se hizo posible la modulación o cambio de tonalidad por las doce notas. No deja de resultar curioso que Ramos de Pareja, uno de los principales teóricos del Renacimiento al que vimos en el capítulo anterior, hubiera sugerido el empleo de dicho sistema temperado casi doscientos años antes.

En el aspecto teórico, en la codificación, que no invención, de este sistema resultó capital la obra de Jean-Philippe Rameau (1683-1764) *Traité de l'harmonie réduie á ses principes naturels* de 1722. Desde un punto de vista práctico, los músicos ya habían experimentado la validez del sistema. Prueba de ello son la colección de Johann Ferdinand Fischer *Ariadne Musica* (1702), con preludios y fugas en diecinueve tonos, y, por supuesto, los dos libros de *El clave bien temperado* (1722 y 1744) de Johann Sebastian Bach, donde aparecen preludios y fugas en los veinticuatro tonos, los doce mayores y los doce menores. Este sistema ha fundamentado la música occidental hasta los cambios propuestos por las vanguardias del siglo XX, y aún después como corriente paralela: músicas como el *jazz* o el *rock* se cimientan en la armonía tonal.

Por otra parte, la música barroca de este momento se impregnó de una escritura contrapuntística. Mas este contrapunto era nuevo porque estaba organizado en base al sistema tonal, dando lugar a lo que se conoce como «contrapunto armónicamente saturado». Difería por ello del antiguo contrapunto de época renacentista que había sido abandonado durante los inicios del siglo XVII. La máxima expresión de este nuevo contrapunto se halla en la fuga. Su principal difusor fue el teórico y pedagogo austriaco Johann Joseph Fux (1660-1741), a través de su obra de 1725, *Gradus ad Parnassum,* tratado que se hizo básico durante muchos años y con el cual llegaron a formarse figuras como el propio Mozart. Y es que otra de las características de este momento fue la gran eclosión de tratados y manuales de todo tipo: de armonía o contrapunto como el que acabamos de ver, para la realización del bajo continuo, para el aprendizaje de un instrumento o para el arte del adorno de la melodía.

Sonata, *concerti, suite*

Todo lo apuntado en el epígrafe anterior se evidencia con facilidad dentro de la música instrumental, puesto que fue ella uno de los principales lugares de experimentación de la armonía tonal. En esta época, la *sonata da chiesa* y la *sonata da camara* viven sus últimos momentos en manos de Arcangelo Corelli (1653-1713). Ambas formas comienzan a contaminarse entre ellas dado que las pautas de danza de la *sonata da camara* se intuyen en los movimientos de la *da chiesa*. Corelli también compuso doce sonatas para solista que, con la misma división *da chiesa* y *da camara,* subraya la tendencia de los últimos años a primar esta forma por encima de las sonatas de conjunto, como se observa en la obra de Francesco Veracini (1690-1768).

Pero más allá de la sonata, hay un género que se perfila como el de mayor despliegue en los estertores del Barroco. Nos referimos al concierto. Su base genésica hay que buscarla en la idea de *concertato* que vimos nacer al principio del siglo XVII, en lo que se refiere al juego de contrastes entre los bloques sonoros que suponen la orquesta o *tutti* frente al solista o solistas. Otros fundamentos se hallarían dentro de las poco conocidas sonatas para trompeta de la escuela de Bolonia, las cuales eran acompañadas en muchas ocasiones por orquestas de cuerda completas, de la disciplina orquestal de la orquesta de Lully y de la propia idea de orquesta entendida como conjunto más o menos reglado, idóneo para que se desenvuelvan la formas concertísticas. Durante la primera mitad del siglo XVIII, el orgánico orquestal, básicamente y más allá de ciertas características de rango o función, se basa principalmente en la cuerda de la familia del violín, sustituyéndose poco a poco la viola de gamba por el violonchelo y con la adición de maderas como la flauta y el oboe, o incluso el fagot en su papel de apoyo a la línea de bajo. Ocasionalmente se añade una trompa.

Los primeros *concerti grossi,* todavía muy deudores en el estilo y en la función de la sonata, se deben al mismo Corelli, que establecía la división entre *concerto*

«Barrocos» en el cine. Arriba un viejo Bach conversa con Federico II de Prusia en la producción *Mi nombre es Bach* de 2003 dirigida por Dominique de Rivaz. Abajo, Steve Cree interpreta a Vivaldi con su característica melena pelirroja en la película del mismo título de Liana Marabini de 2008.

da camara y *concerto da chiesa.* Sin embargo, el desarrollo de las características «arquitectónicas» del concierto se debió a los autores que operaban en Bolonia, especialmente a la figura de Giuseppe Torelli (1658-1709). Con él se estableció la forma en tres movimientos, *allegro-adagio-allegro,* y se acrecentó la figura del solista, separando claramente lo que eran los *ritornellos,* especie de estribillos orquestales a los que regresa periódicamente la orquesta cambiándolos de tonalidad, frente a las partes a solo dotadas de gran virtuosismo. La escritura de estos conciertos emplea la «homofonía del continuo», donde, a diferencia de la primera concepción del Barroco, se escriben todas las partes de los instrumentos. Característico también del concierto es la utilización de un ritmo rápido en cuanto a los cambios de armonía y las pautas rítmicas enérgicas. Pero, sin duda, la apoteosis del género en su faceta de solista se produce cuando el centro de composición de *concerti* se traslada durante la primera mitad del XVIII a Venecia,

Antonio Vivaldi (ca. 1649-1741): "La Stravaganza". Concierto nº 1 (1713). Allegro.

El concierto se convirtió en uno de los géneros instrumentales más explorados durante el Barroco tardío. La orquesta completa o *tutti* interpreta los *ritornelli*, especie de estribillos instrumentales a los que vuelve periódicamente variando su tonalidad (resaltados en la imagen). El solista o grupo de solistas *(concertino)*, desarrollan partes virtuosísticas en las que suelen intercambiar el material musical con el de la orquesta.

donde un alumno de Legrenzi, Antonio Vivaldi (h. 1676-1741), condujo sus composiciones a un terreno técnicamente superior al de sus predecesores en cuanto a uso de registros, tensión rítmica o sofisticación en un mayor número de *ritornelli* y pasajes de solista. En este último campo, el del apartado de solista, los conciertos de Vivaldi se conciben como un «conjunto de solistas», como una especie de doble, triple o incluso cuádruple concierto. Además, Vivaldi utiliza una variada suerte de combinaciones instrumentales, aspecto heredado de la tradición veneciana que se rastrea ya en los Gabrieli. Gustaba además de usar títulos caprichosos, dotando a sus composiciones a veces de un carácter programático, como su ciclo *Il Cimento dell'armonia e dell'inventione* (1723-1725), cuyos primeros cuatro conciertos son conocidos como *Las cuatro estaciones*. Los conciertos de Vivaldi influyeron notablemente sobre Bach, —al que trataremos en la última parte del capítulo—, como por ejemplo los seis *Conciertos de Brandenburgo* de 1721 en los que utiliza una gran variedad de instrumentos solistas. No obstante, pese al fuerte peso del concierto en la obra vivaldiana, no se debe olvidar que el compositor realizó un considerable número de obras vocales, tanto de índole religiosa —cantatas, motetes u oratorios— como profana, con más de cuarenta óperas.

Terminemos con otras dos formas para conjuntos orquestales. Por un lado, existía otro tipo de concierto para grupo, sin solistas, conocido como *concerto di rippieno,* y, por otra, la *suite orquestal,* colección de danzas para conjunto instrumental que, como vimos más arriba, se fundamentaba en la *suite* de danzas de las composiciones del siglo anterior de los laudistas y teclistas franceses, o en autores como Froberger. Esta *suite* del final del Barroco añade una obertura a la francesa y se complementa con otras danzas.

Enriquecer, adornar la melodía en aras de la expresividad
es una divisa del Barroco, tanto en lo vocal como en
lo instrumental. En la imagen, una parte de la tabla de
ornamentos del primer libro de piezas de clavecín (1713) de
François Couperin.

Más allá de la música de conjunto, la música para teclado prosigue su evolución. François Couperin (1668-1773), sobrino de Louis, y un poco más tarde el propio Rameau, continuaron la tradición de los clavecinistas franceses. Sin embargo, quizá sea el hijo de Alessandro Scarlatti, Domenico Scarlatti (1685-1757), a través de sus más de seiscientas sonatas, quien impulsa la música para clave de una manera prodigiosa, de tal suerte que muchos de sus hallazgos tendrán un gran futuro, tanto en cuestiones técnicas, como trinos, arpegios o cruce de manos, como en aspectos del lenguaje, caso del uso de la armonía tonal o de la estructuración de la forma que alberga ya indicios de lo que será la estructura de la sonata durante el clasicismo. Uno de sus efectos más peculiares sobre el teclado es la evocación del efecto de rasgueo de la guitarra: no en vano residió treinta años en España dentro de la italianizada corte musical de Felipe V.

«Doctor Haendel y míster Bach»

Apelando a la famosa novela decimonónica de Robert Louis Stevenson, *El extraño caso del doctor Jekyll y míster Hyde,* los que han sido considerados como las cumbres del período barroco podrían representar dos caras de una misma época atendiendo a la proyección pública del primero frente al discreto eco que en vida tuvo el segundo. George Friedich Haendel (1685-1759) viaja por Europa debido a su acomodada posición, ha vivido durante su juventud una experiencia notable para un músico de su época como es el hecho de haber visitado Italia y haber podido conocer y compartir de primera mano las innovaciones más punteras de la música de entonces. Sin embargo, como si del reverso de la moneda se tratase, la biografía de Johann Sebastian Bach (1685-1750) pasa más desapercibida para sus contemporáneos. Aunque perteneciente a una familia donde la música había sido una constante desde generaciones atrás, su vida se desenvuelve en un espacio geográfico más bien estrecho, ceñido a un entorno de unas pocas ciudades alemanas, desde su Eisenach natal, pasando por su labor como organista en la corte de Weimar, más tarde como maestro de capilla del príncipe Leopoldo en Cöthen, para acabar como *kantor* ('*chantre*', es decir, 'maestro de coro') y director musical de la iglesia de Santo Tomás de Leipzig desde 1723 hasta el final de sus días. Si bien fue apreciado por algunos músicos de su momento, no se puede decir que su entorno fuera muy consciente de su valía. Valga de muestra ver cómo el Consejo Municipal de la ciudad de Leipzig creyó que la elección del músico y compositor se hacía porque «a falta de los mejores, hemos tenido que escoger los de segunda fila». Y sin embargo, el reconocimiento *post mortem* fue de dimensiones universales: muchos compositores estudiaron sus obras, Mozart en el siglo XVIII, Beethoven o Liszt en el XIX, centuria en la que empezó su recuperación y «entronización» que culminó en el XX, en el cual autores como Webern o Villa-Lobos reutilizaron sus materiales, y hasta se hicieron versiones *jazz* como las del pianista francés Jacques Loussier. ¿Por qué este impacto que lo lleva a ser algo así como el «padre» de todos los músicos? De alguna manera, este capítulo que estamos finalizando es un cúmulo de pistas que nos llevan a él. Bach no es un revolucionario como Monteverdi y, sin embargo, a pesar de su relativo aislamiento, lo que hace es asimilar todo la herencia musical de su época a la que estuvo receptivo con un espíritu atento: la homofonía del continuo, la cantata luterana, el concierto italiano, la *suite* orquestal, la armonía tonal con su contrapunto, el policoralismo veneciano o la escritura para órgano, siendo él, asimismo, un notable intérprete y organero, además de un consumado poli-instrumentista. Bach fusiona todos estos estilos sometiéndolos a una revisión constante, «cerrando» una época y llevándolos a unas cotas de creación tan únicas y extraordinarias como personales. Escojamos un fragmento de su vasta producción: el aria *Mache dich, mein Herze, rein* de su *Pasión según san Mateo*, obra estrenada en 1727 y revisada en 1736, acoge la pauta de danza en ritmo ternario conocida como *siciliano*, la forma de *aria da capo*, el estilo de concierto con la homofonía del continuo, es decir, con la escritura de todas las partes de la cuerda, un rápido ritmo armónico y un desarrollo de clímax melódico resultado de su escritura contrapuntística. Todo ello al servicio de uno de los más bellos pasajes de toda la historia de la música. Bach dejó obras, en especial al final de su vida, como creaciones puras, sin un destino concreto, ni litúrgico ni de público, como su colección *El arte de la fuga*, en la que trabajó desde 1740 hasta el final de sus días, obra en la cual ni siquiera llegó a especificar qué instrumentos deberían interpretar cada una de sus composiciones.

Es conocido que Bach quiso encontrarse con Haendel, por el que sentía una gran admiración. Para la especulación queda qué hubiese sucedido de haberse producido semejante cita. Lo cierto es que, a diferencia del de Eisenach, teatros, palacios reales o academias son el ambiente de Haendel, autor que dejó una profunda huella justo después de su muerte. Su trayectoria vital le lleva de sus primeros aprendizajes en su Halle natal a su puesto de músico de ópera en Hamburgo, pasando seguidamente a Italia donde conoce a Corelli, a los dos Scarlatti y a Steffani, para recalar finalmente en Londres en 1712, ciudad en la que desarrolló el grueso de su carrera. En un primer momento se dedica a la composición de ópera que en buena medida se atiene a los convencionalismos de la

En 1992, Peter Breiner estableció un diálogo entre la música de The Beatles y la de los compositores del Barroco, Haendel, Bach y Vivaldi, dando lugar a una hibridación entre ambos estilos. Portada de 1999, una de las numerosas reediciones del trabajo en el que se evoca la portada del álbum *Let it be* de The Beatles.

época en cuanto al uso del tipo de arias y recitativos, o en la aplicación de elementos del estilo de concierto, con una gran riqueza orquestal y uso de ritmos de danza. Algunas de las más importantes son *Giulio Cesare* (1724) o *Xerses* (1738). La competencia entre la compañía a la que pertenecía el compositor, la Royal Academy of Music, frente a la Opera of the Nobility, creada por el compositor napolitano Nicola Porpora (1686-1768), se saldó con la ruina de ambas empresas, lo que, hacia finales de la década de los treinta del siglo XVIII, impelió a Haendel a concentrarse en la composición de oratorios, dando sus frutos en obras como *Israel en Egipto* (1739) o *El Mesías* (1741). Los oratorios estaban dirigidos al público inglés de clase media, con gustos diferentes a los de la nobleza, adicta a las mitologías e historias de la Antigüedad. La temática del oratorio haendeliano se centra principalmente, que no de manera única, en temas del Antiguo Testamento, bien conocidos por su público. El oratorio, que hundía sus raíces en autores como Carissimi, exigía menos medios en su representación, por tanto los costes resultaban menores. Se debe tener en cuenta que era música de concierto, más cerca del teatro que de lo litúrgico, con un carácter operístico, si bien con una fuerte presencia de los coros, que es, sin duda, una de las grandes aportaciones del autor al género. En otro orden de cosas, en comparación con lo vocal, su aportación instrumental es más modesta, con una fuerte influencia de Corelli, destacando sus *Concerti grossi* o sus dos conocidas *suites*: *Música acuática* (1717) y *Música para los reales fuegos de artificios* (1749).

Un cierre y una apertura

Cuando en 1747 Johann Sebastian Bach probaba con curiosidad todos los instrumentos de la corte de Federico II de Prusia (1740-1786) a la que había sido invitado y en donde servía uno de sus hijos, Carl Philipp Emanuel Bach (1714-1788), era un «maestro del pasado», un músico fuera de época, desfasado. Como decíamos en la introducción, en los cambios todo se solapa. Aquí también hay que recurrir a la idea de transición: mientras el mundo musical del Barroco echaba poco a poco su cierre, una nueva estética y un nuevo estilo se abrían paulatinamente paso en convivencia a veces, en hibridación otras, con aquellos que declinaban. Un nuevo lenguaje más directo y sencillo se extendía por la geografía musical buscando un nuevo público, más amplio y ligado en muchas ocasiones a la emergente clase burguesa. Observando la música entre aproximadamente 1720 y 1750, se podría parafrasear a Bob Dylan: los tiempos estaban cambiando.

5

La música en el clasicismo: la vigilia de la razón produce el equilibrio

Diálogo *buffo*: las fuentes y el marco del clasicismo musical

Uberto y Serpina discuten en el escenario. Él desconfía de su actitud. Ella está urdiendo una treta para conseguir que se case con él. Ninguno de los dos es un héroe de la Antigüedad, un ser mitológico o un personaje bíblico. Uberto, rico comerciante, convive con Serpina, su criada, la cual se ha hecho con el mando de la casa. Musicalmente todo es directo, no hay ningún rastro de grandilocuencia: pocos personajes, frases musicales breves y repetitivas, ritmo armónico lento, canto silábico, anacrusas constantes y homofonía del continuo. En definitiva, se prima la acción y el diálogo a cuyo servicio están tanto el aria como el recitativo. Y sin embargo, todo ello ocurre en un marco operístico, prácticamente durante la misma época en la que Bach da a conocer su *Pasión según san Mateo* o en la que Haendel pone en escena algunas de sus mejores óperas en Londres. ¿Que está ocurriendo? Uberto y Serpina son los protagonistas, junto a Vespone, un personaje mudo, de *La serva padrona* de Giovanni Battista Pergolesi (1710-1736), estrenada en Nápoles en 1733, la que ha sido considerada primera obra maestra del género *buffo*. Realmente, esta pequeña ópera pertenece a un género preexistente, los *intermedii*, o pequeñas escenas cómicas que se intercalaban dentro de las representaciones de la ópera seria. La reforma y depuración de esta, que pudimos leer en la última parte del capítulo precedente, terminó por «expulsar» a estas piezas que acabaron por convertirse en un género independiente y de gran proyección hacia el futuro. Detrás de su éxito y capacidad para calar en la audiencia, existe un trasfondo social: la ópera *buffa* manifiesta, más allá de sus argumentos hilarantes, una nueva realidad social cercana a la nueva clase burguesa emergente, mostrando las novedades sociales, geográficas y profesionales, como el caso del comerciante Uberto. Sus frecuentes parodias del virtuosismo vocal ironizan sobre la artificiosidad de la ópera seria. En conjunto, la ópera *buffa*, también conocida como «ópera cómica», apunta maneras y formas que alcanzarán su plenitud en la segunda mitad del siglo XVIII. Pero ¿es este «diálogo *buffo*» la única fuente en donde se apoyará el futuro de la música?

Evidentemente no. La primera cuestión que podemos formularnos es por qué hablamos de clasicismo, cuando, de una manera generalizada y no muy acertada, hemos asumido como *clásica* a toda una corriente de música que comienza en el Barroco y acaba en nuestros días, frente a otra que denominamos usualmente *popular*. Es indudable que a mediados del siglo XVIII se revitalizó la mirada hacia la Antigüedad, la cual había tenido ya un primer capítulo en el Renacimiento. Pero

Los *intermedii* cómicos de las óperas serias terminaron
desligándose hasta conformar espectáculos autónomos,
germen de la ópera *buffa*, donde un nuevo lenguaje y una
nueva temática resultaban más afines a la emergente clase
burguesa. En la imagen, uno de estos *intermedii* reflejado en
un óleo de la escuela de Pietro Longhi (1701-1785).

ahora hay un nuevo componente que se puede calificar
de arqueológico. Por ejemplo, es esta la época en la que
se comienzan a hacer excavaciones, entre ellas la de una
recién descubierta Pompeya, a lo que se suma un estudio científico y racional de historiadores y estetas como
Johann Joachim Winckelmann que abordan las formas
de la Antigüedad proponiéndolas como modelos para el
propio arte de la época, que no por casualidad pasará a
la historia con la denominación de Neoclasicismo. Así,
si lo clásico pasa a ser sinónimo de equilibrio natural
o justa proporción, la música pasa a asumir en buena
medida este distintivo. De esta manera, pueden entenderse ideas como la de equilibrio entre secciones o entre
tonalidades, las cuales buscan una claridad de la forma

Johann Sebastian Bach: "Fuga en Do menor" (BWV 575)

Johann Christian Bach: "Sonata para teclado" (op. XVII. nº 6)

Las diferencias entre el estilo barroco y las nuevas tendencias que progresivamente acaparan la creación musical de la primera mitad del siglo XVIII se pueden apreciar sin ir mucho más allá del seno de la familia de los Bach. Arriba, se observa el intrincado contrapunto de Johann Sebastian Bach en contraste con el estilo de su hijo Johann Christian, más abajo. Este último evidencia rasgos del nuevo *style galant* en cuanto a una ponderación de lo melódico con rasgos repetitivos —señalados en los cuadros—, o en el uso de un «bajo de Alberti» —resaltado en la voz inferior—, donde la armonía no se plasma con notas simultáneas, sino que se despliega sucesivamente aligerando el carácter del acompañamiento.

que capte la atención del oyente. Estas premisas encuentran su primera traducción musical en la órbita del término *galant,* que comienza a ser utilizado poco después del 1700, tomando especial carta de naturaleza hacia la década de los veinte con el apelativo completo de *style galant.* Musicalmente, se aplica a aquella música donde lo melódico fluye libre de las complejidades del contrapunto del último Barroco, con frases musicales sencillas, regulares y de pequeñas dimensiones, y apoyándose en ligeros acompañamientos. En este contexto, la voz humana gana terreno como instrumento ideal y, en cierta medida, la flauta travesera, la cual empieza a preferirse a la flauta dulce que poco a poco cede el terreno. La ópera *buffa* es uno de los flancos de penetración del *style*

La edición se convierte en uno de los vehículos principales para la expansión y conocimiento de la música durante el siglo XVIII, además de en un creciente negocio. Muchas firmas nacidas durante este período aún están activas, como Artaria, que publicó ya en 1785 los cuartetos que Mozart dedicó a Haydn, cuya portada figura en la imagen.

galant en el Barroco, pero no el único. Los gestos de esta nueva moda aparecen en autores del Barroco tardío, que realmente suponen un puente entre dos concepciones musicales, como son los casos de Giuseppe Tartini (1692-1770) o Georg Philipp Telemann (1681-1767). Incluso es posible rastrear algunos pasajes musicales con «galanterías» en las obras de Haendel o de Bach.

Pero de una manera paralela a la plena integración del idioma de lo *galant* en la música, surge hacia los años sesenta del siglo XVIII un fenómeno de apenas un par de décadas de duración que se centró principalmente en territorio germano y en la música instrumental. Se trata del *empfindsamer stil* ('estilo sentimental'), en el que si bien, como en el *style galant,* se busca la potenciación de lo melódico, se hace de una manera personal y subjetiva a través de recursos como la ornamentación, el uso de los unísonos o la predilección por las tonalidades menores, primando un plano irracional y expresivo asimilable al coetáneo movimiento literario del *Sturm und Drang* ('tempestad e ímpetu'): es como si un conato de romanticismo hubiese dejado la semilla para el siglo venidero.

Examinemos otros aspectos contextuales de la aparición del clasicismo. El clima intelectual de la época está marcado por el ánimo del movimiento ilustrado, que impregna a toda una manera de entender el conocimiento. Así, la música tendrá en los artículos elaborados por el filósofo y músico Jean-Jacques Rousseau (1712-1778) para la enciclopedia supervisada por Denis Diderot (1713-1784) y Jean le Rond d´Alembert (1717-1783) su particular espacio dentro del movimiento sistematizador, crítico e investigador que supone la Ilustración. Pero, además, conviene señalar que el fenómeno de la aparición de tratados y métodos a partir del 1700 se aceleró durante la época del clasicismo al abrigo de la consolidación de una industria editorial destinada a un público cada vez mayor, no necesariamente profesional, sino con gustos corrientes y con la intención de comprar música para la interpretación doméstica de un repertorio asequible e interesante. Telemann, quizá uno de los autores más prolíficos de toda la historia y enormemente popular en la Europa de entonces, editó a partir de 1728 su *Der getreue Musikmeister,* periódico quincenal en el que publicaba lecciones de música y composiciones propias y de otros autores. Algunas de estas obras aparecían incompletas, emplazando al comprador al siguiente número para conseguir las secciones restantes, creando de esta manera lo que hoy denominaríamos una *fidelización* de la clientela. También es la época en la que iniciaron su andadura editores como Bernhard Christoph Breitkopf (1695-1777) en Leipzig, cuya firma ha permanecido en activo hasta nuestros días, o se publicaron fundamentales manuales para instrumentos como el *Versuch einer Anwisung die*

Colocando las bases de lo que sería posteriormente el clasicismo, se expandiría el principio del concierto público como forma de conocimiento y popularización de los autores de la época. En esta pintura de mediados del siglo XVIII, atribuida a Johann Rudolf Dälliker (1694-1769), aparece un concierto celebrado en la sede del Gremio de los Zapateros de Zúrich.

Flote traversiere zu spielen de 1752 cuyo autor fue Johann Joachim Quantz (1697-1773). Todo este movimiento, cuyos frutos llegarán a su plenitud en el siguiente siglo, tiene lugar a la vez que el concierto público empieza a adquirir los parámetros de lo que hoy conocemos como tal. Si los conciertos de corte cada vez con más frecuencia abrían sus puertas al público en general —al fin y al cabo, era una manera de mostrar la magnificencia del poder—, la primera organización de recitales en un sentido moderno se debió al conocido como *Concert Spirituel* de París en 1725, que como su nombre indica, fue en primera instancia una institución destinada a la interpretación de música sagrada, pero que a lo largo del siglo fue modificando sus contenidos hasta albergar conciertos para solistas, sinfonías o sonatas. El concierto público supuso crear una audiencia que pagaba por asistir a las ejecuciones de la misma manera que se venía haciendo en la ópera. De este modo, y en conjunción con la extensión del mundo editorial, el compositor se puso en contacto con el público, lo que ayudó a conocer gustos y demandas, lo cual explica también en buena parte el porqué de la extensión de los principios del nuevo estilo musical, más acorde con los nuevos patrones sociales, y la aparición de un repertorio específico que se popularizó en la medida en que ciertas piezas se hacían favoritas del gran público.

Por último, examinemos una geografía musical que se transforma. Italia sigue siendo el gran suministrador de músicos y compositores, pero a mediados de siglo, Francia con París e Inglaterra con Londres, se convierten en polos de atracción, no como en el pasado, por ser meros centros musicales, sino por poseer un tejido organizativo en cuanto a producción ideológica y mercantil que favorece la circulación de música. Esta estructura podemos encontrarla en lugares como Lisboa, Madrid, Potsdam, Praga y, muy especialmente, Viena. Incluso Europa ya no es suficiente: ciudades como las norteamericanas Boston o Philadelphia poseen su vida concertística. La consecuencia es que cualquier novedad musical acaecida en uno de estos centros pasa a ser conocida con relativa presteza en cualquiera de los otros.

El asentamiento del estilo (h. 1750- h. 1780)

La sonata como forma constructiva

La llamada *forma de sonata* se convirtió en el auténtico «flujo sanguíneo» de toda la música de esta época, alcanzando, como veremos, el siglo XIX. La configuración de buena parte de la música tendió a encuadrarse dentro de este andamiaje de la forma de sonata, la cual,

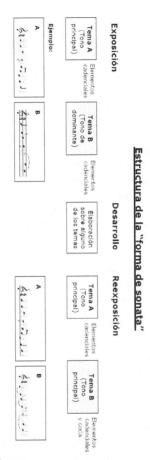

La forma de sonata se convierte en una manera de construir la música ampliamente expandida durante todo el período clásico. Se ha hablado de *sonatismo*, dada la enorme repercusión de sus principios, así como de *tematismo*, por apoyarse en la elaboración y desarrollo de temas —melodías— musicales. Sin embargo, este esquema no fue unívoco, sino que albergó distintas variantes.

lejos de lo que había sido la sonata barroca, pasó a ser básicamente una estructuración interna del discurso musical. Resumidamente, consistía en una primera sección o «exposición» en donde había un tema en la tonalidad principal que, seguidamente, tras unos pasajes llamados *cadenciales*, era replicado por otro tema diferente en la dominante, es decir, sobre el quinto grado. Tras esta «exposición», se desplegaba una sección central de «desarrollo» donde se desenvolvían algunos de estos temas, para terminar el esquema tripartito con una sección final o «reexposición» que repetía la primera, con la salvedad de que el segundo tema ahora aparecía en la tonalidad principal. Esta manera de proceder afectó a diferentes géneros, oberturas, sinfonías, cuartetos de cuerda, o conciertos para instrumentos solistas, y fundamentalmente a los movimientos externos, es decir al primero y al que cierra la obra. La aparición de esta organización no fue inmediata. Fue un proceso paulatino, con muchas ramificaciones y variantes, como en las obras de Haydn, donde muchas veces sólo se usa un tema, siendo ese mismo el que se lleva a la dominante. En el fondo, en la génesis de la forma de sonata se aúnan la forma de la *aria da capo* en tres partes con repetición de la primera, los pasos de la tonalidad principal a la dominante típicos de la fuga o de las sonatas de Scarlatti o la capacidad de desarrollar un tema principal que aparecía en las formas de concierto. Pero, además, mencionar esta forma al referirnos a la música de esta época tiene algo de verdad a medias: nadie habla de *forma de sonata* en el siglo XVIII. Las primeras menciones aparecen hacia principios del siglo XIX con autores como Antonin Reicha (1770-1836), que no estaban interesados en una explicación del pasado, sino en proponer un modelo ideal de composición. En cualquier caso, la forma de sonata unificó de tal manera la música de la época que se ha hablado de una «expansión del sonatismo y del tematismo» en cuanto al uso de la forma y de los temas como cimientos de esta arquitectura musical.

A su vez, otros fenómenos generales también caracterizaron la composición en combinación con la mencionada estructura. Se extendió la práctica del «bajo Alberti», que consistía en que los acordes se «plasmaban» no con todas las notas a la vez, sino en arpegio, aligerando el peso de los acompañamientos. Por otro lado, frente a la colocación más o menos libre de los movimientos de mucha de la música barroca, el clasicismo tendió en un principio hacia una estructura a tres: *allegro*-andante-*allegro*. Hacia mediados del siglo empiezan a concretar su comportamiento interno, acogiéndose, en términos generales, a la descrita forma de sonata el primero, el andante a una forma ternaria ABA y a una danza el último movimiento, que termina tomando cuerpo en el minueto. Pronto se añadió un final más elaborado, con otro movimiento rápido donde suele aparecer otra vez la forma de sonata o variaciones de la misma como el rondó-sonata. La consecuencia final es que esta estructura cuatripartita afectó a sonatas, cuartetos o sinfonías, que junto a la forma de sonata supuso la aparición de una sintaxis musical común que simplificó la variedad de formas barrocas.

Hacia el pianoforte

El siglo XVIII tiene en el teclado un referente capital como lugar apropiado para la experimentación. Es asimismo el siglo del surgimiento del piano, que terminará barriendo antiguas tipologías. Hacia 1700, Bartolomeo Cristofori (1655-1731) construyó el *grave cembalo col piano e col forte*. Esta denominación manifiesta la novedosa capacidad para realizar dinámicas, esto es, la posibilidad de realizar diferentes gradaciones de volumen desde *piano* hasta *forte,* lo que lo singularizaba frente a otros instrumentos de tecla

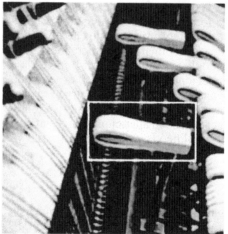

Arriba, detalle del mecanismo de un clave donde se puede apreciar el plectro o púa que puntea las cuerdas del instrumento. Abajo, mecanismo de macillo de un pianoforte que golpea las cuerdas para conseguir su vibración; su capacidad expresiva hizo que el clave no pudiese competir y desapareciera en favor del pianoforte, nombre que reciben las primeras tipologías de piano del siglo XVIII.

coetáneos. En los títulos de las ediciones de música para estos instrumentos se puede observar cómo el piano desbanca progresivamente a otras familias: hacia 1770 se habla de *clave* o *piano*, hacia 1780 los términos se invierten y una década después el término *clave* comienza a desaparecer. En el fondo, los títulos son un síntoma de cómo la escritura se vuelve más pianística, con un característico uso de *crescendos* y *diminuendos* o de ligaduras de expresión, todo en aras de una expresividad de la que fue un buen seguidor el hijo de Bach, Carl Philipp Emanuel Bach (1714-1788), cuya obra está ampliamente unida al espíritu del *empfindsamer stil,* potenciando la ornamentación y la preferencia por las tonalidades menores. Es quizá el primer compositor del siglo cuyo corpus de obras se centra en el teclado, con más de trescientas composiciones, que abarcan la tríada clave-piano-clavicordio. Este último instrumento poseía una gran capacidad expresiva puesto que permitía realizar, gracias a su mecanismo, efectos de vibrato muy similares a los instrumentos de cuerda frotada. Las sonatas de Carl Philipp Emanuel poseen un aire improvisatorio, con frecuentes multiplicidades rítmicas y una ausencia del bajo Alberti que las hacen poseedoras de una cierta atmósfera prerromántica. Formalmente, todavía usa tres movimientos en sus sonatas, y carece de la clara caracterización de los temas que, sin embargo, sí encontramos en su hermano Johann Christian Bach (1735-1782). Johann Christian desarrolla buena parte de su carrera en el Londres posterior a Haendel. Aunque compuso ópera, su producción se centra en la música instrumental, especialmente en el teclado. Este hijo de Bach es portador de un lenguaje muy avanzado para sus coetáneos. Así, utiliza los elementos de la forma de sonata claramente desplegados, agrandando el segundo tema y por tanto caracterizando fuertemente el principio bitemático de la forma. Además, exhibe una preferencia por las tonalidades mayores y por el uso del minueto o rondó para finalizar sus conciertos para piano y arcos. Precisamente fue uno de los primeros en utilizar el invento de Cristofori dentro del concierto público. Escuchar esta música, como mucha de la escrita por Mozart y Haydn, en estos primeros pianos o pianofortes nos proporciona una sonoridad muy característica, lejana del piano moderno al que estamos acostumbrados.

El sinfonismo: la locomotora Mannheim

La transición de concepto que subyace en el cambio del clave al piano tiene su paralelismo en la transformación de la orquesta hacia un organismo más integrado, en términos generales «más sinfónico», habida cuenta de la intensificación que del género de la sinfonía se produce hacia la década de los sesenta. Baste como dato que se han contabilizado alrededor de diez mil sinfonías entre los años 1740 y 1810. ¿En qué se trasluce esta nueva concepción orquestal? El orgánico barroco tendía a poner y quitar masas sonoras, como por ejemplo el contraste entre el *tutti* y los solistas que se producía en el estilo de concierto. Sin embargo, el empuje de la orquesta sinfónica se dirigirá hacia la realización de arcos de incremento o descenso de la dinámica. Si la orquesta barroca se apoyaba en la cuerda, en la nueva concepción orquestal los instrumentos de viento irán cobrando cada vez más protagonismo, incluyendo entre ellos a un recién llegado: el novedoso clarinete. Todo ello se produce en el contexto de la asunción de la forma de sonata y del desarrollo del tematismo, aspectos que la orquesta puede proyectar con amplitud, gracias a sus recursos de variedad tímbrica y gradación de intensidades y dentro de la mencionada expansión del fenómeno del concierto público.

El precedente del sinfonismo tal vez haya que buscarlo en la obra del milanés Giovanni Battista Sammartini

Izqda.: grabado de un clarinetista en la portada del
manual conocido como *The clarinet* instructor de 1780,
publicado por Longman & Broderip. Dcha.: un clarinete
de cinco llaves muy similar a los que se utilizaban en
época de Mozart. Este instrumento, procedente del antiguo
chalumeau, se asentó dentro del instrumentario
del siglo XVIII tanto en su papel de solista como de miembro
relevante de la nueva orquesta clasicista.

(1700-1775), maestro de Johann Christian Bach. Aunque
muchas de sus obras, que denomina *sinfonías*, atienden
más bien a los principios del concierto del Barroco tardío, en su última etapa, el autor apunta hacia aspectos
más modernos, como la ampliación de los movimientos externos, la presencia de rasgos del *style galant* en sus
andantes, o una mayor caracterización de los dos temas
propios del fenómeno sonatístico. Pero existe otro importante polo en cuanto al desarrollo de la sinfonía anterior a
Haydn. El propio historiador Charles Burney lo describe
así hacia 1773: «es un ejército de generales» o «aquí vieron la luz el *crescendo* y el *diminuendo*; aquí se descubrió
el piano [...], lo mismo que el forte eran colores musicales
con sus sombras, como el rojo y el azul en la pintura».

Lo que nos está transmitiendo son las impresiones que producía la orquesta de la corte del príncipe elector del Palatinado, Karl Theodor de Mannheim (1742-1778), cuya disciplina y capacidad de cohesión provocaban el asombro a lo largo de toda Europa. La orquesta obtenía frecuentes permisos para dar conciertos fuera de la corte, en especial en el activo centro parisino, lo cual fue clave para la extensión de su fama. Este conocimiento y valoración de la orquesta, que el historiador transmite al decir que su oído «no fue capaz de descubrir ninguna otra imperfección en la orquesta durante la ejecución», nos ofrece una novedosa manera de valorar la música como un arte en sí mismo: la orquesta de Mannheim es de dominio público. Si hay una figura ligada a esta formación es la del bohemio Johann Wenzel Anton Stamitz (1717-1757), director y compositor de abundantes conciertos y sinfonías. En estas últimas, apunta elementos realmente modernos que armarán el futuro del género: la articulación en cuatro movimientos, la inclusión de clarinetes, el progresivo valor de la viola más allá de un mero acompañamiento o una caracterización contrastante de los temas de la forma sonata a la manera de uno rítmico frente a otro más melódico. La figura de Stamitz tuvo inmediata repercusión en autores como Franz Richter (1709-1789), en el mismo Mannheim, o François-Joseph Gossec (1734-1829) en París.

La ópera seria: la reforma que no cesa

Ópera seria y ópera *buffa* caminarán juntas a lo largo del siglo XVIII, llegando a intercambiar planteamientos entre ambas. Al fin y al cabo, la segunda era, en cierto sentido, hija «ilegítima» de la primera. Pero a pesar del progresivo éxito del espectáculo cómico, la ópera seria seguirá siendo el género de prestigio por

ALTEZZA REALE:

Quando presi a far la Musica dell'Alceste mi proposi di spogliarla affatto di tutti quegli abusi, che introdotti o dalla mal intesa vanità de'Cantanti, o dalla troppa compiacenza de'Maestri, da tanto tempo sfigurano l'Opera Italiana, e del più pompòso, e più bello di tutti gli spettacoli, ne fanno il più ridicolo, e il più nojoso. [...]

Christoph Willibald Gluck (1714-1787) es la gran figura de la ópera seria de mediados del siglo XVIII. Sus principios, expresados en buena parte en el prefacio de su ópera *Alceste* —a la derecha— ejercieron una notable influencia en el melodrama de la segunda mitad de la centuria.

excelencia durante toda la centuria, el lugar donde el compositor adquiere un auténtico renombre. Posee una clara continuación con el esquema barroco de usar lo mitológico como base argumental, con un contenido en el cual se ensalza lo sublime y los valores intemporales. No obstante, a pesar de la reforma auspiciada por Zeno y Metastasio, a la cual dedicamos una sección en el capítulo anterior, el abuso del virtuosismo centrado en el aria como centro de exhibición siguió siendo una constante irresoluta. Así, a lo largo del siglo, se vuelven a acometer pequeñas reformas que en general buscaban dar una expresión «más natural», una mayor flexibilidad y continuidad en la narración. De esta manera, sin abandonar el *aria da capo,* se exploraron otros modelos, se reaccionó contra las exigencias arbitrarias de los solistas, se usó el recitativo acompañado, más propio de lo *buffo,* o se recuperó el valor de los coros para la ópera italiana, algo que realmente había quedado inédito desde tiempos de Monteverdi. Detrás de ello se esconde el creciente peso de la música instrumental y del sinfonismo, la frase regular y simétrica que ya anunciaba el *style galant,* el contraste de tonalidades del *empfindsamer stil* y, en general, las posibilidades dramáticas de la orquesta ya desde la obertura.

La consumación de este estilo operístico fue la obra de Christoph Willibald Gluck (1714-1787). En el prefacio de su ópera *Alceste* (1767), redactado con toda seguridad en colaboración con el poeta y libretista Raniero Calzabigi (1714-1795), se exponen las ideas acordes con los cambios pretendidos: «Pensé restringir la música a su verdadero oficio de servir a la poesía, [...] sin interrumpir la acción y sin enfriarla con adornos superfluos e inútiles...». En cuanto a la obertura: «He imaginado que la sinfonía tiene que prevenir a los espectadores de la acción...». Gluck, con obras como *Orfeo ed Euridice* (1762) o *Iphigénie en Aulide* (1774), ejemplifica lo que se entenderá a lo largo del siglo como ópera en su estilo internacional, donde, de alguna manera, el mito clásico aparece revisado respecto a la utilización que se hacía del mismo en el Barroco, esto es, a la luz del conocimiento más directo de la Antigüedad que proporcionaban los estudios arqueológicos y de la literatura de autores clásicos como Sófocles. El panteón divino clásico adquiría un nuevo rostro, más sometido a la emoción humana. El estilo de Gluck será extendido por sus seguidores, especialmente por Antonio Salieri (1750-1825), autor que posiblemente simbolice la transición de la época en la cual los compositores italianos «enseñaban» desde el escenario, a aquella en la que se convirtieron en auténticos pedagogos, en especial de la futura generación alemana del siglo XIX: Salieri instruyó, entre otros muchos, a renombrados músicos como Beethoven, Czerny o Schubert.

Ópera *buffa*: al calor de la querella

Paralelamente, la ópera *buffa* se desarrolla con fortuna merced a la obra de autores como Niccolò Jommelli (1714-1774), Baldassare Galuppi (1706-1785) o Niccolò Piccini (1728-1800). El éxito del género se apoya en buena medida en la posibilidad de concitar la atención de un nuevo público con nuevos temas. Literariamente, uno de sus principales soportes es la obra del escritor y libretista Carlo Goldoni (1707-1793) que caracteriza lingüísticamente a los personajes, introduce las novedades geográficas y de oficios del momento, y ahonda en la clara definición de los protagonistas a partir de los arquetipos de la *comedia dell'arte,* como por ejemplo el amo y su criado, Magnifico y Zanni, precedentes de don Giovanni y Leporello de Mozart. También lo *buffo* «informa» sobre lo exótico, en especial sobre lo «turco», siempre idealizado, o el serrallo como lugar de enredo, que utilizará Mozart en su obra *El rapto en el serrallo.* Incluso no serán infrecuentes las alusiones al mundo de la masonería.

El estreno en 1752 de *La serva padrona* en París por parte de la compañía Cambini desató un episodio con bandos enfrentados a favor y en contra del espectáculo *buffo,* dando lugar a lo que se conoció como *querella de los bufones.* Realmente, el suceso acontecía sobre suelo abonado para la confrontación, puesto que previamente se había producido un enfrentamiento entre seguidores de Lully, que era presentado como emblema de la tradición, y partidarios de Rameau, que personalizaba las novedades del último Barroco. La facción defensora de la ópera italiana, en este caso en su versión cómica, encontraba en ella una expresión natural y de espontaneidad que contrastaba vivamente con el rígido, aristocrático y estatal espectáculo de la ópera francesa. Este bando italianista estaba abanderado principalmente por ilustrados y enciclopedistas, con Rousseau a la cabeza, el cual, siguiendo dichos principios de naturalidad, compuso su sencilla pero exitosa *Le devin du village* (1752), obra que inspiraría a un joven Mozart su *Bastien und Bastienne* (1768). Con el tiempo, la querella operística fue enfriando sus disputas, en la medida en que ambos bandos convergían en la necesidad de reformar los excesos y frivolidades del espectáculo dramático. Como vimos más atrás, la reforma tiene su culminación en la obra de Gluck, de ahí que la última querella que se estableció entre partidarios de Gluck por un lado y partidarios de Piccini por el otro significó una suerte de superación de tantas disputas: el compositor de *Alceste* salió triunfante gracias a su imponente y acreditada personalidad musical.

Otros géneros vocales

La expansión y éxito de la ópera *buffa* afectó a otros géneros escénicos de carácter cómico que se hallaban extendidos por toda Europa, y que vieron de esta manera aupada su popularidad. Su denominador común era la inserción de partes dialogadas, de canciones a veces, muchas de ellas de éxito, populares o de extracción folclórica, y de otro tipo de números musicales. Era el caso de la *opera-comique* en Francia o la *ballad-opera* en Inglaterra. La *ballad-opera* era un vehículo de sátira de la ópera seria, siendo su mayor éxito *The Beggar's Opera* (1728), reunida por el libretista John Gay (1685-1732), la cual ha sido representada con continuidad hasta hoy en día. En una órbita parecida estarían la *tonadilla escénica* española, intermedio cómico con aires populares de tipo andaluz, que con Blas de Laserna (1751-1816) introduciría influencias italianas; o el *singspiel* germano, especialmente en su rama vienesa, afecto a argumentos fabulosos. En buena medida, *singspiel* será *La flauta mágica* de Mozart.

Y mientras se produce el enorme empuje del sinfonismo, de la ópera y sus querellas, en un contexto de afirmación del iluminismo laico, la música sacra parece convertirse en un campo poco activo para proporcionar sus propias soluciones. Como había acontecido al principio del siglo XVII, se vuelve a plantear la dicotomía de posturas entre los defensores de un lenguaje melodramático al estilo de la ópera seria y los partidarios del estilo polifónico-imitativo «a lo Palestrina» que eran, en gran porcentaje, estudiosos del pasado como los ya citados Giovanni Battista Sammartini, compositor, Johann Joseph Fux, estudioso y experto en contrapunto, o el historiador Charles Burney. El compositor en un plano práctico utilizaba un lenguaje que lograba amalgamar de alguna manera ambas tendencias, como se puede observar en la música sacra del hermano menor de Haydn, Michael Haydn (1737-1806).

EL CLASICISMO EN SU PLENITUD (H. 1780- H. 1800)

«Un cuarteto de cuerda es una conversación entre cuatro personas razonables»

La frase del escritor e intelectual alemán Johann Wolfgang von Goethe (1749-1832) nos transmite una sensación musical bastante generalizada hacia finales del siglo. Como si la historia se repitiese, el músico en las postrimerías del XVIII redescubre el contrapunto y lo aplica a su lenguaje, sin los retardos y anticipaciones del Barroco, considerando cada una de las partes como una división independiente que dialoga en plano de igualdad con las otras. Al fin y al cabo, los principales impulsores de la música de esta época serán las figuras de Haydn y Mozart que, junto a Beethoven, han sido considerados la «Primera Escuela de Viena». No olvidemos que Viena

En esta anónima pintura ejecutada alrededor de 1790
se muestra a Haydn ensayando uno de sus cuartetos de
cuerda, género que se asentará definitivamente durante
el período clásico como uno de los lugares de creación y
experimentación más relevantes dentro de la producción
musical del clasicismo.

es la tierra de Fux, lugar de tradición contrapuntística.
Pero Goethe también se está refiriendo a uno de los lugares donde se consuma el clasicismo como estilo musical: el cuarteto de cuerda, que compartirá esta condición con la sinfonía y las composiciones para instrumento solo o acompañado.

Pero más allá de las ideas que nos propone la frase de Goethe, en este último momento de la centuria, se asiste a la culminación de la forma de sonata. La caracterización de los temas es total, especialmente en Mozart, por lo que se ha hablado de *plenitud temática*. Las partes de unión de estos temas, las zonas cadenciales, así como la

sección de «desarrollo» entre la «exposición» y la «reexposición», se agrandan y se intensifican en cuanto al trabajo con los motivos de los temas. Se convierten en los
puntos de exploración y experimentación musical por excelencia, con mayor velocidad armónica en contraste con
el estatismo de las largas áreas tonales de la «exposición»
y de la «reexposición»: se apela a una coherencia a gran
escala que invade toda la forma. Y finalmente se recupera
la introducción lenta en muchas de estas composiciones,
pero bajo un nuevo prisma: el de hacer un tránsito por
diferentes tonalidades para llegar al tono principal que es
«afirmado» de esta manera.

La plenitud clasicista está asociada ineludible-
mente con las grandes figuras de Haydn y Mozart. Pero
ello no nos debe hacer perder de vista que en el ambiente musical de la época había lugar para la existencia de
muchos otros compositores. Sin salir del círculo vienés,
aparecen varios nombres que cultivaron el sinfonismo y el sonatismo como el ya citado Michael Haydn,
Carl von Dittersdorf (1733-1799) o Leopold Kozeluch
(1747-1818). Y por supuesto no podemos pasar por alto
a Luigi Boccherini (1743-1805). Siendo el violonchelo
su principal instrumento, participó en las que probablemente fueron las más tempranas interpretaciones de
cuartetos de cuerda en Milán en 1765. De su gran fama
dan cuenta sus apariciones como concertista en París en
1768 y la extensa propagación de sus obras publicadas.
En 1770 se traslada a Madrid, donde es nombrado vio-
lonchelista y compositor de la capilla del príncipe Luis
Antonio de Borbón. A pesar de su papel fundamental
en el desarrollo del tan clasicista género del cuarteto de
arcos y de haber escrito varias sinfonías, destacó especialmente en la composición de quintetos y de conciertos para violonchelo, donde llevó el lenguaje del instrumento a una elevada perfección.

Haydn: la originalidad desde el aislamiento

«Apartado del mundo, me vi "obligado" a ser original». Son palabras pronunciadas en la última etapa de su vida por Franz Joseph Haydn (1732-1809), probablemente una confesión sincera de lo que había significado su existencia. Nacido en la ciudad de Rohrau, en la Baja Austria, ya de niño muestra sus aptitudes musicales incorporándose al coro de la catedral de San Esteban de Viena. Musicalmente se forma bajo el magisterio de Nicola Porpora, pasando seguidamente a vivir modestamente como músico y profesor independiente, y como maestro de capilla del conde Morzin entre 1759 y 1761. Precisamente es este último año el que se convierte en lo que podría considerarse un punto clave dentro de su trayectoria al entrar al servicio del príncipe Paul Anton Esterházy (1711-1762) en Eisenstadt, al sur de Viena. La casa Esterházy, de origen húngaro, era una de las más poderosas dentro del Sacro Imperio Romano Germánico. Muerto Anton, la vida de Haydn aparece ligada durante los siguientes treinta años a la figura del nuevo príncipe, Nicolás Esterházy (1762-1790), ejerciendo de *kapellmeister* ('maestro de capilla') de la corte. En este «apartado mundo», del que él mismo era consciente, tuvo un espacio y una orquesta con la que experimentar a su antojo, pero, a su vez, la condición de ser un hombre del *ancien regime,* es decir, de tener los deberes de cualquier siervo obligado a seguir las itinerancias de la corte allá donde esta fuere, principalmente entre el invierno en Viena y el resto del año en Eisenstadt. A partir de aquí, la trayectoria de Haydn se puede resumir en la progresiva conquista de espacios de libertad, en buena parte debido a la fama que va adquiriendo merced a las ediciones continuas de sus obras, a la demanda incesante de sus composiciones y a la solicitud de su presencia,

La sala de conciertos del palacio de los Esterházy donde estuvo ligada la carrera de Haydn durante buena parte de su vida. A la derecha, el busto que Anton Grassi (1755-1807) realizó del autor hacia 1802.

aunque en la práctica nunca dejó de estar vinculado a los Esterházy. El primer reconocimiento público vino de España en una carta del mismo Boccherini enviada al palacio de los Esterházy en la que se testimonia el buen conocimiento de la música de Haydn en tierras hispánicas. En 1784, la sociedad Concert de la Loge Olympique de París le encarga seis sinfonías. En ese mismo año conoce a Mozart, cuyo talento le causa una profunda impresión. En 1785, recibe desde Cádiz el encargo de componer música instrumental para el «Sermón de las Siete Palabras». Entre 1791 y 1792 realiza una gira por Inglaterra gracias a la insistencia del empresario de conciertos Johann Peter Salomon (1745-1815), época que coincide con las clases que imparte a un joven Beethoven. Regresa a Londres en 1794 y 1795, momento en que recibe el doctorado *honoris causa* por la Universidad de Oxford. Del renombre alcanzado por Haydn nos informa uno de los sucesos del final de su vida: en mayo de 1809, en pleno asedio de las tropas francesas sobre Viena, el compositor, lejos de correr peligro, dispone, a indicación directa de Napoleón, de un piquete de honor protegiendo la puerta de su casa.

Para entender la obra de Haydn es conveniente tener en cuenta su dilatada biografía: cuando nace en 1732, Bach está trabajando en su *Misa en si menor,* y cuando muere en 1809, Beethoven ya ha escrito sus *Quinta* y *Sexta* sinfonías. Resulta por tanto esperable que algunos rasgos miren todavía al Barroco, como su gran producción, tanto en cantidad como en géneros abordados, o como el hecho de trabajar bajo patronazgo, mientras que otros preludian el Romanticismo, caso de la síntesis de lo coral y lo sinfónico o el interés por el folclore como ocurre en el último movimiento de su *Sinfonía 104.* Pero el núcleo de su repertorio se despliega en la plenitud instrumental del cuarteto y la sinfonía. Hasta mediados de la década de los setenta, sus producciones sinfónicas poseen aspectos preclásicos, tales como la estructuración en tres movimientos en algunos casos o la presencia de títulos programáticos de herencia vivaldiana, como ocurre en las sinfonías dedicadas a las partes del día *Le Matin, Le Midi,* y *Le Soir.* Algunas composiciones sufren el influjo del *Sturm und Drang,* con inesperados cambios de dinámica y momentos de gran expresividad con el uso de tonalidades menores, caso de su *Sinfonía n.º 45, «De la Despedida».* (Conviene aclarar que muchos de los títulos de estas sinfonías, como ocurre con numerosas obras de Mozart y Beethoven, fueron acuñados posteriormente sin que nada tenga que ver el autor en su gestación). A partir de 1775, aproximadamente, se produce la eclosión plena del sinfonismo de Haydn. Se impone una preferencia por las tonalidades mayores, seguramente en paralelo a la escritura de óperas cómicas del autor, y con hallazgos como el uso del rondó-sonata como estructura del último movimiento, rasgo este utilizado con profusión por Mozart. *Las sinfonías parisinas*, números 82 a 87, culminan el estilo del autor: amplias dimensiones, uso de la introducción lenta y de la forma del «tema con variaciones» para los movimientos lentos, importancia de los instrumentos de viento y recursos contrapuntísticos. En las sinfonías londinenses intenta sorprender al público con efectos como un fortísimo en tiempo débil de su *Sinfonía n.º 94, «La sorpresa»*. La orquesta ha adquirido considerables dimensiones, con ocasionales tratamientos independientes de los violonchelos y de los contrabajos. Los arcos armónicos son amplios, modulando a tonalidades muy lejanas, aspecto que nos coloca a las puertas del siglo XIX.

A la vez que desarrolla su carrera dentro del sinfonismo, Haydn se perfila como el primer gran maestro del cuarteto de cuerda, sobre todo a partir de sus *Opus 17* y *20* de 1771 y 1772, respectivamente. El autor logra dotar al orgánico de la plantilla de un incontestable equilibrio merced al eficaz uso del nuevo contrapunto y a la igualdad de condiciones otorgada a los cuatro miembros del conjunto, incluyendo al violonchelo como instrumento melódico en diversos pasajes. En buena parte, su producción, como los seis *Cuartetos prusianos* de 1787, sigue las pautas evolutivas de la sinfonía, aunque no utiliza la introducción lenta. Algo semejante ocurre en sus sonatas para piano. No debemos por último perder de vista que Haydn compuso un gran número de óperas para la corte de los Esterházy, las cuales significaron un puntal de su fama, aunque la enormidad de su música instrumental ha terminado por eclipsarlas. También dentro de lo vocal, al final de sus días, tras su regreso a la corte hacia 1795 con el nuevo príncipe Nicolás II Esterházy (1795-1833), compuso seis misas concebidas bajo el influjo de su estilo sinfónico, incluyendo en ellas un coro y cuatro solistas. Esta preocupación por el establecimiento de un género sinfónico-coral también figura en sus oratorios, cuya motivación compositiva está relacionada con el conocimiento de la obra de Haendel en Londres. *La Creación* (1798) y *Las estaciones* (1801) articulan aspectos del sinfonismo y de la música para coro en una simbiosis de aroma claramente decimonónico.

Mozart y la patada del cocinero

El nombre de Wolfgang Amadeus Mozart (1756-1791) resulta indisociable de un talento prodigioso manifestado desde muy temprana edad. Entiéndase así su renombrada hazaña, llevada a cabo con sólo catorce años, de haber transcrito de memoria el *Miserere* de Gregorio Allegri (1582-1652) interpretado por la capilla papal y tras una única escucha acaecida durante su visita a Roma en 1770. Sin embargo, once años más tarde, un suceso describe de forma diáfana la personalidad escondida tras tan inusual capacidad: el conde de Arcos, gran maestre de cocina del incómodo patrón de Mozart, el arzobispo de Salzburgo, lo pone en la puerta de palacio expulsándolo con una ofensiva patada, la cual, como comenta el musicólogo italiano Giorgio Pestelli, hace que: «el músico moderno entre de golpe en la condición de libre profesional del arte». No se puede decir que Mozart fuese el primer músico en decidirse a abandonar la seguridad de la capilla musical lanzándose a vivir de su propio talento en la incertidumbre de la ciudad. Podemos, en este sentido, recordar a Johann Christian Bach en Londres. Pero en Mozart confluye la enorme entidad de su persona, con un fuerte sentido de la rebelión, reflejo de las tensiones que se producían en cuanto a la forma de entender la producción de arte entre el nuevo mundo burgués y el antiguo régimen estamental.

El mundo en el que se cría Mozart, empezando ya desde su Salzburgo natal, es el hervidero de estilos y polémicas musicales que hemos visto hasta este punto. Un pequeño inventario podría comprender el *style galant,* el *empfindsamer stil,* el contrapunto entendido como ejercicio académico, el estilo heroico de la ópera seria, principalmente de Gluck, el estilo cómico-*buffo*, el estilo cómico vernáculo como el *singspiel* o el principio de la elaboración de temas musicales del sonatismo, clara-

El padre de Mozart, Leopold, supervisó la educación musical del compositor y de su hermana Maria Anna desde su temprana infancia. En la ampliamente reproducida acuarela de 1763 de Louis Carrogis de Carmontelle (1717-1806) se refleja con seguridad una escena cotidiana de la casa de los Mozart.

mente caracterizados y preparados para su desarrollo en las zonas cadenciales. Explorarlos y coger de cada uno de ellos lo fundamental para ponerlo al servicio de su genio puede considerarse uno de los rasgos definidores de la música de Mozart. Esta exploración de estilos ya se manifiesta vivamente en su primera etapa de niñez y en su juventud, entre 1763 y 1773, aproximadamente. Aunque la ópera está presente desde un primer momento en sus creaciones, como la *buffa* titulada *La finta semplice* (1768), es posible decir que la formación de Mozart se apoya principalmente en el emergente y dinámico lenguaje de la música instrumental de la época. Asimismo, durante estas primeras etapas de su vida, su padre, Leopold Mozart (1719-1787), músico con afamada reputación en Salzburgo, donde llegó a ser compositor de corte, y con acreditado nombre dentro de la composición en los países germanos, es quien supervisa la formación y la carrera de Mozart desde que a los tres años descubre su talento cuando este empieza a asistir a las clases de teclado de su hermana mayor, Maria Anna Mozart (1751-1829), más conocida como Nannerl. Con el progenitor viaja a lo largo de Europa, donde es recibido en cortes y palacios deslumbrando por sus portentosas e inusuales habilidades en la música. También con su padre mantendrá durante toda la vida una importante correspondencia que se ha convertido en una de las principales fuentes para conocer la vida del autor. En ella se traslucen muchas veces disensiones entre padre e hijo, propias de una relación tensa, con disparidad de criterios debido a un Wolfang Amadeus cuya forma de entender su vida profesional, esto es, la búsqueda de una autonomía independiente de las tiranías de la corte, no era frecuentemente del agrado de Leopold.

Entre 1773 y 1781 se ha hablado de la época de las primeras obras maestras. Mozart se acerca al estilo vienés a través del contacto con la música de Haydn y de la composición de un gran número de serenatas o divertimentos, piezas similares a la música de cámara con formaciones variadas que incluyen cuerdas o vientos, pensadas para reuniones y celebraciones domésticas de diversa índole como bautizos o bodas. En términos actuales, auténtica «música de fondo». Otros géneros que cultiva forman parte de sus funciones como concertino y organista en Salzburgo. Así, compone conciertos para violín, misas, como la *Misa en do menor* (1782), u óperas como *Idomeneo* (1781), con una viva influencia de Gluck. También es el momento en que Mozart realiza diversos viajes a Augsburgo, a Mannheim, o a París. Es el síntoma de la búsqueda de una salida profesional que pueda liberarlo de la estrechez de la corte salzburguesa.

Sintiendo que su popularidad y prestigio va en aumento, Mozart decide dar el paso en busca de su propia independencia personal y laboral a través de la más arriba mencionada ruptura con Salzburgo en 1781 y su subsiguiente marcha a Viena. Se inicia de esta guisa el último período de su vida. Es el momento en que descubre, gracias al embajador austriaco en Berlín, la música

El destino de muchas de las serenatas y divertimentos compuestos por Mozart fue servir de fondo a celebraciones y encuentros sociales de diversa índole. Esta imagen anónima de un concierto en la residencia de la condesa Saint Brisson de mediados del siglo XVIII refleja cómo la ejecución de los instrumentistas se mantiene en un segundo plano entre el bullicio de los asistentes, más atentos a otros menesteres que a la propia música.

de Bach, que le impresiona enormemente, animándole definitivamente a usar el contrapunto en sus últimas obras. Compone los seis cuartetos dedicados a Haydn, de los cuales Mozart aseguraba que habían sido «fruto de un largo y laborioso esfuerzo». Curioso comentario para un creador de facilidad tan pasmosa. Pero más allá del cuarteto, Mozart cultivó con profusión el género del quinteto, a veces sólo de cuerda, y en otras utilizando otros instrumentos como la flauta y el clarinete.

Esta etapa vienesa es la de sus últimas y grandes sinfonías, como la *n.º 38 en sol menor «Praga»*, o su última en *do mayor «Júpiter»*. Especialmente relevantes son sus diecisiete conciertos para piano y orquesta. En ellos Mozart funde magistralmente elementos del concierto barroco con una puesta en escena totalmente clasicista. Conserva los tres movimientos, rápido-lento-

En 1763, durante la representación en Covent Garden de la ópera *Artaxerxes* de Thomas Arne (1710-1778), se produjo un fuerte disturbio cuando el dueño del teatro se negó a vender a mitad de precio las entradas para los que llegaban tarde, como era costumbre, suceso que quedó recogido en este grabado anónimo de la época. Museo Británico, Londres. El público durante el clasicismo era un protagonista activo, un patrón caprichoso y voluble.

rápido. En la parte inicial, la orquesta, no olvidemos que es ahora de mayor plantilla que en época barroca y con un creciente protagonismo de los vientos, interviene en cuatro ocasiones a modo de *ritornellos*, fijando los temas. Entre estas intervenciones, el solista, apoyado por el *tutti,* despliega sus pasajes, reinterpretando el material de la orquesta y aportando los suyos propios, y, por supuesto, interpretando las cadencias, pasajes a solo situados antes de la última intervención de la orquesta donde el intérprete puede hacer una especial exhibición de su talento. Las cadencias podían estar escritas, pero muchas veces se improvisaban. Incluso, años después, diferentes autores escribieron cadencias, no sólo para los conciertos de Mozart, sino para todos los que vendrían firmados por posteriores compositores como

Pianoforte que perteneció a Mozart conservado en la
Fundación Mozart de Salzburgo.

Beethoven. El segundo movimiento suele tener aspecto
de aria, mientras que el final frecuenta la forma de rondó, con temas más ligeros y con oportunidad para más
cadencias. Resulta altamente llamativo que todo este
aparataje constructivo del concierto esté articulado dentro de la ordenación de tonalidades y del uso de temas
propio del sonatismo clasicista en su plena expresión.

   También en Viena, Mozart compone sus últimas
óperas. El *singspiel* titulado *El rapto en el serrallo*
(1782) y las obras italianas con libreto de Lorenzo da
Ponte (1749-1838), *Las bodas de Fígaro* (1786), *Don
Giovanni* (1787) y *Cosi fan tutte* (1790). Aunque estas
tres últimas forman parte de la tradición cómica italiana, la colaboración de Da Ponte y Mozart consigue dar
una «vuelta de tuerca» al género *buffo*, otorgando una

mayor profundidad a los personajes, tanto en lo psico-
lógico como en el tratamiento de las tensiones sociales
y de los temas morales. Esta novedosa penetración en
la idiosincrasia y caracterización de los protagonistas se
produce gracias al apoyo de una música diseñada bajo
semejante prisma, con un papel notable de la orquestación, otorgando al género un halo de seriedad no visto
hasta entonces. Por ejemplo, en *Don Giovanni,* estrenada en Praga gracias a la entusiasta acogida que la ciudad tributó a Mozart, el protagonista no es un simple
y horrendo blasfemo, sino que su actitud apunta hacia
lo romántico, rebelde con la autoridad y escarnecedor
de la moralidad vulgar. La última ópera de Mozart fue
La flauta mágica (1791), propiamente un *singspiel* por
insertar diálogos en vez de recitativos. En ella se entre-
tejen una gran variedad de conceptos musicales dentro
de un resultado totalmente personal: la opulencia vocal
italiana, en especial en el uso de arias solísticas de la
ópera seria, el conjunto *buffo,* el humor y el gusto por
lo fantástico del *singspiel* vienés, técnicas contrapun-
tísticas, como las de la obertura, o solemnes escenas
corales. La ópera, tanto en lo formal como en el contenido, posee un trasfondo masónico. Muchas escenas
recuerdan la música que compuso para sus compañeros
masones: canciones, cantatas, música fúnebre o música
para distintas ceremonias. Mozart había ingresado en
la masonería en 1784, y su pertenencia a la misma se
convirtió en un aspecto importante de su vida, compartiendo actividades y amistad, como la que mantuvo con
el también masón y virtuoso del clarinete Anton Stadler
(1753-1812), para quien compuso su inigualable *Concierto para clarinete (K. 622).*

La última obra compuesta por Mozart fue el *Réquiem,* el cual dejó incompleto. En él se manifiestan elementos barrocos por los que el compositor parecía mostrar interés en las últimas etapas de su creación. Así, en

La inagotable reverencia al genio mozartiano se extiende
hasta nuestros días con constantes reelaboraciones y visitas
a su obra. Arriba: el disco del año 2003 de Alexis Herrera
y Elio Rodríguez junto al trío alemán Klazz Brothers,
donde la música de Mozart se aborda desde una perspectiva
afrocubana. Abajo: en el 2006, el Trip Saxophon Quartet
realizó un enfoque desde el mundo del *jazz*
en su álbum *Mozart in jazz*.

el Kyrie inicial, el contrapunto se pone de manifiesto a través de una fuga cuyo sujeto, tema de construcción, ya había sido utilizado por Bach y Haendel. La etapa vienesa del compositor había empezado con éxito, ídolo del público vienés, tanto como pianista como compositor, frecuentado y mimado por la aristocracia, disfrutando de abundantes y distinguidos alumnos, viviendo en suma la bulliciosa vida del músico independiente. Pero a mediados de la década, el éxito de Mozart, salvo contados episodios, empieza a entrar en declive, producto paradójicamente de ese nuevo y veleidoso patrón llamado público. Enfermo y agotado, su vida se apaga sin que su época le reconozca su auténtico valor.

Aquel veinticuatro de diciembre de 1784

Fue la fecha elegida por el emperador José II de Habsburgo (1741-1790) para celebrar lo que sería uno de los más célebres duelos musicales de la historia de la música: el «combate» pianístico entre Mozart y el italiano Muzzio Clementi (1752-1832). El encuentro se saldó con la impresión de Mozart de que, sin dudar de la gran capacidad de Clementi, este le resultaba totalmente mecánico y falto de vida. En su autobiografía, el ya aludido Carl von Dittersdorf proporciona su particular impresión del evento a requerimiento del emperador: «La forma de tocar de Clementi es única y simplemente arte. La de Mozart combina arte y gusto». Y sin embargo, aunque la balanza se inclinaba a favor de Mozart, la notabilidad de Clementi fue grande, sobre todo si se le compara con el declive que casi por la misma fecha sacudió la vida de Mozart. ¿Por qué? En buena medida, el italiano simboliza un nuevo profesional de la música que nos pone en camino del siglo XIX. Clementi es pedagogo, prácticamente el creador y codificador de la técnica moderna del piano, con sus famosos estudios, entre los que destaca la colección *Gradus ad Parnassum,* todavía utilizada hoy como referente en la formación técnica de los pianistas. Pero además, Clementi tenía una visión del negocio musical a nivel cosmopolita, con una relación firmemente establecida con editores, constructores de instrumentos y especialmente con una visión moderna e internacional de la actividad concertística. Curiosamente, Mozart, viajero en su infancia y adolescencia, tras tomar las riendas de su propia labor profesional en la Viena de los años ochenta del siglo XVIII, concentró principalmente su actividad en dicha ciudad, en una escala puramente ciudadana. Pero quizá también le faltó tiempo. La brevedad de su vida seguramente jugó en su contra. En los últimos compases de su biografía aparecen indicios de lo que podría haber sido un reconocimiento. Hacia 1790 le habían llegado invitaciones de Londres por parte del empresario Johann Peter Salomon para hacer un dúo con Haydn, y del director de la ópera para que escribiese para el teatro. Le llegaban ofertas de magnates húngaros y de ciudades como Mannheim, Maguncia o Múnich, donde un germen nacional alemán podría haber visto en Mozart un símbolo frente a décadas de predominio italiano. Pero era pronto. La mitomanía de la historia del siglo XIX tenía reservado ese lugar para otro gigante, un gigante a caballo entre dos siglos.

6

La música en el siglo XIX: la materia del infinito

EL «TERCER IMPLICADO»:
LA «BISAGRA BEETHOVENIANA»

Artistas e intelectuales se desplazaron a Viena para visitarlo en sus últimas horas de vida. La London Philarmonic Society envió una importante suma monetaria para paliar sus padecimientos. Al entierro de este hermético y misántropo personaje se calcula que acudieron entre diez mil y veinte mil personas. Nos estamos refiriendo al canto del cisne del incuestionable gigante de la composición entre dos siglos: Ludwig van Beethoven (1770-1827), con el que se completa la tríada Mozart-Haydn-Beethoven, la cual, con el paso del tiempo, y como vimos en el anterior capítulo, ha recibido el apelativo de Primera Escuela de Viena. Y, sin embargo, la impresión que el compositor producía en sus contemporáneos era en muchas ocasiones ambivalente. Un anónimo corresponsal del periódico musical *Allgemeine Musikalische Zeitung* comentaba en 1805, a propósito de un concierto privado donde se había interpretado música del compositor: «No le falta nada en lo que a pasajes extraordinarios y sobrecogedores se refiere; pero a menudo se pierde en el desorden». Durante los últimos años de su existencia, Beethoven suscitaba a la vez curiosidad, espanto y deslumbramiento entre aquellos que lo conocían. ¿Por qué?

Ludwig nace en 1770, en la ciudad alemana de Bonn. Hasta 1802 puede hablarse de una época de formación, dentro de la cual se incluyen las lecciones que recibió de Haydn. El encuentro no debió de ser muy fructífero a tenor de la insatisfacción de Beethoven. Asimismo, es también la época en la que intenta establecerse como concertista de piano bajo el amparo de diversos patronos nobiliarios. Nacen en este contexto sus primeras obras, que por lógica se concentran especialmente en el piano, al lado de sus dos primeras sinfonías. Hacia 1800, Beethoven empieza a ser consciente de su progresiva pérdida de audición. Esta tragedia supone la renuncia a su carrera como intérprete y a la posibilidad de dirigir. Bajo estas circunstancias, escribe en octubre de 1801, durante su estancia en la pequeña villa de Heiligenstadt, un documento hallado tras su muerte y conocido por la posteridad como «Testamento de Heiligenstadt», suerte de testamento dirigido a sus hermanos Carl y Johann, en el cual relata la desdicha que le produce su enfermedad, sugiriendo que por su cabeza habría pasado la idea del suicidio y señalando cómo la entrega a su «arte» le habría impelido a superar tal situación. Es así que el período comprendido entre este momento y aproximadamente 1812 sea conocido como «heroico», dado el carácter de su música, la cual parece traslucir la idea de superación de su desdicha. En 1803 escribe su *Tercera Sinfonía, «Heroica»*, famosa por haberla dedicado en primera instancia a Napoleón Bonaparte, a quien Beethoven consideraba la encarnación de los ideales revolucionarios, para posteriormente borrar su nombre de la partitura por la decepción que le había producido que el mandatario francés se hubiese coronado como emperador. Esta obra refleja una auténtica

Hacia 1818, Carl Friedrich August von Kloeber (1793-1864) realizó uno de los retratos más célebres de Beethoven, en un instante en que el autor caminaba hacia su última, introspectiva y exploratoria época.

plenitud compositiva. La forma se agranda en duración. No posee temas largos, sino que, especialmente en su primer movimiento, se plantea el material con temas que son pequeños motivos, los cuales se desarrollan en combinaciones complejas y alternativas. Aparece su característico impulso hacia el clímax, muchas veces con repetidas disonancias que se desatan hacia una posterior suavización, la expresividad del silencio en *tutti,* o los acusados contrastes de dinámica. El segundo movimiento consiste en una marcha fúnebre, mientras que en el tercero realiza la sustitución del clásico *minuetto* por el *scherzo,* de mayor contundencia rítmica. El final avanza con fuerza y dramatismo hacia una variación lenta que culmina en un final jubiloso. Tras la *Cuarta sinfonía* (1806) relativamente «ortodoxa», su *Quinta sinfonía* (1808) parte de la famosa célula percusiva de cuatro notas, que sirve para extender la composición a través de diferentes planteamientos de la misma. Con

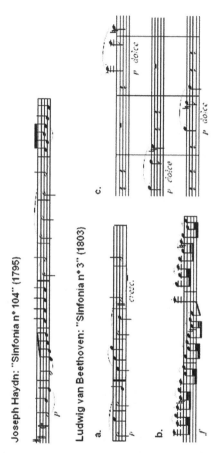

Redefiniendo un género. Aunque entre la *Sinfonía 104* de Haydn y la *Tercera* de Beethoven sólo distan ocho años, el modo de operar ofrece diferencias. Haydn todavía parte de una melodía con un perfil equilibrado en arco de sabor clásico. Beethoven expone diferentes motivos a través de los cuales hace avanzar el desarrollo del movimiento. En a., b. y c. pueden observarse algunos de ellos.

esta obra, el autor asienta definitivamente para el siglo XIX, y aún para el XX, lo que se conoce como *forma cíclica*, esto es, la vuelta recurrente hacia un tema que se convierte en semilla constructiva. Además, la sinfonía utiliza expresivamente su dirección armónica, concebida como un paso de la «oscura» tonalidad inicial de *do* menor hacia la paralela y «lumínica» de *do* mayor. Beethoven denominó *Pastoral* a su *Sexta Sinfonía* (1808), lo que trasluce su predilección por la naturaleza frente a la ciudad, lugar que con la Revolución Industrial comenzaba a convertirse en un espacio insalubre. Articulada en cinco movimientos, uno más que los cuatro habituales, cada uno de ellos recibió un título, como por ejemplo el primero: «Despertar de sentimientos de felicidad a la llegada al campo». Aunque en palabras del propio compositor la obra era «más una expresión de sentimientos que una descripción», los cimientos para la composición programática, sobre la que volveremos posteriormente, habían sido colocados.

Estas ideas de Beethoven, que estaban redefiniendo la naturaleza de la sinfonía clásica, también aparecen en su música coetánea de otros géneros, en cuartetos, como en los conocidos *Cuartetos Razumovsky* (1806), en conciertos para piano como el *n.º 5,* conocido como *«Emperador»* (1809), en su *Concierto para violín* (1806), en sus oberturas, o en sus sonatas para piano como la *n.º 23 en fa menor, «Appassionata»* (1805). De este período intermedio de la vida del músico data su única ópera, *Fidelio*. Beethoven probaba fortuna en lo que a la sazón era el género en donde el compositor podía encontrar mayor fama y reconocimiento. Pertenece al tipo de óperas que desde la Revolución francesa exaltaban la libertad y rechazaban la tiranía. Fue una obra de larga gestación, con numerosos estrenos y fracasos, siendo sometida a diversas reelaboraciones, algo por otra parte muy característico del compositor. De hecho, las

Es ilustrativo comparar dos partituras autógrafas. Arriba, un fragmento de la ópera *Idomeneo* de Mozart nos muestra una claridad de ideas sin apenas correcciones. Abajo, la agitada mano de Beethoven en su *Novena Sinfonía* exhibe un modo de hacer autocrítico y sometido a una constante revisión, lo que explica su corta producción de sinfonías en comparación con el genio de Salzburgo.

comparaciones entre la versión original de 1805 y la última de 1814 permiten abordar la evolución del estilo del autor en estos años.

Hacia 1813 se inicia una última etapa caracterizada por tensiones personales y un acrecentamiento de la sordera, lo que motiva en el autor una introspección que lo aleja poco a poco del mundo. La producción total de obras disminuye. La fusión del sinfonismo con lo coral, que Haydn había dejado apuntado en algunas de sus últimas partituras, se materializa en obras como la *Missa Solemnis* (1819-1823*)*, y muy especialmente en la última de sus sinfonías, la *Novena «Coral»* (1824), donde el significado extramusical de algunas composiciones parece tomar cuerpo en su último movimiento con la inclusión de un coro que canta la *Oda a la alegría,* de Friedrich Schiller (1759-1805). Se inicia así un fecundo camino que recorrerá todo el siglo XIX fusionando la voz con lo que tradicionalmente había sido un género instrumental por naturaleza. La sinfonía alberga características del último estilo beethoveniano. El dibujo melódico de tema clásico, que aún figura en su *Octava sinfonía* (1812), ha sido sustituido definitivamente por pequeños motivos generadores, en este caso un pequeño golpe de dos notas que invade todo el primer movimiento. También se acentúa la predilección por la variación, que aparece en el tercer movimiento de la misma sinfonía, o en obras como sus *Variaciones Diabelli* (1823), o sus impresionantes últimos cuartetos, como el *Opus 131* (1826). En este, el sordo genial ha acogido la fuga como uno de sus más señeros medios de expresión. El cuarteto se inicia con una, y continúa a través de siete movimientos que se deben interpretar continuamente y sin interrupciones, a través de sus diversas tonalidades y en un extenso camino de unos cuarenta minutos aproximadamente.

El también músico Johann Nepomuk Hummel (1778-1837) realizó este dibujo a tinta del estudio de Beethoven a los pocos días de su muerte. Se aprecia el desorden del que dan testimonio sus coetáneos más próximos. A partir de este momento, el imaginario romántico hará del compositor de la *Novena* una figura de tintes casi míticos.

Coetáneamente a Beethoven desplegaron sus carreras otros autores, entre los que cabe destacar a Franz Schubert (1797-1828), quien compuso numerosas obras, entre ellas una ingente cantidad de *lieder*, sobre los que volveremos más adelante, obras para piano, como sus *Momentos musicales* (1828), de cámara, quince cuartetos, o sus nueve sinfonías, entre ellas su célebre *Octava «Inacabada»* (1822). Como en el caso de Beethoven, Schubert presenta nuevas tendencias de lenguaje, bien en la extensión de las zonas de desarrollo, bien en el uso de nuevas relaciones basadas en intervalos distintos al de quinta, característico de la sonata clasicista, principalmente a través del de tercera. Con todo, son las últimas obras de Beethoven las que nos colocan ante un universo fuertemente personal y emocional, donde el lenguaje y la forma del clasicismo han sido llevados a un estado que abre las puertas a un nuevo mundo. Lo visionario y lo heroico de su perfil será un paradigma que alimentará todo el mundo decimonónico creando una extraña paradoja: cuanto más se apartaban sus composiciones de la norma, más se convertían en modelo y ejemplo para el mundo romántico.

Romanticismo

Raíces y rasgos del Romanticismo musical

Durante el siglo XVIII se había ido conformando el «público» tal y como se entiende en el sentido moderno del término. El incremento en el interés por el arte, en una actitud imitativa de la nobleza, produjo durante todo el siglo XIX un aumento de las actividades industriales relacionadas con la música, tanto en lo referido a la producción de música para aficionados, como a la fabricación de instrumentos para el cultivo doméstico, especialmente de la guitarra y de los instrumentos de la familia del teclado. También con raíces en el siglo anterior, el XIX fue el momento en que los periódicos especializados en música florecieron por doquier incluyendo en ellos artículos, críticas, noticias, anuncios y reportajes de corresponsales ubicados en diferentes ciudades.

En otro orden de cosas, los convulsos sucesos que afectaron a Europa durante la Revolución francesa y las guerras napoleónicas influyeron profundamente sobre el orden social. Una de las consecuencias fue el colapso del sistema de patronazgo ejercido principalmente por las cortes y por la Iglesia, lo cual supuso que el músico se viese impelido a afirmarse en lo que Mozart ya había apuntado: ejercer su labor como una profesión liberal. En este sentido, aunque contó con ciertos encargos de la nobleza, Beethoven siempre transitó por la arriesgada senda del artista libre. Otra consecuencia de la crisis del sistema de patronazgo fue la desaparición del sistema educativo y de formación de músicos que albergaba en su seno. Esto explica el porqué de que muchos compositores del XIX utilizasen vías distintas en su aprendizaje, sin necesidad de ser el resultado de una tradición familiar o

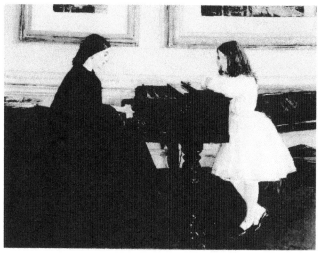

El piano es un elemento habitual en el mobiliario burgués
del siglo XIX. A través de él, y de las frecuentes adaptaciones
para teclado, se difundió y popularizó el repertorio
que dio a conocer la música de muchos autores.
Al piano (1859) de James Abbott McNeill Whistler
(1834-1903).

de una enseñanza de capilla, lo que propiciará, en cierto sentido, la desaparición paulatina de un único estilo
durante el transcurrir de la centuria. Institucionalmente
supondrá la aparición del conservatorio como alternativa, siendo su primer exponente el de París, fundado en
1795.

Desde una perspectiva estética, el cambio en la
valoración jerárquica de las artes, avalada por escritores como Wilhelm Heinrich Wackenroder (1773-1798)
o Ernest Theodor Amadeus Hoffmann (1776-1822) —
más conocido como E. T. A. Hoffmann—, desembocó
en la consideración de la música como un arte superior a las otras, incluso a la palabra. La música sería
capaz de expresar todo lo «misterioso» o «inefable» una

vez que el texto y la palabra agotan esta capacidad. Considera Hoffmann que para la música: «su única materia es el infinito». Para el filósofo Arthur Schopenhauer (1788-1860), el arte musical sobrepasa la realidad tangible. Esta visión ayudó a afianzar durante el siglo XIX la visión sacra, casi profética, del músico y del compositor entre la crítica y el público en general. La voluntad de superación a través de la música que confiesa Beethoven en su «Testamento de Heiligenstadt» es un síntoma de ello. Esta tendencia a la sublimación de los músicos y su labor creó el caldo de cultivo para la formulación de ideas tan actuales como la oposición entre una música «popular» y una «seria», o la dialéctica entre la necesidad de ser entendido y la de asumir el riesgo de la incomprensión, a la espera, quizá, de un público futuro que podría asumir las innovaciones. La consecuencia fue el nacimiento de una extensa literatura apologética y dialéctica, ejercida por compositores como Schumann, Berlioz o Wagner entre muchos otros, que argumentaba sobre la creación musical. Pero al compositor se la avecinaba otro desafío: el historicismo. Si las composiciones desde la Edad Media permanecían vigentes durante cierto tiempo para luego ser olvidadas, durante el siglo XIX se despertó un interés por la música del pasado, la cual comenzó a ser considerada ya no como algo superado, sino como obra con valor por sí misma. La consecuencia inmediata fue la ampliación del repertorio —de hecho, las obras de Beethoven nunca dejaron de ser ejecutadas—, la aparición de *revivals* de la que por entonces empezó a denominarse «música antigua» y, sobre todo, una nueva competencia para el compositor más allá de sus coetáneos, pero que por otra parte también le servía como estímulo para descubrir nuevas vías de creación al asomarse a la música pretérita.

Alrededor de la generación de 1810

El año 1810 unifica generacionalmente a una serie de autores nacidos en torno a él: Franz Liszt (1811-1886), Frederic Chopin (1810-1849), Félix Mendelssohn (1809-1847) y Robert Schuman (1810-1856). Este «trébol de cuatro hojas» simboliza el núcleo central del Romanticismo musical. Su obra en conjunto puede entenderse a través de varias perspectivas. Por un lado, su carrera se desenvuelve dentro del fenómeno de la aparición del virtuosismo. No es la primera vez en la historia que la capacidad de ejecución de alto nivel hacía acto de presencia, pero durante el siglo XIX esta adquiere un nuevo significado debido a su proyección social, gracias a la expansión del público y del consumo musical, a la aparición de la prensa especializada, a la exaltación de la figura del compositor y del músico y al ensanchamiento de una pedagogía que aumentaba las posibilidades técnicas de la interpretación. Chopin, Liszt o el violinista Niccolò Paganini (1782-1840) son muestras del virtuosismo donde composición y ejecución se convierten en un binomio que se retroalimenta. Aunque, si se le preguntase a un aficionado parisino de la época —París se convierte en la plaza capital para el reconocimiento de la más sofisticada interpretación—, tal vez apuntaría nombres como Friedrich Kalkbrenner (1745-1849) o Sigismund Thalberg (1812-1871), entre una legión de pianistas-compositores virtuosos que el tiempo ha eclipsado. Así se escribe la historia. Pero, en definitiva, es sobre el piano sobre el cual se despliega con mayor pujanza esta tendencia. Autores como el ya citado Clementi o Carl Czerny (1791-1857) habían contribuido decisivamente con su literatura pedagógica a un desarrollo técnico sin precedentes, sin olvidar la obra de pianistas-compositores como Jan Ladislav Dusek (1760-1812), Johann Nepomuk Hummel (1778-1837) o el mismo Beethoven.

Niccolò Paganini retratado por Jean August Dominique Ingres (1780-1867) en 1819. Paganini personifica los rasgos del ejecutante virtuoso del Romanticismo: alta popularidad, combinación de la faceta interpretativa con la compositiva y un cierto aire de misterio que lo convierte en una suerte de nexo hacia el «mundo de lo intangible», lugar al que la música permite acceder según los patrones estéticos del pensamiento romántico.

Esta es la tradición dentro de la que Franz Liszt desplegó su enorme talento desde muy temprana edad, uniéndolo a un intenso trabajo de horas de práctica. Su escritura desborda virtuosismo: trémolos, cadencias, pasajes de sextas, de octavas, trinos, melodía de carácter lírico acompañada por amplios arpegios, cierta fogosidad en algunos pasajes y, sobre todo, un concepto orquestal del piano, como por ejemplo en los pasajes melódicos desplegados sobre la mano izquierda. Esta última característica, la cual Beethoven ya había intuido, se halla relacionada con el hecho de que Liszt a mediados del siglo incrementó notablemente su producción orquestal. Por el contrario, Chopin centra su obra especialmente en el plano pianístico, con una aplastante mayoría de piezas concebidas en un único movimiento, muchas de las cuales albergan la forma de sonata de una manera tan peculiar que hasta el mismo Schumann no las veía como auténticas sonatas. Su origen polaco le lleva a inspirarse en aires típicos de su tierra como las *mazurkas* o las *polonesas* de aire rapsódico. No obstante, su catálogo cuenta mayormente con piezas de carácter evocativo, caso de los *nocturnos,* donde hay una influencia notable del creador de la forma, el pianista irlandés John Field (1782-1837), uno de los puntales del piano romántico. También *preludios,* los cuales reflejan distintos estados de ánimo y siguen el principio bachiano de transitar por diferentes tonalidades, o *baladas,* cuyo nombre está tomado del género literario homónimo. La obra de Chopin indaga sobre diferentes problemas técnicos, especialmente en sus *estudios,* que a la par son significativas obras de concierto. Su pulsación rítmica tiende al *rubato,* con cierta calidad improvisatoria, donde la melodía se halla ampliamente ornamentada siguiendo el estilo operístico del momento, con un importante uso del pedal que prolonga los sonidos del piano dotando a su música de una inconfundible borrosidad armónica.

Música y discurso: música y programa

El piano romántico no se agota en Liszt y Chopin. Otros autores desplegaron una importante producción. Valgan de ejemplo ciclos como *Canciones sin palabras* (1829-1845) de Mendelssohn, o *Carnaval* (1835) de Schumann, donde la composición se afianza sobre elementos extramusicales. Que este último autor establezca fuertes vínculos entre la música y la palabra nos conduce directamente a la cuestión de la música programática. Como hemos visto, la música instrumental comenzó a ser considerada como la cumbre de las realizaciones artísticas, siendo el sinfonismo algo que, iniciado en el clasicismo, había de trascender a multitud de géneros como el piano de Liszt, la ópera wagneriana, la obertura de concierto o el poema sinfónico, entre otros. Es así que se estableció una correlación discursiva entre la música y un contenido extramusical, habitualmente conocido como *programa,* al cual se apelaba en diversas direcciones. Así lo explicaba el mismo Liszt en 1855 a propósito de la sinfonía *Harold en Italia* (1834) de Héctor Berlioz: «El programa tiene en sí la facultad de transmitir características casi idénticas a las formas poéticas». En general, es difícil cuantificar hasta qué punto la idea de programa cuajaba, pues ello dependía en buena parte del autor y de ciertas consideraciones que no siempre eran especificadas con exactitud. De hecho, siempre hubo opiniones contrarias al uso del programa, caso del musicólogo Eduard Hanslick (1825-1904), el cual, a la hora de juzgar los poemas sinfónicos de Liszt, declaraba hacia 1857: «La música, ciertamente jamás será capaz de expresar algún objeto definido, o de representar sus características esenciales de modo que se los pueda reconocer sin título...». Sea como fuese, lo cierto es que la corriente sinfónica se desarrolló enormemente durante la plenitud. El propio Liszt decantó su producción hacia poemas sinfónicos como *Tasso* (1849, revisado en 1854) o *Hamlet* (1858), manteniendo una estrecha relación en cuanto a las perspectivas extramusicales con el ideario de Wagner, con el cual le unía una fuerte relación personal, entre otras razones por ser el padre de su segunda mujer, Cósima.

Mendelssohn es otro de los grandes cultivadores de lo sinfónico en esta generación. Su formación sistemática, que lo aleja de los modos de aprendizaje de otros compositores de la época, da como resultado una música de perspectivas más clásicas en cuanto a la claridad formal. Mendelssohn mira a los géneros del pasado desde una reelaboración romántica. Es el caso de sus oratorios *San Pablo* (1836) y *Elías* (1846), reinterpretaciones del género barroco. En el plano sinfónico destaca su labor como diseñador de un nuevo tipo de obertura, ajustando su duración a las necesidades estructurales del concierto o del inicio de obras escénicas, diferentes a la obertura operística que resultaba un tanto larga. Ejemplos de ellas son oberturas como *El sueño de una noche de verano* (1826) —quizá su obra más programática— o *Las Hébridas* (1830, revisión de 1832). La remodelación de este género supuso la creación de un lugar en donde muchos

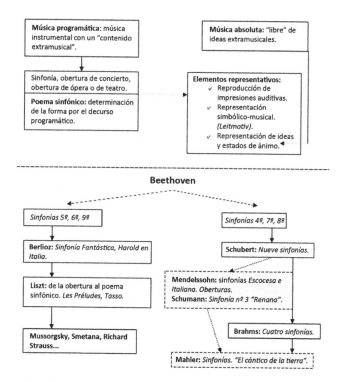

En la parte superior, algunos elementos caracterizadores de la *música programática*, esto es, con discurso extramusical, frente a la *música absoluta*, música pura sin referencias externas. Abajo, un posible intento de perfilar ambas corrientes a lo largo del siglo XIX: a la izquierda, la «programática»; a la derecha, la «absoluta», con algunos casos que pueden participar de ambas tendencias en los cuadros coloreados y con línea discontinua.

compositores pudieron experimentar ideas expresivas enmarcadas, por lo general, dentro de la forma de sonata. Mendelssohn cultivó también la música de cámara y la sinfonía, con muestras como su *Tercera Sinfonía*, «*Escocesa*» (1842) o la *Cuarta*, «*Italiana*» (1833), producto esta última de la impresión que le produjeron sus viajes a Italia entre 1830 y 1832.

Schumann compuso cuatro sinfonías, las cuales poseen la típica continuidad temática heredada del clasicismo pero con claros rasgos de intensificación romántica. Estas obras han sido tachadas en ocasiones de ser, desde el punto de vista orquestal, un tanto pesadas, aunque puede que ello se deba a las características de la orquesta que él mismo dirigía en Düsseldorf. Schumann puede considerarse un auténtico paradigma de lo romántico. Junto a su formación no sistemática —decide a los veinte años abandonar sus estudios de Derecho para dedicarse en pleno a la carrera de pianista—, se halla una fuerte vinculación con las letras y lo literario en general. Así, hijo como era de un librero y editor, se inició como crítico hasta llegar a fundar su propio periódico musical, el *Neue Zetischrift für Musik*, donde defendía su ideario que arremetía contra la *grand opera* y magnificaba el imaginario romántico de figuras del pasado como Bach y Beethoven, o contemporáneas como Chopin y Mendelssohn.

Héctor Berlioz (1803-1869) puede ser considerado un caso un tanto diferente. Su formación no se centra en el piano, con lo que sus exploraciones musicales se realizaban esencialmente sobre la partitura. No en vano redactó el *Gran tratado de orquestación e instrumentación moderna*, publicado por primera vez en 1843, el cual puede considerarse como la primera obra de este tipo en el sentido moderno, donde se explicitaba, no sólo las características de los instrumentos, sino sus posibilidades expresivas al servicio de la composición. Esta situación le produjo frecuentemente la incomprensión de sus coetáneos, de lo que es prueba el poco éxito de su ópera *Los troyanos* (1858). Esta circunstancia pareció convocarlo al cultivo de géneros instrumentales con aspectos narrativos y claramente programáticos, lo cual explica su especial sintonía con Liszt. Así, al lado de sinfonías como la ya citada *Harold en Italia* (1834) u oberturas como *El Carnaval romano* (1844), ideó lo que denominó *leyenda dramática*, cuya plasmación fue *La condenación de Fausto* (1846), obra para coro, solistas y orquesta, de carácter semidramático a medio camino entre la ópera y lo puramente musical. De cara al futuro, es importante la elaboración de la *idée fixe* que aporta Berlioz a través de su *Sinfonía Fantástica* (1830), donde un tema principal, asociado al personaje de la amada del protagonista, reaparece modificando su aspecto en cuanto al colorido tímbrico, ritmo o textura, en función del objeto, personas o escenas a las que la música pretende apelar en cada momento. Este proceder estará en la base del *leitmotiv* de Wagner, gran admirador de los ideales estéticos y musicales de Berlioz.

Lied: el maridaje de la voz y el piano

La unión de música y palabra durante el Romanticismo tiene otro de sus capítulos sobresalientes en el género del *lied,* esto es, la canción acompañada. A lo largo del siglo XVIII se habían creado en todos los países europeos canciones para solistas, cantatas u otros tipos de música vocal profana más allá de la ópera. En Alemania, y principalmente alrededor del núcleo berlinés, tomó cuerpo un tipo de *lied* sencillo, estrófico y con un tratamiento silábico del texto. Sin embargo, hacia finales de siglo descolló un nuevo tipo de canción: la *balada.* Este género poético alemán, a imitación de las baladas populares inglesas y escocesas, conquistó el favor del público con sus extensos poemas colmados de aventuras románticas y sucesos

Los *lieder* (canciones) de Schubert eran interpretados habitualmente en veladas que recibían el nombre de *schubertiadas*, en las que el compositor se reunía con sus amigos. En la imagen, la del 15 de diciembre de 1826 inmortalizada por Moritz von Schwind. Schubert, al piano, está flanqueado por Joseph von Spaun, propietario de la residencia, y el cantante Michael Volg.

sobrenaturales. Su variedad de atmósferas y su larga extensión exigía un tratamiento musical variado en cuanto a temas, texturas y contrastes, más allá del dibujo del *lied* estrófico. Esta concepción impulsó definitivamente la forma del *lied* romántico, cuyo primer gran cultivador fue el siempre avasallado por la adversidad de la enfermedad y de la indigencia Franz Schubert. Sus *lieder* aúnan la sencillez melódica con una gran intuición para el colorido armónico, con lejanas modulaciones o situaciones de suspenso de la tonalidad. Lo más inefable del poema se expresa a través de los recursos musicales. La capacidad expresiva del compositor es determinante: el poema deja de existir para convertirse en *lied*. Desde un punto de vista tipológico, Schubert desenvolvió diferentes variedades: desde el simple recurso de repetir melodía y acompañamiento en cada una de las estrofas, hasta un desarrollo constante donde melodía y acompañamiento son siempre

Robert Schumann: "Im wunderschönen Monat Mai". ("Dichterliebe"). (1840)

En el *lied*, texto y música se fusionan para lograr una unidad. En Schumann son frecuentes las intervenciones del piano, como en el preludio que aparece resaltado en la partitura.

nuevos siguiendo la acción del texto. Muchos de los *lieder* compuestos por Schubert se reúnen en bellos ciclos como *La bella molinera* (1823) o *Viaje de invierno* (1827), ambos con poemas de Wilhelm Müller (1794-1827). A ojos modernos, puede resultar llamativo que estas canciones no fueran interpretadas como obras de concierto, sino para veladas musicales en donde se reunían amigos del compositor y que recibían el nombre de *schubertiadas*.

La mayor parte de los compositores románticos escribieron *lieder*. Con Schumann, el *lied* muestra la faceta inquieta y expresiva del Romanticismo. El acompañamiento del piano crece en importancia, especialmente en preludios y postludios, envolviendo totalmente la escritura del teclado al texto, lo cual se puede apreciar en hermosos ciclos como *Amor y vida de una mujer* o *Amor de poeta*, ambos de 1840, con textos de Adelbert von Chamisso (1781-1838) y Heinrich Heine (1797-1856), respectivamente. También compusieron *lieder* Johannes Brahms (1833-1897) o

Franz Liszt: "Un sospiro". ("Tres estudios de concierto"). (1848)

En estos compases de Liszt conviven dos elementos frecuentes en la música del Romanticismo. La sencilla melodía de carácter lírico, la cual aparece resaltada, se sobrepone a un acompañamiento arpegiado de altos vuelos, dando lugar a una escritura a tres partes.

Gustav Mahler (1860-1911), de quienes hablaremos más tarde. La composición de canciones se convirtió en un género muy apreciado durante el siglo XIX más allá del ámbito germano. Gabriel Fauré (1845-1924) en Francia, Modest Mussorgsky (1839-1881) en Rusia, o Marcial del Adalid (1826-1881) en España son prueba de ello.

El interior del sonido romántico

¿Cómo se ha modificado internamente el legado clásico y hacia dónde tenderá a finales de siglo? La música en el XIX caminará hacia la disolución de la claridad armónica heredada del clasicismo por el paradójico proceso de intensificar algunos aspectos propiamente tonales: uso del cromatismo, de acordes con funciones diferentes o de nuevas relaciones interválicas. La melodía suele preferirse sencilla y expresiva, en contraste con otro tipo de complejidades. El ritmo basado en el compás regular también buscará la expresividad mediante el uso de anticipaciones, de grupos de valoración especial o del tempo *rubato*. Aunque se cultivarán géneros de pequeño formato como el *lied* o el cuarteto de cuerda, el crecimiento de la orquesta aumentará las posibilidades tímbricas derivadas del desarrollo y mejora de los instrumentos, especialmente en la familia del viento, donde se perfecciona el sistema de llaves en las maderas y se incorporan pistones y válvulas a los metales. A menudo, esta versatilidad estará al servicio de la expresión de aspectos programáticos. En muchas ocasiones las enormes plantillas de obras de autores como Wagner, Mahler o Strauss, han dado pie a hablar del «gigantismo» orquestal.

La apoteosis operística

Panorama de la ópera a principios de siglo

«*I puritani* me ha situado en el lugar que me correspondía, es decir, el primero después de Rossini». El compositor Vincenzo Bellini (1801-1835) se dirigía de esta forma a su tío Vincenzo en una carta en la que le narraba cómo la ópera *Los puritanos* (1835) le había granjeado el éxito en París por encima de su máximo rival, el también autor de ópera Gaetano Donizetti (1797-1848). El género operístico, como nos referimos a propósito de Beethoven, es uno de los campos en donde el compositor se consagra de una manera definitiva. En la Italia del Novecento, la ópera se convierte en el espectáculo por antonomasia. La geografía está salpicada de una red de teatros viva y vigorosa, con nombres que resuenan hasta la actualidad: La Fenice de Venecia, La Scala de Milán o San Carlo de Nápoles, entre tantos otros. A pesar de la pujanza de la *grand opera* francesa, la ópera italiana, que todavía dará buenos ejemplos en su modalidad *buffa,* encontrará su forma definitiva en la gran ópera seria, con temas dramáticos muchas veces inspirados en la literatura de autores como Shakespeare o Schiller. A diferencia de lo que será el drama wagneriano, la música siempre mantiene su autonomía, desplegándose en formas independientes, destacando entre ellas el aria a dos partes, donde una *cabaletta* de aire *cantabile* es completada con una *stretta*, o parte final más animada, o los finales concertantes y de grupo. Tres nombres destacan en este primer tercio de siglo. Primeramente, Gioacchino Rossini (1792-1868). Su obra ofrece aspectos conservadores, con escenarios propios del clasicismo, como su ópera *El barbero de Sevilla* (1816), una visita al drama que Mozart ya había abordado en *Las bodas de Fígaro*. Rossini disfrutó de una carrera exitosa desde sus comienzos, con obras como *Tancredi* (1813) o *La italiana en Argel* (1813), hasta sus últimas como *Semiramide* (1823) o *Guillermo Tell* (1829). Curiosamente, en 1837, habiendo logrado el éxito en lo económico y la aclamación del público, decide dejar la composición operística, realizando únicamente alguna página de carácter sacro con posteridad. Otro nombre notable fue el mencionado Bellini, cuya ópera más famosa, habitual en el repertorio actual, es *Norma* (1831), donde despliega su característico estilo basado en líneas vocales exquisitamente proporcionadas. Su rival, Donizetti, compuso más de setenta óperas, en su mayoría dramáticas, como *Lucia di Lammermoor* (1835), aunque también alguna *buffa,* como *Don Pasquale* (1843). Su manejo de escenas dramáticamente complejas a través de la línea melódica, la armonía y el color resulta extraordinario, poniendo las bases de muchos de los posteriores hallazgos de Verdi.

Rossini fijó su residencia en París en 1828. Donizetti lo hizo una década más tarde, como si del sucesor del primero se tratase. La capital francesa, tras los acontecimientos políticos de la Revolución y el período napoleónico, se convierte en el centro operístico por excelencia, con su «santuario» ubicado en la Gran Ópera de París, lugar donde autores de toda Europa anhelan estrenar sus trabajos. El género francés por excelencia es la *grand opera*. En él se reflejan, con compleja monumentalidad, la conciencia de la sociedad burguesa, en especial durante el reinado de Luis Felipe de Orleáns (1830-1848). El libretista por antonomasia será Eugène Scribe (1791-1861), maestro del género. El ambiente de estas óperas se desliga del clasicismo y resulta netamente romántico. Los temas suelen frecuentar la Edad Media o épocas posteriores. El aire es nacionalista, a veces desde una perspectiva muy colorista, con escenas de grandes masas y sorprendentes giros de acción. Musicalmente aparecen todos los medios musicales ligados al melodrama del momento: *romanzas*, arias, finales concertantes, ballet, gran orquesta, recitativos acompañados o grandes coros representando al pueblo. En definitiva, una amalgama muy del gusto burgués. Si el principal precursor del género fue Gasparo Spontini (1774-1851) con obras como *La Vestale* (1807), el autor por excelencia fue el compositor de origen alemán Giacomo Meyerbeer (1791-1864), con melodramas como *Robert le diable* (1831) o *Los Hugonotes* (1836).

Mientras tanto, en Alemania comenzaba a cristalizar un género operístico autóctono, afecto a la temática legendaria, con una importante vinculación con la naturaleza y los asuntos fantásticos y sobrenaturales. Así se manifiesta en las obras escénicas de Karl Maria von Weber (1786-1826), *Der Freischütz* (*'El cazador furtivo'*, 1821), u *Oberon* (1826). Ambas ilustran las características de la ópera en territorio germano: la obertura como prefiguración de la atmósfera de la historia, el uso del diálogo en vez del recitativo, en clara sintonía con la tradición del *singspiel*, la aparición del *lied* junto al aria, la instrumentación colorista, las culminaciones concertantes propias de la época, o el uso de motivos musicales recurrentes que paulatinamente aparecen una y otra vez creando una unidad dramática y musical.

La búsqueda de la veracidad dramática:
Verdi y Wagner

«¡Viva Verdi!». Entre 1859 y 1861 esta aclamación recorría la península transalpina en un momento en que la popularidad del compositor Giuseppe Verdi (1813-1901) estaba lo suficientemente consolidada. Sin embargo, este grito era realmente un acróstico que escondía las iniciales de las palabras: «¡Viva Vittorio Emanuele Re D'Italia!», en alusión al monarca piamontés Víctor Manuel II (1861-1878), figura clave de la unificación de la nación italiana. Este suceso nos muestra una de las constantes en la vida de Verdi desde el principio de su carrera: la conexión con los hechos históricos que le rodearon. No en vano llegó a ser elegido parlamentario en 1860 en el primer Parlamento italiano. Nacido en Roncole, sus comienzos fueron realmente poco gratificantes. Rechazada su solicitud de ingreso en el Conservatorio de Milán con dieciocho años de edad, pierde a su mujer y a dos hijos en 1839. Sin embargo, en ese mismo año obtiene su primer éxito con *Oberto*. En sus siguientes creaciones se observa esa conexión con los acontecimientos de la época. El coro de los esclavos de su gran éxito *Nabucco* (1842) o el de los exiliados escoceses que clama por su patria de *Macbeth* (1847) eran entendidos en el contexto del fervor patriótico del *Risorgimento* como una apelación del pueblo italiano a liberarse de la dominación austriaca. Con *Ernani* (1844), inicia su larga colaboración con Francisco Maria Piave (1810-1876), el cual le proporcionó excelentes libretos durante los siguientes veinticinco años. El estilo de estas óperas todavía alberga ciertas reminiscencias de Rossini en cuanto a los pasajes de conjunto, y de Donizzeti y Bellini en el uso de un melodismo de perfil regular. No obstante, se observa ya la tendencia del autor a buscar en un nuevo marco, la *escena,* la manera en la cual desarrollar la acción, reduciendo las zonas de recitativo, aportando además los característicos coros al unísono como el muy popular «*Va pensiero*» de *Nabucco*. También es esta época en donde toma cuerpo su genuina escritura para barítono, dando lugar al conocido como *barítono dramático*.

Hacia 1850 se produce uno de los momentos culminantes de la creación verdina, logrando un importante reconocimiento internacional. En este período, el autor hace caer la acción dramática especialmente en los dúos, con parejas de personajes perfectamente caracterizados individualmente en aras de una exploración de las relaciones humanas. Es el caso del padre y la hija en *Rigoletto* (1851), o los amantes de *La Traviatta* (1853). En sucesivas producciones, Verdi empezó a mostrar interés por obras de mayor grandiosidad, donde los conflictos personales podían reflejar a su vez el de grupos sociales o naciones incluso. Esta tendencia a la monumentalidad, debida en buena parte a la influencia de la *grand opera* francesa, aparece en *Las vísperas sicilianas* (1855), *Don Carlo* (1867) o *Aída* (1871), encargo esta última para la inauguración del Canal de Suez. En todo este período las estructuras se flexibilizan en pos del desarrollo de la acción. Así, el aria no posee una forma general, sino que ofrece aspectos multifuncionales, siendo, normalmente, el acompañamiento de tipo tonal, con balances nítidos entre tónica y dominante.

Hacia 1870 Verdi pasa grandes retiros en su finca de Sant´Agata, poco dispuesto a componer nuevas óperas. De hecho, estrena su *Réquiem* en 1873 en homenaje a su amigo, recientemente fallecido, el poeta Manzoni, aunque la obra había sido proyectada cinco años antes pensando en la muerte de Rossini. Sin embargo, en colaboración con el poeta y compositor Arrigo Boito (1842-1918), estrenó *Otello* en La Scala en 1887. En esta obra, Verdi supera todo vestigio de la vieja estructura aria-recitativo, alcanzando una continuidad por medio de un *arioso* que tiende hacia la reflexión o la acción según las

Dos formas de sentarse hacia 1867. Las enormes figuras de Wagner, a la derecha, y Verdi, a la izquierda, dominan la escena operística decimonónica.

necesidades del drama, dejando vía libre a lo que será el *verismo*. Este principio, unido a la fuerza que proporcionaba la orquesta y a un mayor cromatismo y contrapunto en el lenguaje armónico, ha suscitado el debate de hasta qué punto la influencia de Wagner se puede rastrear en el último Verdi. Aunque el autor italiano buscaba una continuidad en la música que engarzase con el dibujo de los distintos estados emocionales de la acción dramática, él mismo negaba la influencia del compositor germano. Ciertamente su música conserva un revestimiento tonal y una regularidad métrica muy diferente de lo wagneriano, incluso en su última y *buffa* ópera *Falstaff* (1893).

Lo que resulta verdaderamente incuestionable es el impacto del alemán Richard Wagner (1813-1883) en la Europa del XIX. Su obra es uno de los sucesos musicales por excelencia del siglo. «El drama no es un género musical y, menos aún, literario; no es un nuevo arte que pueda convivir con las demás artes: el drama es el único arte completo, verdadero y posible». Así se expresaba en su obra *Ópera y drama* (1850). El compositor busca a través de la ópera su *gesamtkuswerk*, 'la obra de arte total', que englobe todas las expresiones artísticas, principio que defenderá a lo largo de su extensa prosa apologética en textos como *Arte y revolución* o *La obra de arte del futuro,* ambas de 1849. Wagner nació en Leipzig y recibió su primera instrucción musical curiosamente donde Bach había impartido su último magisterio. Sus primeras obras fueron *Rienzi* (1842), deudora de la *grand opera,* y el *Holandés errante* (1843), cuya temática sobrenatural lo vincula con *Der Freischütz* de Weber. También en esta época escribe *Tannhäuser* (1845) y *Lohengrin* (1847), ambas ambientadas en la Edad Media. En ellas surgen, a veces de forma embrionaria, elementos que se desarrollarán posteriormente: la idea de la redención por amor, la escritura hacia un *arioso* en combinación con motivos, el despliegue orquestal como forma de potenciación del drama, la redefinición de la obertura como resumen del drama al que precede, una incipiente polifonía cromática o el hecho de ser su propio libretista. En 1848, huye al ser sorprendido en actividades revolucionarias, estableciéndose en la ciudad suiza de Zürich. Durante estos años viaja por Europa empezando a ser conocido. En 1857 inicia la composición de *Tristán e Isolda, ópera* que estrenará tiempo más tarde, y también la de su monumental *Anillo del nibelungo*, que realizará a lo largo de veinte años.

El hecho más significativo en sus últimos años fue la invitación del príncipe Luis II de Baviera a Múnich en 1864. Wagner comienza su andadura por la corte gozando de la protección del príncipe para sus empresas, lo cual termina causando no pocos quebraderos de cabeza, dado el enorme gasto que a las arcas del reino suponían los proyectos del músico, así como sus libertades de movimiento que no eran del gusto de muchos de los integrantes de dicha corte. Tras los *Maestros cantores* (1868), estrena en 1876 el ciclo completo del *Anillo del nibelungo*, que había finalizado dos años antes. El acontecimiento tuvo lugar durante el primer festival de Bayreuth. En dicha localidad Wagner había logrado que se edificase un teatro preparado ex profeso para la representación de la obra. Algo más tarde, en el mismo festival se representaría su última creación, *Parsifal* (1882), un año antes de su muerte en Venecia. En esta ópera reaparece el tema de la redención por amor dentro de una temática perteneciente al ciclo artúrico.

El *Anillo del Nibelungo* es un ciclo de cuatro óperas que Wagner compuso a lo largo de dos décadas: *El oro del Rin, La Valkiria, Sigfrido* y *El ocaso de los dioses*. En esta trama aparecen las andanzas de dioses, semidioses, guerreros y otras criaturas de la mitología germana. Se representa a lo largo de cuatro jornadas, sobrepasando el total de las obras las dieciocho horas de duración. Como en otros melodramas wagnerianos, el autor hace un amplio uso del *leitmotiv*, esto es, un tema musical asociado con alguna persona, objeto o idea, que funciona como motivo conductor, creando una trama de ideas musicales que posibilitan el desarrollo, proceder que en el fondo tiene una inspiración muy beethoveniana. La asociación del *leitmotiv* se establece con la aparición primera, normalmente ejecutada por la orquesta, repitiéndose en las apariciones subsiguientes. Pero es algo más que una etiqueta musical. Acumula significaciones al aparecer transformado según las ocasiones, pudiendo recordar al objeto o persona no presente, combinándose contrapuntísticamente o estableciendo similitudes con otros *leitmotiv*. La textura musical está hecha de narración y diálogo, en un continuo en el que no hay rastro de aria, canciones o recitativo. Wagner veía en la mitología una realidad que albergaba verdades profundas y ocultas al hombre presente por pertenecer a un pasado remoto.

Richard Wagner: "Marcha fúnebre de Sigfrido". ("El ocaso de los dioses")

pícolo	4 trompas	4 timbales
3 flautas	3 trompetas	triángulo
3 oboes	trompeta bajo	platillos
corno inglés	4 trombones	tambor tenor
3 clarinetes	2 tubas tenores	
clarinete bajo	2 tubas bajos	6 arpas
3 fagotes	tuba contrabajo	gran sección de cuerda

Algunas claves de la producción wagneriana a través de uno de los pasajes de su ópera *El ocaso de los dioses*. Arriba, la enorme plantilla instrumental requerida muestra la tendencia al gigantismo orquestal de la segunda mitad del siglo XIX. Abajo, algunos de los *leitmotiv*, temas musicales vinculados a personas, ideas u objetos, que el autor utiliza para desplegar su ideal compositivo.

El *Anillo del nibelungo* es una obra de tal empaque que ha suscitado todo tipo de interpretaciones: desde un manifiesto socialista hasta un alegato racista de tipo nazi, pasando por ser considerada un estudio de la psique humana o la parábola de la nueva sociedad industrial. Es una prueba más del impacto del autor. Tras su muerte, se fundaron a lo largo de Europa sociedades wagnerianas, mientras aparecía una fogosa dialéctica entre partidarios y detractores que invadió literalmente la cultura musical de aquel entonces. Bayreuth y sus sucesivos festivales se convirtieron en un «santuario» al que peregrinaba gente tan variada como el compositor Gustav Mahler, el escritor irlandés George Bernard Shaw e incluso músicos poco propensos a manifestarse como prowagnerianos como el compositor francés Claude Debussy, del que hablaremos en el siguiente capítulo.

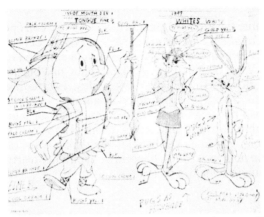

El impacto de lo wagneriano. En 1957, Chuck Jones dirigió un corto animado titulado *What's opera, Doc?* con música tomada de diversas óperas de Wagner. Elmer interpretaba a Sigfrido y Bugs Bunny a la valquiria Brunilda, como se puede ver en los diseños de la imagen. El wagnerianismo hacía su entrada en la deconstrucción posmoderna.

Durante la segunda mitad del siglo, la composición de ópera abarcó a muchos otros creadores, más allá de las abrumadoras personalidades de Verdi y Wagner. En Francia, Jacques Offenbach (1819-1880), aunque realizó óperas serias, ha pasado a la historia principalmente por sus composiciones dentro del género ligero de la opereta, caso de su *Orfeo en los Infiernos* (1858), donde los dioses llegan a bailar un cancán. A su lado, figuran Charles Gounod (1818-1893), con su *Fausto* (1859), y especialmente George Bizet (1838-1875), cuya famosa ópera *Carmen* (1875) consiguió llevar al escenario lírico un nuevo realismo en cuanto al tratamiento de las pasiones de sus personajes. En Italia, precisamente en consonancia con el realismo no sólo de la obra de Bizet, sino del que florecía en lo literario y lo pictórico a lo largo de Europa, aparece el *verismo*, cuyo primer compositor importante fue Pietro Mascagni (1863-1945), con óperas como *Cavalleria Rusticana* (1889), o *Pagliacci* (1891). En el *verismo* hay una reacción contra la emoción exaltada de Verdi o la imaginería wagneriana, una búsqueda de aspectos más cotidianos y sociales. Esta corriente afectó en distinto grado a diversos autores, siendo quizá el caso más significado el del gran operista italiano del cambio de siglo, Giacomo Puccini (1858-1924). La influencia *verista* es verificable en alguna de sus obras como *La bohème* (1896), historia de aspirantes a artistas en el mundo bohemio de París.

POSROMANTICISMO

Caminos para finalizar un siglo

Más allá de defensores y detractores, es indudable que el estilo wagneriano, cuyo paradigma podría radicar en su *Tristán e Isolda* y en su muy debatido y analizado hasta la saciedad acorde inicial, afectó a la composición posterior profundamente. Su armonía, influida por el lenguaje cromático de Liszt, con constantes alteraciones, desplazamientos tonales y vaguedad en progresiones y resoluciones, produjeron un novedoso sonido que encauzaría los desarrollos de la música en los últimos decenios del siglo. De esta guisa, en la gran tradición germano-austriaca, las corrientes de creación se movieron en un balance entre tendencias conservadoras y avanzadas. En el caso de Johannes Brahms (1833-1897), su obra se entronca en el pasado, en especial en la tradición vienesa de Beethoven o Schubert en cuanto a procedimientos y estructura formal, sobre la que se solapa una rigurosa instrucción en contrapunto y un tipo de textura y ritmo acorde con el estilo de Schumann. Precisamente fue este último compositor el que proclamó la genialidad del joven Johannes en un artículo publicado en 1853. Además, Brahms mantuvo una intensa relación con la mujer de Schumann, Clara Schumann (1819-1896), pianista y compositora de gran talento, de la cual solía requerir su opinión sobre sus nuevas obras. Clara, al lado de la hermana mayor de Mendelssohn, Fanny (1805-1847), son dos personalidades decisivas en la música de su época, con éxito a los ojos de una sociedad que desaprobaba la participación profesional de la mujer en cualquier ámbito. Volviendo a Brahms, su estilo se aleja de lo programático y de la retórica wagneriana. No en vano Hanslick lo consideraba uno de los ejemplos por antonomasia de la *música absoluta*, es decir, aquella ajena a planteamientos extramusicales. Así, en sus cuatro sinfonías, escritas en una etapa ya madura, se observan rasgos clasicistas como la articulación en cuatro movimientos o el tipo de desarrollo motívico. En la antinomia que se crea a través de la lucha entre tonalidad mayor y menor de la *Tercera Sinfonía* (1883), o en el uso de treinta y dos variaciones sobre un bajo en el último tiempo de la *Cuarta Sinfonía* (1885), se cierne la alargada sombra de Beethoven. Yendo más allá, su interés por Bach, algo frecuente en el magma musical decimonónico, se refleja en la fuga final de su *Réquiem alemán* (1867-1869), peculiar réquiem construido sobre una selección de textos bíblicos que hablan de la muerte y no sobre el texto canónico.

Anton Bruckner (1824-1896) también puede situarse, en cierta medida, en corrientes más conservadoras, si bien desde otra perspectiva, más relacionada con la música sacra, con su largo aprendizaje en el mundo eclesiástico y con la polifonía antigua, en especial de Palestrina. De una forma próxima a Brahms, sus nueve sinfonías presentan rasgos tradicionales en lo que respecta al uso de los cuatro movimientos, y la relación que se establece entre el primero y el último dentro de

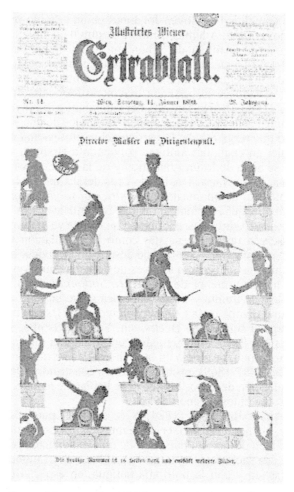

La figura del compositor Mahler está íntimamente ligada a su faceta como director, como puede observarse en estas famosas siluetas publicadas en 1899 elaboradas por Otto Böhler.

las coordenadas de la forma de sonata. Si para esta estructura el elemento subyacente es la *Novena Sinfonía* de Beethoven, su gigantismo posromántico, apreciable en el enorme desarrollo de sus estructuras temporales, parte de su admiración a Wagner. La ralentización de los procesos musicales, caso de enormes áreas estáticas desde el punto de vista armónico, unido a cierta sensación diatónica en unas ocasiones, modal en otras, lejana al cromatismo de autores coetáneos, ha hecho que se haya querido apreciar en Bruckner un cierto orden metafísico relacionado con la filosofía de Schopenhauer.

Nacido en el pueblo bohemio de Kalischt, Gustav Mahler (1860-1911) transita por diferentes derroteros. Su actividad es indisoluble de su labor como director de orquesta en diversas plazas: Leipzig, Hamburgo, Budapest, Viena, destino este que seguramente influyó a la hora de dejar su fe judía y bautizarse en aras de conseguir el puesto, o Nueva York al final de su carrera, lo que le convertía según sus propias palabras en un «compositor de verano». Aparte de sus canciones o ciclo de canciones, algunas como su hermosa *Canción de la tierra* (1909), auténtica obra sinfónica compuesta por seis canciones orquestales para tenor y contralto alternativamente, su campo de acción principal es la sinfonía. En ellas varía el número de partes, cuatro en las *Primera, Sexta* y *Novena,* dos solo en la *Octava,* o los «ingredientes» sinfónicos, como el uso de la voz en la más pura tradición heredada de la *Novena* de Beethoven, como por ejemplo el coro femenino de su *Segunda Sinfonía,* la canción para soprano del final de la *Quinta,* o la gran masa de solistas y coros en la *Octava,* también conocida como *Sinfonía de los mil.* La relación con Bruckner en cuanto a la gran dimensión posromántica es evidente tanto en el tamaño de las plantillas como en la dimensión temporal de sus obras. No obstante, el gigantismo en Mahler posee otro cariz idiomático. Pueden encontrase con facilidad texturas polifónicas, también bajo la órbita de las corrientes ponderadoras de Bach, frente al gran relleno orquestal de autores coetáneos, así como un depurado trabajo en cuanto a la técnica orquestal, a la que no es ajena su labor como director. La textura resulta así clara en líneas melódicas y acompañamientos. Asimismo, Mahler proyecta un nuevo enfoque en cuanto a las relaciones armónicas, enarbolando la bandera de la ambigüedad en el manejo de áreas tonales, finalizando en ocasiones con una tonalidad diferente a la del comienzo de la obra, caso de la *Séptima Sinfonía,* la cual establece un camino de *mi* menor a *do* a lo largo de la composición. Lo mahleriano otorga una sensación de flujo de ideas nuevas, yuxtaponiendo elementos extraídos del mundo de las marchas, del repertorio de la música popular o de músicas de salón y café que había conocido en su juventud. Así, el tercer movimiento de su *Primera Sinfonía sinfonía «Titán»* comienza con un inquietante guiño consistente en utilizar el famoso canon popular *Frère Jacques* en tono menor. De esta forma, se ha hablado de su capacidad para metamorfosear lo familiar y lo simple. La transformación de color que se realiza en algunas de sus obras ha llevado a considerar que sus últimas composiciones apuntaban hacia una «melodía de timbres», aspecto que utilizará Schoenberg en el siglo siguiente.

El alemán Richard Strauss (1864-1949), al igual que Mahler, une las facetas de director y compositor volcado en el sinfonismo extenso. Con todo, Strauss se inclina más hacia la tradición programática en cuanto al uso del poema sinfónico, con ejemplos como *Así habló Zaratustra* (1896), popularizado en la centuria siguiente por su presencia en la película *2001: una odisea del espacio* (1968). En dichos poemas conviven elementos ligados a lo tradicional, como la forma de sonata de *Muerte y transfiguración* (1890), con pasajes realmente avanzados, caso de la experimentación

tímbrica del «pasaje de las ovejas» de *Don Quixote* (1897).
Casi sin pretenderlo, Mahler y Strauss aparecieron como
rivales de cara al gran público. El contenido de esta dicotomía estribaba en apreciar quién era el portador de la gran
tradición germano-austriaca. A ojos del auditorio de entonces Strauss terminó gozando de mayor reconocimiento
que el primero, a pesar de que se dice que el viejo Brahms
señalaba a Gustav como el auténtico depositario de los
valores de la música alemana. Sea como fuese, esta concepción de lo programático en Strauss se extiende a sus
producciones operísticas como *Salomé* (1905) o *Electra*
(1909). Estas obras escénicas utilizan un cromatismo extremo y disonancias exploratorias, con acordes sin valor
funcional, buscando cierto nivel simbólico. A pesar de su
longeva vida, Strauss, a partir de *El caballero de la rosa*
(1911), parece abandonar el camino de la experimentación
para adoptar un rumbo más conservador.

Realmente, la nómina de compositores en activo durante los últimos años del XIX es muy amplia. En Alemania, entre otros, destaca Max Reger (1873-1916), el cual
se sitúa lejano a discursos programáticos, manipulando
con habilidad los logros armónicos de su tiempo en combinación con un contrapunto nacido de su admiración por
Bach. En el otro polo, el vienés Hugo Wolf (1860-1903),
partidario defensor del estilo wagneriano, centra su composición en el campo del *lied*. Dentro del *fin de siécle*
francés, César Franck (1822-1890) exploró la forma cíclica y la forma de sonata dentro del lenguaje de la época,
como en su ampliamente interpretada *Sonata en la para
violín* (1886). Camille Saint-Saëns (1835-1921), habiendo sido defensor de la música más avanzada en sus inicios, como demuestra su *Danza macabra* (1874), poema
sinfónico muy en la órbita de Liszt, pasó posteriormente
a planteamientos más conservadores. Quien resulta absolutamente original es Gabriel Fauré (1845-1924), antici-
pador del estilo de Debussy al dar un papel colorístico a

los acordes, a veces con funciones equívocas. Asimismo, compuso música incidental, un *Réquiem* (1888), original en cuanto a su capacidad para subrayar la idea de reposo frente al tradicional terror del juicio último y, sobre todo, un gran número de canciones debido a la gran acogida que los *lieder* de Schubert tuvieron en Francia.

Las escuelas nacionales

El siglo XIX es el siglo de la emergencia del nacionalismo a lo largo y ancho de la geografía europea. Esta corriente se manifiesta como la exaltación de las culturas locales, sea en lo folclórico, en lo legendario o en las costumbres. Este alejamiento del legado grecolatino, así como del mundo clasicista y racionalista, supuso musicalmente una mirada a las tradiciones autóctonas, buscando en ellas la posibilidad de extraer nuevos materiales sonoros. El resultado final en aquellos lugares en donde se trató de cimentar una escuela propia osciló entre la utilización de elementos musicales vernáculos, de una forma literal o evocada, y la adscripción a las corrientes musicales generales, en particular a la tradición germano-austriaca. Siguiendo estos principios, en los países eslavos destaca el bohemio Bedrich Smetana (1824-1884). Admirador de Liszt, compuso un ciclo de seis poemas sinfónicos titulado *Má vlast* (‘*Mi patria*’, 1872-1879), de los cuales *El Moldava*, que describe el discurrir del río homónimo, ha llegado a ser el más renombrado. La vocación extramusical y discursiva del poema sinfónico hizo que se convirtiese en un vehículo de expresión idóneo para canalizar sentimientos nacionales a través de la música. Al lado, la capacidad de la ópera para ilustrar temas autóctonos o patrióticos tampoco fue desdeñada, caso del *Dalibor* (1868), del mismo Smetana. Siguiendo en el ámbito eslavo, Antonín

Dvořák (1841-1904) ofrece un cierto equilibrio entre el uso de un lenguaje clásico en la línea de Brahms y la asimilación de elementos del folclore checo como los ritmos de *hemiola,* el diatonismo, la modalidad, el pentatonismo o los metros sacados de danzas populares como la *skočna*. Así se advierte en su producción, desde obras como las *Danzas eslavas* (1878 y 1887), hasta sus nueve sinfonías, de las cuales ha llegado a ser particularmente popular la *Novena* o *«Del Nuevo Mundo»* (1893), adaptación del folclore conocido por Dvořák durante su estancia en Estados Unidos. En esta sinfonía se rebasa el interés por las tradiciones propias del entorno inmediato del compositor, conduciéndolo hacia el aprecio e interés por culturas ajenas. En los países nórdicos destacan el danés Carl August Nielsen (1865-1931) y, sobre todo, el noruego Edvard Grieg (1843-1907). La obra de Grieg acoge rasgos autóctonos de ambiente modal, con células repetitivas, o interválicas características de cuarta aumentada, apreciables en sus diversos ciclos de canciones sobre textos noruegos, en sus *Slåtter* o 'danzas campesinas' arregladas para piano (1869) o en su celebradísimas *suites de Peer Gynt* (1876).

Pero si hay una nación en la cual se acredita una corriente musical de marcadas características propias, esa es Rusia. Hay tres aspectos para entender la eclosión de esta escuela. En primer lugar, debe señalarse al compositor Mikhail Ivanovich Glinka (1804-1857), el cual, a pesar de traslucir una notable influencia de los melodramas francés e italiano, se puede considerar como el autor de la primera ópera rusa importante, *Una vida por el Zar* (1836), con elementos autóctonos o de inspiración autóctona tales como melodías populares o al estilo popular, giros repetitivos, fraseo irregular o uso del pentantonismo. La trascendencia de Glinka lo convierte en un modelo para el futuro estilo ruso, sobre todo con su segunda ópera *Ruslan y Lyudmila* (1842). En segundo lugar, Alexander Dargomizhsky (1813-1869), influyente colega de Glinka, al aplicar el sistema de declamación de la poesía rusa, y, por otra parte, buscando el ser fiel a las características del habla propia, creó una particular línea de entonación entre lo arioso y lo recitado, combinándolo con elementos de inspiración popular en creaciones como su ópera *Russalka* (1856). Finalmente, hay que tener en cuenta las feroces invectivas que críticos musicales como Alexander Serov (1820-1871 o Vladimir Stasov (1824-1906) vertían contra instituciones como el Conservatorio de Música y la Sociedad Musical Rusa, creadas bajo el auspicio del pianista y compositor Anton Rubinstein (1829-1894), acusándolas de ser meros defensores de un modelo extranjero de estilo musical basado en la tradición alemana.

En este caldo de cultivo se entiende la aparición del grupo de los «Cinco rusos», denominación de procedencia francesa ya que ellos nunca se autodenominaron de tal manera. Está «manada poderosa», tal y como los bautizó Stasov, se caracterizaba por un acusado aprendizaje de tipo *amateur* y una ausencia de educación sistemática, por una cierta ambigüedad entre lo ruso y lo occidental, y por una exigencia de actividades profesionales ajenas a la música. Así, Modest Mussorgsky (1839-1881) era oficial de la Armada; Nicolay Rimski-Korsakov (1844-1908), oficial de Marina; Cesar Cui (1835-1918), ingeniero militar; Alexander Bodorin (1833-1887), un químico cuyo ensayo *Sobre el efecto del yoduro etílico en la hidrobenzamida y la marina* fue tan célebre como su ópera *El príncipe Igor* (estreno póstumo en 1890). A este cuarteto debemos unir el nombre de Mily Alexeyevich Balakirev (1837-1910), fundador de la «nueva escuela rusa» (1862), opositora de las instituciones oficiales, y en algunos momentos aglutinador y coordinador del grupo. Cesar Cui nos puede dar las claves del grupo en sus propias palabras: «No sentíamos ningún respeto hacia Mozart y

Mendelssohn; al último lo enfrentábamos a Schumann. [...] Sentíamos un gran entusiasmo por Liszt y Berlioz. Adorábamos a Chopin y a Glinka. Sosteníamos acalorados debates [...], discutíamos sobre las formas musicales, la música programática, la vocal y, en especial, el género operístico». El diletantismo del grupo, o su falta de formación académica, se puede rastrear en casos como el del poema sinfónico de Mussorgsky *Una noche en el monte pelado* (1867), sometido a revisión por Rimski-Korsakov, quizá el autor de formación más sólida del grupo, que lo demuestra por haber escrito excelentes y variados tratados de orquestación reunidos y recopilados entre 1873 y 1908. Sin embargo, la versión original del poema de Mussorgsky, que tuvo que esperar a 1968 para ser estrenada, muestra otros matices y rasgos interesantes que iban más allá de lo que Korsakov consideraba como errores. Mussorgsky, en contacto con Dargomizhsky y con el realismo de la novela rusa, al igual que sus compañeros, ofrece fuertes innovaciones armónicas en sus diversos ciclos de canciones escritos entre 1870 y 1879, y un novedoso planteamiento narrativo en sus obras escénicas, como en *Boris Godunov* (1869, revisada en 1873), en la cual el libreto se muestra a través de veinticuatro escenas a modo de cuadros independientes cuyo único nexo parece estar en los motivos melódicos asociados a los personajes. También en las óperas de Rimski-Korsakov, como *La doncella de nieve* (1881) o *Sadko* (1896), aparecen rasgos que perdurarán en el futuro estilo ruso, bien representado por Stravinski, el cual abordaremos en el siguiente capítulo: historias autóctonas, inclusión de lo fantástico, cierto primitivismo, constitución por yuxtaposición de escenas más que por desarrollo dramático, importancia de las escenas de masas o multitudes, variedad de la línea recitativa, importancia de la orquestación y cierta influencia del cromatismo wagneriano.

Fiódor Ivánovich Chaliapin (1873-1938), uno de los más grandes bajos rusos de la historia, como Boris Godunov, protagonista de la ópera del mismo nombre de Modest Mussorgsky. La escuela rusa supuso a finales del siglo XIX una clara alternativa estética y compositiva a la imperante tradición germano-austriaca de la centuria.

Frente al grupo de los «Cinco rusos», Piotr Ilich Chaikovski (1840-1893) se amolda preferentemente a principios occidentales. Así, en lo formal y en lo armónico se sitúa en consonancia con autores como Schumann, o bajo la influencia de los aires de salón y de danza. No obstante, no se puede negar cierta conexión con lo ruso en cuanto a la adaptación de cuentos y folclore de su país. A pesar de ello, sus seis sinfonías de carácter cíclico, su oposición a los principios de Dargomizhsky, el carácter de sus óperas al estilo de la *grand opera*, caso de *Eugene Onegin* (1878) o *La dama de picas* (1890), o incluso sus ballets, como *El lago de los cisnes* (1876) o *El Cascanueces* (1892), le sitúan en la órbita de la tradición más cosmopolita.

Una última ojeada nos lleva a la España decimonónica, en la cual la zarzuela castiza —no confundir con la zarzuela barroca que vimos en el capítulo correspondiente— se cultiva como el género de éxito por excelencia, en especial entre las clases medias y populares. Frente a ello, desde diversos ámbitos, se plantea la necesidad de la creación de una ópera nacional, sobre todo ante el dominio del melodrama europeo en territorio hispano, en especial de la ópera italiana. El presupuesto de crear un género propio se apoya en la estética romántica de buscar bases en el folclore y la historia musical propios. Así se entienden las tesis de Felipe Pedrell (1841-1922), expresadas en su libro *Por nuestra música* (1891), recopilador del folclore y autor de la ambiciosa trilogía melodramática *Los Pirineos* (1891-1904), o la aparición de las primeras ediciones musicológicas de la música del Siglo de Oro español, caso del *Cancionero de Palacio,* con música de los siglos xv y xvi, hecha por Asenjo Barbieri (1823-1894). En la práctica, muchos autores transitaron en ambos campos. Valga como ejemplo Emilio Arrieta (1821-1894), con óperas como *La conquista de Granada* (1850) o *Marina* (1871), o zarzuelas como *El dominó azul* (1853) o la misma *Marina* (1855) que, en origen, fue una zarzuela. De todas formas, el género castizo era el que proporcionaba mayor renombre a su autor. A este clima hay que unir la existencia, como en otros lugares de Europa, del debate entre partidarios y opositores del estilo wagneriano, con fecundas disputas, especialmente en territorio catalán. Tampoco conviene olvidar a dos figuras clave, vinculadas particularmente con la composición pianística. Isaac Albéniz (1860-1909), con obras como la *Suite Iberia* (1906) para piano o la ópera *Pepita Jiménez* (1896), o Enrique Granados (1867-1916), con su famosa *Goyescas* (1911) para piano, —de la cual realizó una versión operística en 1916—, composición que ilustra seis cuadros de Goya, recordando en cierto modo *Cuadros de una exposición* (1874) de Mussorgsky. Ambos fueron pianistas de fama internacional, con fuertes vinculaciones francesas, sobre todo en el caso de Albéniz.

De duraciones, estética y nubes

El XIX podría interpretarse como un siglo musicalmente «largo» si consideramos a Beethoven y a sus coetáneos como el arranque de un nuevo estilo musical y a buena parte del movimiento posromántico, que llega a penetrar en los primeros años del XX, como el ocaso de dicho estilo. Sin embargo, si se entiende la producción beethoveniana como culminación del clasicismo, y el estilo posromántico como una «premonición» de ciertas tendencias venideras, podría considerarse que el siglo fue «corto», prácticamente concentrado en el apasionamiento romántico. Seguramente ambos enfoques son caras de una misma moneda. Lo que resulta indudable es que la expansión del colorido orquestal de autores como Berlioz o el grupo de los «Cinco rusos», el cromatismo de la armonía wagneriana y la tonalidad expandida de autores como Mahler o Strauss, o la libertad formal que proporcionaban algunos géneros como el poema sinfónico, propició que en las últimas décadas de la centuria el lenguaje musical fuese llevado a una situación extrema en cuanto a recursos y formas heredadas del clasicismo. Resulta llamativo que mientras las últimas décadas del siglo el pensamiento «positivista» y las tendencias realistas parecían expandirse por el panorama científico y cultural, la música, exceptuando algunos casos como el *verismo*, parecía mantenerse inmune a estas corrientes. El valor sacro del arte musical heredado del Romanticismo seguía amparando a la música considerada como más avanzada, fuesen las escuelas nacionales, la herencia wagneriana o las obras programáticas de Richard Strauss. Semejaba que el espíritu científico sólo afectaba a las pujantes investigaciones musicológicas sobre el pasado musical. Pero el sistema en sí parecía estar agotado. Los cambios se avecinaban al cerrarse el siglo. Si se examinan tanto el pasaje de intervalos de tercera y sexta que figura a partir del compás dieciséis de la canción de Mussorgsky *Los días de fiesta han acabado* (1874), como el inicio de *Nubes,* inspirado en el anterior y correspondiente al primero de los *Nocturnos para orquesta* (1899) de Claude Debussy, la sonoridad se halla en movimiento pero sin dirección armónica. El propio Liszt, de modo casi visionario, juega con una armonía anticonvencional. En su pieza para piano solo *Nubes grises* (1881), la arquitectura musical se realiza a base de la escala de tonos enteros, intervalos aumentados y la sensación de absoluta suspensión en los acordes finales, auténticamente expectantes: cuando las nubes aparecen suelen presagiar cambios.

7

Música en el siglo XX: exploración y pluralidad

Durante la transición del siglo XIV al XV convivieron el estilo amanerado del *Ars subtilior* con el *discanto inglés,* que finalmente se impuso como la propulsión definitiva hacia el Renacimiento. En la primera mitad del siglo XVIII, el Barroco musical languidecía lentamente al paso que emergía el *style galant*, ventana que facilitaba la entrada de los aires clasicistas. De una manera análoga, el final de la música decimonónica nos ha adentrado ya en los inicios del siglo XX, de la misma forma que este último hunde sus raíces en las postrimerías del XIX. «Habría, pues, que buscar después de Wagner y no según Wagner». Las palabras son de Claude Debussy (1862-1918). Debussy no es exactamente un rupturista con la tradición. Resulta decimonónico en varios aspectos: títulos evocadores en sus composiciones, influencia de los «Cinco rusos» como vimos en el cierre del capítulo precedente, ciertos rasgos de su escritura pianística con raíz en Chopin o Liszt o la utilización de formas cíclicas serían algunos de ellos. En 1889, la impresión que le produce la música javanesa que tiene la oportunidad de escuchar en la Exposición Mundial de París, le lleva a un intento de «traducción» al sistema occidental de ciertas características por medio, principalmente, del uso de las escalas pentatónica y de tonos enteros, esta última en donde todas las notas distan entre sí un tono. Dichas escalas ya habían sido utilizadas con anterioridad, pero Debussy logra usarlas como constituyentes básicos de mucha de su música. De una manera parecida, la modalidad está presente en sus composiciones, caso de su *Cuarteto de cuerda* (1893), que junto al uso de intervalos armónicos de cuarta y quinta como en *La catedral sumergida* (1910), y al perfil melódico ondulante que gustaba relacionar con lo que él llamaba «naturalidad del canto gregoriano», nos muestra cómo los estudios sobre la música medieval comienzan a tener repercusión en algunas de las creaciones de la época. Pero, sin duda, una de sus grandes aportaciones estriba en su manera de entender la armonía. Debussy no es ni estrictamente tonal ni tampoco se acoge a las pautas de disolución de la tonalidad propias de buena parte del posromanticismo. Su concepción es «aditiva»: a partir de la utilización de diferentes alturas, es decir, notas correspondientes a una escala concreta, crea un marco estático. La música no se mueve tanto por el cambio sucesivo de acordes como por elementos que hasta la fecha habían sido subsidiarios en la música, como la textura o la orquestación, los cuales pasan a ser ingredientes de primer orden a la hora de crear avance y movimiento. Asimismo, esta manera de proceder hace que frecuentemente aparezcan acordes con intervalos de séptima y novena sin la función dominante que la música tonal les solía asignar.

A pesar de todos estos nuevos y originales procedimientos, no se puede decir que Debussy fuese un revolucionario. A través de sus escritos se nos muestra

Claude Debussy: "La cathédral engloutie" (1910)

Claude Debussy: "Cloches a travers les feuilles" (1907)

El lenguaje en Debussy. Arriba, las notas remarcadas muestran una escala pentatónica; los corchetes, el uso de intervalos de cuarta y quinta. Abajo, las notas también remarcadas muestran una escala de tonos enteros.

más como un *enfant terrible* que ofrece una alternativa musical a una sociedad incapaz de observar los cambios que se están produciendo en su seno. Por otra parte, su obra ha sido relacionada de una manera un tanto equívoca con el impresionismo pictórico, dado el aspecto de su música que, en cierto sentido, parecía amoldarse al carácter evanescente de pintores como Claude Monet. Sin embargo, si hay alguna relación directa de su música con otra dimensión artística, sería la producida con el simbolismo de algunos escritores como el belga Maurice Maeterlinck (1862-1949), cuya obra teatral *Pelléas et Mélisande* proporcionó la base del libreto de la ópera homónima de 1902, o como el francés Stéphane Mallarmé (1842-1898), cuyo poema *Preludio a la siesta de un fauno* inspiró la obra orquestal de Debussy de 1894. Con todo, la etiqueta «impresionista» ha permanecido asociada a lo debussiano y, por extensión, a toda aquella música que en mayor o menor medida se puede colocar bajo la órbita de su influencia. Es el caso de Maurice Ravel (1875-1937), cuyas armonías, tipo de texturas o preferencia por ideas musicales breves, poseen una honda conexión con la obra de Debussy, especialmente en obras como *Shérézade* (1903), para voz solista y orquesta. Sin embargo, Ravel acomoda su música dentro de estructuras formales más claras, con una idea de empuje tonal más definido, asumiendo por otra parte influencias diversas tales como la música de salón en *La valse* (1920), o el *jazz* en composiciones como su *Concierto para piano en sol mayor* (1931). Todo ello bajo el paraguas de un talento extraordinario para orquestar del que dan fe obras como su celebérrimo *Bolero* (1928), al que no tenía en gran estima, pues lo consideraba un mero ejercicio, o la orquestación que hizo en 1922 de la obra para piano *Cuadros de una exposición* (1874) de Mussorgsky.

Relacionado con Debussy en cuanto a su lengua-je armónico e incluso en el plano puramente personal, Erik Satie (1866-1925) fue, con toda probabilidad, un compositor menos dotado en comparación con sus contemporáneos. Expulsado del Conservatorio de París, siempre lejos del academicismo, no obstante ha devenido en una especie de figura visionaria. Su música ha alcanzado cierto renombre, incluso en círculos alejados de lo puramente «clásico», caso de la música *new-age* de la década de los noventa del pasado siglo, quizá por el estatismo armónico o las progresiones de acordes de tipo circular de composiciones como sus *Gymnopédies* (1888) para piano, de gran austeridad en lo rítmico y en la textura. Influido por la música popular urbana como el *music-hall* que trasluce *Le Picadilly* (1904), posee una vena profundamente humorística que asoma en obras como *Vejaciones* (1893), donde una secuencia se debe repetir ochocientas cuarenta veces, en sus indicaciones irónicas y enigmáticas que aparecen en sus partituras del tipo «tocar como un tigre acechando», o en su concepción de «música mueble», un auténtico anticipo de lo que hoy consideraríamos música ambiental. Antiformalista, como lo demuestran sus *Tres piezas en forma de pera* (completadas en 1903) para piano a cuatro manos, titulada así a propósito de un comentario de Debussy sobre la ausencia de forma en sus creaciones, y lejano de la visión romántica del músico como profeta visionario de la sociedad; su premisa es que la música debe concebirse como una actividad más, ausente de cargas retóricas, perspectiva que anticipa muchas estéticas posteriores. Dentro también del cambio de siglo, Alexander Skriabin (1872-1915) continúa de alguna manera la línea experimental de los «Cinco rusos», aplicando innovaciones armónicas basadas en escalas sintéticas o artificiales, aspecto que lo conecta con Debussy o Stravinski, si bien dentro de un discurso aún romántico desde el punto de vista formal, como lo demuestra la escritura de abundantes sonatas para piano o de trabajos orquestales emparentados con el poema sinfónico, como *El poema del éxtasis* (1906) o *Prometeo* (1910).

Los principios asociados al «impresionismo musical» se manifestaron en muchos compositores sin llegar a abrazar por completo la esencia debussiana. Aspectos de esta índole pueden encontrarse en la música de Puccini, al que vimos como continuador de la ópera italiana tras Verdi, o en obras creadas en un momento donde los derroteros musicales más novedosos se encaminaban por distintos senderos, como por ejemplo el poema sinfónico *Pinos de Roma* (1924) del italiano Ottorino Respighi (1879-1936).

Expresionismo y atonalidad en la «Segunda Escuela de Viena»

Con el vienés Arnold Schoenberg (1871-1951), llegamos al que quizá sea el primer compositor que, aunque educado en el final de la música decimonónica, alcanzará una plenitud totalmente contemporánea que influirá como ningún otro en la práctica compositiva de los siguientes cincuenta años. Ligado a la agitada vida de la ciudad de principios de siglo, Mahler fue la única figura perteneciente a las instituciones oficiales de quien recibió apoyo. Schoenberg muestra en sus primeras obras, como en el sexteto de cuerda *Noche transfigurada* (1899), un lenguaje claramente posromántico en consonancia con el estilo de Wagner o de Strauss. Al continuar este estilo y llevarlo a sus últimas consecuencias, hizo que los principios de tonalidad y armonía que habían regido la música durante prácticamente los dos siglos precedentes terminasen por desaparecer. De esta forma, hacia 1906 Schoenberg se ha adentrado en el camino de la atonalidad, donde la música ha perdido definitivamente el principio de articularse alrededor de una altura concreta, tal y como hemos señalado a la hora de mostrar la música del Barroco tardío, momento en que la tonalidad se asentó como ordenadora del sistema musical. La *Sinfonía de cámara* de ese mismo año puede ser considerada como el inicio de este camino, siendo definitivamente atonales su *Pieza para piano op. 11* y su ciclo de canciones *El libro de los jardines colgantes,* ambos de 1909. Durante este período, que se extendería aproximadamente hasta 1912, Schoenberg se decanta preferentemente por la composición para plantillas reducidas y por el despliegue de un complejo contrapunto, aspectos ambos que lo distancian de la herencia decimonónica. Con todo, quizá el aspecto más notable radique en que, una vez que su música ha perdido la tonalidad como elemento de cohesión, aparece la necesidad de buscar nuevos métodos para conseguir esa perdida cohesión. Entre ellos se echa mano del uso de cánones, de progresiones de intervalos recurrentes o de la llamada «melodía de timbres», —*klanfargenmelodien*— que ocupa notablemente el tercer movimiento de sus *Cinco piezas orquestales op. 16* (1909), procedimiento que ya había sido intuido por Mahler y Strauss. Algunas de sus composiciones como *Pierrot lunaire* (1912) poseen auténticos tintes expresionistas en paralelo con el movimiento que en las artes alemanas aparecía con anterioridad a la Primera Guerra Mundial. El *Pierrot* debe mucho al mundo del cabaret, bien conocido por Schoenberg. La cantante, acompañada por una pequeña plantilla instrumental, interpreta su línea con un canto a medio camino entre lo cantado y lo hablado por medio de la técnica conocida como *sprechgesang.*

Hacia 1903, Schoenberg había comenzado a dar clases particulares de composición. Entre sus primeros alumnos estaban Anton Webern (1883-1945) y Alban

A la izquierda, Anton Webern del brazo de su maestro
Arnold Schoenberg en el ambiente ciudadano de Viena a
finales de los años veinte del siglo pasado.

Berg (1885-1935). Ambos permanecieron en contacto con su maestro a lo largo de su vida, en una estrecha ligazón que hizo que se les distinguiese como la «Segunda Escuela de Viena» en relación a la «primera» formada por Haydn, Mozart y Beethoven, sin dejar de lado a Schubert. Como en el caso de Schoenberg, hasta los años veinte, Webern se fue desligando paulatinamente de la tradición tonal. Conocedor por sus estudios de musicología de la polifonía franco-flamenca, así como de la fina textura del contrapunto de Mahler, sus obras de esta época, como el *Pasacaglia para orquesta* (1908) o las *Seis bagatelas* (1913) para cuarteto de cuerda, apuntan hacia un estilo donde se prima la economía de medios, la concisión y una precisa organización con apremiantes puntos culminantes. Todo ello dentro de una escritura con gran concentración de articulaciones, ataques, dinámicas y recursos de variado tipo que, como en el caso de Schoenberg, buscaban ser organizados a través de la interválica de una forma aún muy intuitiva. En el caso de Berg, existe una fluctuación entre lo marcadamente atonal de su *Cuarteto de cuerda* de 1910 y un estilo que todavía debe buena parte a Mahler, caso de sus *Canciones de Altenberg* (1912) para orquesta. Quizá marcado por su experiencia como soldado en la Gran Guerra, compuso la ópera de marcado corte expresionista *Wozzeck* (1925), donde el drama del protagonista, un soldado explotado por sus superiores, se desarrolla a través de una serie de escenas independientes.

Furor

Al paso que el inicio de siglo vive la revolución atonal vienesa, emerge la figura única del ruso Igor Stravinski (1882-1971), compositor que dejará una impronta decisiva a lo largo de toda la centuria. Continuador de

¿El estreno más famoso de la historia? En 2009, el cineasta francés Jan Kounen en su película *Coco Chanel et Igor Stravinski* recreó con detalle el escandaloso estreno de la *Consagración de la primavera* de Igor Stravinski.

la línea experimental de la escuela rusa y habiendo sido alumno del propio Rimski-Korsakov, durante los primeros años de su carrera colabora con Sergéi Diaghilev (1872-1929), empresario ruso fundador de los Ballets Rusos, compañía que proporcionó destacados bailarines y coreógrafos durante el primer cuarto del siglo. De esta manera, Stravinski compone música para tres ballets: *El pájaro de fuego* (1910), donde todavía se vislumbran las influencias de su maestro Korsakov, *Petrushka* (1911) y la *Consagración de la primavera* (1913), con coreografía de uno de los más grandes bailarines de la historia, Vaslav Nijinsky (1890-1950). *La Consagración de la primavera* es una de las obras clave de la música contemporánea que realmente «consagró» al compositor. Su estreno en París pasa por ser uno de los más famosos, cuando no el más escandaloso. Marie Rambert (1888-1982), bailarina ayudante de Nijinsky, y el pintor Valentine Hugo (1887-1968), lo recordaban así: «Los insultos y los abucheos tapaban el sonido de la orquesta. Hubo puñetazos y bofetadas [...]. Desde los palcos una voz llamó a Ravel "sucio judío"; el compositor Florent Schmitt replicó "callad la boca, furcias de Passy". Entre bastidores, Diaghilev daba órdenes de encender y apagar las luces de la sala para calmar a la gente». La temática, el rapto y sacrificio propiciatorio de una joven doncella ambientados en una Rusia antigua y pagana, junto con la, por instantes, violenta música y una orquestación donde los instrumentos utilizan frecuentemente los registros extremos para concordar con lo primigenio del argumento, debieron irritar sobremanera a parte del auditorio. Lo que resulta llamativo es la rápida aceptación de la obra, de tal suerte que la encontramos ya en 1941 en uno de los números musicales de la película *Fantasía* de Walt Disney.

Tanto en este ballet, como en *Petushka*, aparecen ya singularidades de lo que será el estilo del autor. Por un lado, la liberación rítmica, con patrones irregulares que llegan a crear incluso polimetrías entre las voces. Por otro, armónicamente, la tendencia a utilizar simultáneamente diferentes tonos o centros tonales, lo que ha dado pie a que algunos autores hablen de «bitonalidad».

El período de entreguerras

Neoclasicismo

Si hay algo palpable en la música del siglo XX es su variedad estilística, algo que se antoja coherente con una sociedad que carece de una visión unitaria del mundo, donde las comunicaciones y la transmisión de información crecen año tras año, decenio tras decenio, de una manera exponencial. Los estilos se suceden y conviven, lo cual provoca que haya autores difíciles de encuadrar, o con unas características estilísticas muy personales. Una de las consecuencias es que la trayectoria de muchos de ellos transita por diferentes estilos a lo largo de su vida, acogiéndose a las novedades en mayor o menor grado. Baste ello para comprender cómo hacia finales de la década de los veinte Stravinski empieza a modular su discurso, convirtiéndose en uno de los referentes de una de las principales tendencias que impregnaron la música de entreguerras: el Neoclasicismo. Dicha corriente, que fue acogida con mayor o menor entusiasmo según qué casos, buscaba una manera de adaptar los logros y descubrimientos de la música más moderna sin perder el nexo con la tonalidad, la melodía o la forma, especialmente apelando a la tradición del siglo XVIII. En su esencia se aleja del Romanticismo, buscando un discurso objetivo, con una preferencia por las plantillas reducidas u orquestas de pequeñas dimensiones, lejano en suma al gigantismo de finales del siglo XIX. Estrenada en 1920, la música de *Pulcinella* de Stravinski para una coreografía de los Ballets Rusos, se amolda perfectamente a estos principios al tratarse de un arreglo de temas de Pergolesi —al que vimos en el arranque de la ópera *buffa*— concebido desde una perspectiva contemporánea, de tal suerte que ha sido considerada mucha veces el pistoletazo de salida del estilo. No obstante, algo parecía estar en el ambiente musical tras la Gran Guerra que apuntaba en esta dirección, al menos si se observan algunas obras como la *Sonata para violín* (1917) de Debussy, la *Sinfonía clásica* (1917) de Sergei Prokofiev (1891-1953) o la propia articulación formal de mucha de la música de Ravel. Tal vez, detrás de todo ello se escondía una necesidad de reestructuración y de claridad tras la debacle y fracaso de cierta idea del mundo que supuso el primer gran conflicto armado de la centuria. En cualquier caso, Stravinski no agota su período neoclásico en *Pulcinella,* sino que lo extiende hasta los años cincuenta con obras como el *Octeto para instrumentos de viento* (1923), su ópera-oratorio *Oedipus Rex* (1927), o la *Sinfonía en do* (1940), si bien conviene señalar que no fue inmune a las influencias de su tiempo, caso del *jazz* que estimula pasajes de *Ragtime* o *La historia del soldado,* ambas de 1918.

Gustosos también del *jazz,* así como del *music-hall* o de los café-conciertos, aparece un grupo de compositores franceses que con el tiempo fueron conocidos como «los Seis» por analogía con los «Cinco rusos»: Francis Poulenc (1899-1963), Arthur Honegger (1892-1955), Darius Milhaud (1892-1974), George Auric (1899-1983), Germaine Tailleferre (1892-1983) y Louis Durey (1888-1979). Para ellos, Satie se convierte en una especie de héroe. El dramaturgo, poeta y novelista Jean Cocteau (1889-1963), que en muchas ocasiones ejercía de portavoz del grupo, señalaba que «Satie nos enseñó lo que, en nuestra época, ha sido lo más audaz y sencillo». Aunque el camino de estos compositores divergió con posteridad, simbolizan en conjunto las intenciones neoclasicistas de crear una música directa en cuanto al planteamiento, lejana a cualquier retórica. Y es que más allá de Stravinski y de los compositores franceses, el Neoclasicismo se puede rastrear en mayor o menor medida en la obra de muchos creadores del período. Bajo estas coordenadas puede situarse al alemán Paul Hindemith (1895-1963). La obra de Hindemith contiene un contrapunto menos disonante que los autores de la Segunda Escuela de Viena. Alberga una mayor organización tonal ya que parte de un sistema de jerarquía de los intervalos, de más a menos disonante, fundamentado en fenómenos acústicos naturales. Entre sus obras cabe destacar la ópera, de la que también hizo una *suite, Matías el pintor* (1938), donde explora el compromiso del artista con la sociedad a través de la vida del pintor Mathias Grünewald (h. 1470-1528), quien se había unido a las revueltas de los campesinos alemanes de su época. Hindemith también fue maestro y pedagogo. Desde estas facetas creó una serie de estudios contrapuntísticos para piano conocidos como *Ludus Tonalis* (1942), y acuñó el término *gebrauchsmusik* —'música funcional'—, puesto que era de la opinión de que el compositor debía crear su música en función de a quién y a qué iba dirigida, teniendo en cuenta si los destinatarios eran especialistas o aficionados o algún medio como el cine, la radio o el teatro. Así, en cierta manera, Hindemith plantea el problema de la comunicabilidad del músico con su sociedad, uno de los caballos de batalla de una época en la que la vanguardia parecía empezar a distanciarse en sus planteamientos del gran público o del gusto general. Esta situación fue tenida en cuenta por el también alemán Kurt Weill (1900-1950), cuyas obras están impregnadas del estilo de la canción popular urbana. La intencionada búsqueda de comunicación y complicidad para con el público de sus producciones dramáticas, tales como *La ópera de los tres peniques* (1928) o *Ascenso y caída de la ciudad de Mahagonny* (1929), pretendía acercar las temáticas cargadas de crítica social de sus obras, producto en buena parte de su colaboración con el dramaturgo Bertolt Brecht (1898-1956).

Dodecafonía

Prácticamente al mismo tiempo que se desarrollaba el Neoclasicismo, hacia 1923, y tras un período de unos seis años de reflexión, Schoenberg lograba codificar sus búsquedas de un ordenamiento musical alternativo a la tonalidad que él había puesto en cuestión durante su primer período de creaciones. El resultado fue el surgimiento del método serial dodecafónico. En 1941, el propio compositor lo explicaba de esta manera: «Consiste este método, básicamente, en el empleo exclusivo y constante de una serie de doce sonidos diferentes. Esto significa que ningún sonido ha de repetirse

A. Shoenberg: "Pieza para piano. op. 33a" (1929)

Con el método dodecafónico la composición se crea a partir de series de notas escogidas previamente por el autor. La serie P-0 es la principal que puede ser transformada de diferentes maneras. Así, R-0 es retrógrada, es decir, en sentido contrario. RI-5 es retrógrada invertida, esto es, con la dirección de los intervalos invertidos respecto a la original y transportada un intervalo de quinta. Una vez escogidas algunas series a partir de estas posibilidades, se aplican a la creación de la obra.

dentro de la serie, en la que estarán comprendidos todos los correspondientes a la escala cromática, aunque en distinta disposición». La serie puede aparecer de manera retrógrada, invertida o invertida retrógrada, pudiendo transportarse a diferentes intervalos.

De una manera análoga a los autores del Ars nova del siglo XIV o a los integrantes de la Camerata Florentina de principios del XVI, Schoenberg crea deliberadamente una forma nueva de proceder como solución, en este caso, a la desaparición de la tonalidad como sistema organizador de la música. En el fondo, subyace la misma necesidad de buscar un orden que animaba a los presupuestos neoclasicistas coetáneos. Las primeras composiciones en donde Schoenberg utilizó el sistema dodecafónico fueron las *Cinco piezas para piano* (1923), tras las cuales llegaron otras como sus *Variaciones para orquesta* (1928), o el *Concierto para violín* (1936), dejando inacabada su ópera-oratorio *Moisés y Aarón* que había iniciado en 1932. De esta forma, el método dodecafónico permitía volver a componer grandes formas instrumentales.

Tanto Webern como Berg también adoptaron al dodecafonismo pero con matices. Berg utiliza la serie de una forma más libre, sin evitar sensaciones diatónicas o tonales, como sucede en su *Suite lírica* (1926) para cuarteto de cuerda, donde las primeras notas son un segmento de la escala natural o diatónica. También son dodecafónicos su inacabada ópera *Lulú* y su *Concierto para violín* estrenado en 1936 de manera póstuma en Barcelona durante el Festival de la Sociedad Internacional de Música Contemporánea. Webern llega incluso a organizar la serie internamente, de tal suerte que a los tres primeros sonidos seguían otros grupos de tres que plasmaban a los primeros de manera retrógrada, transportada y transportada-retrógrada. En obras como *Sinfonía op. 21* (1928), *Concierto para nueve instrumentos* (1934) o *Variaciones para orquesta* (1940) acoge la dodecafonía dentro de su estilo escueto, organizando la instrumentación, el ritmo y la dinámica de una manera muy concentrada.

El método dodecafónico no se agotará en los autores de la Segunda Escuela de Viena. Será explorado por otros, como Stravinski, que lo adoptó en su última época en obras como el *Canticum Sacrum* (1955), o el inglés Benjamin Britten (1913-1975), que experimentó con él en su ópera *Otra vuelta de tuerca* (1954) y, en suma, será el cimiento del «serialismo integral» al que nos referiremos posteriormente.

Más allá de Francia y Alemania

Si abrimos el foco, la pluralidad de tendencias de la música del siglo XX se puede comprobar a través de un recorrido allende Alemania y Francia. No debemos perder de vista que en la obra de muchos creadores, como el finlandés Jean Sibelius (1865-1957) o el ruso Sergei Rachmaninov (1873-1943), por citar algunos, todavía están fuertemente enraizados moldes heredados de la tradición del posromanticismo. Sin embargo, otros autores ofrecen rasgos claramente distintivos. En Hungría, Zoltán Kodály (1882-1967) desarrolló un amplio interés por la tradición folclórica de su patria que se denota en su ópera *Háry János* (1926), a la par que ahondaba en la construcción de uno de los primeros grandes sistemas de educación musical en el sentido moderno. Probablemente el «método Kodály» ha sido uno de los que más influencia ha ejercido a nivel mundial, sin olvidar los principios pedagógicos de Carl Orff (1895-1982), compositor alemán de estilo martilleante, rítmico y modal, como prueba su archiconocida cantata escénica *Carmina Burana* (1937). Húngaro como Kodály, y también ampliamente interesado en el folclore de su país hasta poder considerarse como uno de los iniciadores de la etnomusicología moderna, es Béla Bartók (1881-1945). Bajo la influencia de la música más avanzada de Schoenberg, Debussy o Stravinski, extrae de la música popular la ornamentación, las técnicas de variación, el ritmo o el material de construcción de los acordes de su particular universo armónico. Así se muestra desde sus primeras obras como el ballet *El príncipe de madera* (1917) o su ópera *El castillo de Barba Azul* (1918). Su interés por los nuevos efectos en la familia de instrumentos de cuerda aparece en sus seis cuartetos o en obras como *Música para cuerdas, percusión y celesta* (1936), en donde, por otra parte, demuestra su particular

De mano en mano. Así pasó durante algunos años la imagen del
que quizá sea el compositor español más relevante de la primera
mitad del siglo XX, Manuel de Falla, impresa en un billete de cien
pesetas. Falla representa la combinación de las corrientes más
avanzadas de la época con elementos del folclore, y dentro de las
tendencias neoclasicistas de entreguerras.

interés por la familia de la percusión. Si *Mikrocos-
mos* (1926-1939) para piano es la consecuencia de
sus preocupaciones por la pedagogía, ya que consiste
en seis volúmenes que abarcan ejercicios desde los
más elementales a los más virtuosos, su ya temprano
Allegro bárbaro (1911) lo coloca como uno de los
pioneros de una concepción percusiva del piano lejana del estilo suave y *cantabile* de buena parte de la
tradición romántica.

La figura de Manuel de Falla (1876-1946) sobre-
sale dentro de la España de la primera mitad del siglo.
Su estancia en París durante siete años hizo que en su
música incidiese el hacer de compositores como Debussy
o Ravel. Así, de una manera parecida a Bartók, aunó dicha influencia con elementos folclóricos, en este caso de
su Andalucía natal, en obras como sus tres piezas para
piano y orquesta conocidas como *Noches en los jardi-*

nes de España (1915), o como los *ballets El amor brujo* (1915) o *El sombrero de tres picos* (1917). Hacia los años veinte, su escritura sufre un giro bajo el influjo de los nuevos aires neoclasicistas, dando lugar a la ópera de marionetas *El retablo de Maese Pedro* (1922) y al *Concierto para clave* (1926), obra de pequeño formato donde vuelve su mirada al pasado musical, en especial hacia la figura del clavecinista Domenico Scarlatti. Falla es uno de los puntales decisivos en la recuperación del instrumento barroco, no tanto en su uso para interpretar música de época, como para su utilización en composiciones de nueva factura. Desde 1926, debido en buena parte a problemas de salud, apenas compuso, dejando inacabada su cantata escénica *Atlántida,* completada posteriormente por su alumno Ernesto Halffter (1905-1989). Falla no fue el único representante de un momento en que España vivió lo que se ha dado en llamar «edad de plata» desde el punto de vista cultural, en especial en su literatura. Y de esta guisa, también un buen número de músicos, cuya carrera fue afectada en buena parte por la Guerra Civil de 1936, desplegó una fecunda época para la música española. Cabe citar, amén del propio Halffter, a Salvador Bacarisse (1898-1963), Jesús Bal y Gay (1905-1993), Robert Gerhard (1896-1970) o Joaquín Turina (1882-1949) entre muchos otros, coetáneos de Luís de Freitas (1890-1955), el compositor más sobresaliente de la música portuguesa de la época.

En la Italia de principios del siglo xx, todavía dominada por la preponderancia de la música vocal, la renovación vendrá de la mano de Francesco Malipiero (1882-1973) y Alfredo Casella (1883-1947). Al igual que en el caso de Falla, en su música se observa una clara influencia de la música francesa y de la obra de Stravinski, unida a un particular redescubrimiento de la música antigua italiana de autores que iban desde Monteverdi a Paganini, lo que no deja de estar en sintonía con las estéticas neoclasicistas. Más avanzado se muestra Luigi Dallapiccola (1901-1975), autor cuyo reconocimiento no se produjo realmente hasta la década de los cincuenta, situación con la cual tuvo mucho que ver la frontal oposición del fascismo italiano al desarrollo del arte de vanguardia. Dallapiccola asume el sistema dodecafónico de una manera plena en sus *Cinco fragmentos de Safo* (1942) para voz y conjunto instrumental, aunque siempre desde una perspectiva muy particular y libre.

Se puede decir que la música británica sufre una auténtica renovación a principios de siglo como nunca había sucedido desde la época de Purcell gracias a nombres como Edward Elgar (1852-1934), Gustav Holst (1874-1934), con su popularísima *suite* orquestal *Los planetas* (1916), o Ralph Vaughan Williams (1862-1934), el cual aúna la música de corte impresionista con elementos tomados de la canción popular inglesa. Sin embargo, la figura más trascendental de esta época y de casi todo el siglo XX en Gran Bretaña es Benjamin Britten (1913-1976). Su obra va más allá de este período de entreguerras y posee una significación especial en el contexto de la música del siglo XX. Estando abierto a influencias tan dispares y avanzadas como Berg, Bartók o Stravinski, nunca renunció al uso de la tonalidad en un mundo donde esta había sido descartada por las corrientes más exploratorias, especialmente a partir de la segunda mitad de la década de los cuarenta. Junto a sus cuartetos de cuerda o a su *Réquiem de Guerra* (1961), su obra más ambiciosa es la primera de sus óperas, *Peter Grimes* (1945), donde, al igual que el *Wozzeck* de Berg, se muestra al individuo, en este caso un pescador, marginado y culpabilizado por una sociedad que no acepta diferencias en su seno.

Tras Prokofiev, Dmitri Shostakovich (1906-1975), en cierta manera al igual que Britten, se decanta por una opción musical que pasa por el mantenimiento de la tonalidad dentro de las coordenadas del siglo XX. Shostakovich fue saludado como el gran compositor soviético revolucionario, época en que los músicos relacionados con el levantamiento rojo todavía miraban al arte europeo más vanguardista de Schoenberg o Stravinski. Su segunda ópera, *Lady Macbeth de Mtsensk* (1932), considerada en principio uno de los grandes hitos del arte soviético, sufrió una severísima crítica por parte del diario oficial del Partido Comunista, *Pravda*, en 1936. A partir de ese momento, la imposición de la grandilocuente estética del realismo socialista y la fuerte censura empujaron al autor a trabajar con una particular cautela, de la cual no se sustrajo ni tan siquiera tras la muerte de Stalin en 1953. Su obra es amplia, comprendiendo un ciclo de quince sinfonías, quince cuartetos y una vasta producción de canciones, música coral y cinematográfica.

El fértil cruce de la vanguardia y lo autóctono: América

El ascenso de los totalitarismos y el inicio de la Segunda Guerra Mundial provocaron que muchos autores como Schoenberg, Stravinski o Bartók se instalaran en Estados Unidos, factor que supuso un gran estímulo para el desenvolvimiento de la música. No obstante, la tradición norteamericana ya albergaba una historia propia ligada a la composición de vanguardia. Con toda seguridad, Charles Ives (1874-1954) puede considerarse un visionario en este aspecto. De hecho, su música pasó prácticamente desapercibida durante buena parte de su existencia. Ives se ganó la vida básicamente como corredor de seguros, recibiendo el reconocimiento sólo muy tardíamente, prueba de lo cual es la curiosa circunstancia de que se le concediese el prestigioso premio Pulitzer pocos años antes de su fallecimiento. Muchas de sus creaciones anticiparon procedimientos como el *collage*, esto es, la combinación de elementos musicales de diversa procedencia o la construcción sonora a través de diferentes niveles de disonancia. Ejemplos de ello son sus composiciones *La Pregunta sin respuesta* o *Central Park en la oscuridad,* ambas de 1906. En un plano también netamente vanguardista se puede ubicar a Edgard Varèse (1883-1965). Aunque nacido en Francia, por su trayectoria vital y artística puede considerársele básicamente un compositor estadounidense. En obras como *Hyperprism* (1923) o *Ionisation* (1931), aparece su predilección por el uso de instrumentos de viento y, especialmente, de percusión, alejándose de la utilización de la cuerda, seguramente como una manera de contestar y desligarse de cualquier tipo de tradición «europea». Lo importante para este autor radica en la tímbrica que evoluciona a través de violentos cambios sonoros y rítmicos. Varèse fue uno de los primeros compositores en usar la tecnología aplicada a la creación musical, caso de instrumentos electrónicos como en *Ecuatorial* (1934) o la cinta magnetofónica en combinación con instrumentos en vivo en *Déserts* (1954). En cierto sentido, se puede considerar que Varèse habría nacido «antes de su época», pues su obra ya buscaba sonoridades cercanas a las que posteriormente produjeron obras de música electrónica. En cualquier caso, se trata de un compositor que aún hoy en día sigue retando al oyente cada vez que se le interpreta.

Coexistente con esta corriente de vanguardia, en Estados Unidos asoma otra distinta que da acogida a elementos extraídos de la música popular. Dichos elementos pueden provenir del *jazz* y la comedia musical, siendo este el caso de obras como *Rapsodia in blue* (1924) de George Gershwin (1898-1937) o el *Concierto para piano* (1926) de Aaron Copland (1900-1990), compositor clave del siglo xx norteamericano. Lo popular también puede beber de la tradición rural del estilo

La percusión como protagonista. Esta familia instrumental emergió con voz propia gracias al trato preferente que le otorgaron muchos compositores durante el siglo XX. En la imagen, una interpretación de *Ionisation*, obra de Edgard Varèse de 1931, por el New Jersey Percussion Ensemble.

country, observable en la música para los ballets *Rodeo* (1942), y *Primavera en los Apalaches* (1944), también de Copland. Esta tendencia tuvo asimismo su reflejo en el polifacético Leonard Bersntein (1918-1990), autor entre otras muchas de la partitura del film *West side story* (1961), o en las primeras obras de Elliott Carter (nacido en 1908), el cual posteriormente se decantó hacia los estilos que predominaron en las décadas de los cincuenta y sesenta.

Durante el siglo XIX, Latinoamérica, al igual que Estados Unidos, miraba musicalmente a los gustos europeos. Así, el brasileño Carlos Gomes (1836-1896), primer compositor con una auténtica aceptación en Europa, reconocido incluso por el mismo Verdi, obtuvo un gran éxito en La Scala de Milán con su ópera *Il guarany* (1870), melodrama estructurado bajo los convencionalismos operísticos del momento. Al igual que en diferentes zonas del viejo continente, la renovación musical de principios de siglo xx vendrá de la mano de creado-res que tratan de conjugar los elementos autóctonos con las técnicas más avanzadas del período. En este sentido actúa el también brasileño Heitor Villa-Lobos (1887-1959), prolífico compositor con más de dos mil obras, y que alcanzó fama internacional. En la línea de com-binación de un lenguaje personal con elementos de la tradición brasileña que conocía de primera mano se en-tienden sus catorce *Choros* (1920-1929), cuyo nombre hace referencia a una forma de música urbana popular que se tocaba en las calles de Río. Estos *Choros* fueron escritos para diferentes formaciones instrumentales. De la misma forma, sus *Bachianas brasileiras* (1930-1945) funden lo popular en este caso con elementos inspirados en Bach, compositor al que Villa-Lobos consideraba una suerte de «intermediario entre todas las culturas». Compuso también diecisiete cuartetos de cuerda, uno de los corpus más importantes del género del siglo xx junto a los de Bartók, Shostakovich o Elliott Carter, sin olvidar los ejemplos únicos de Debussy y Ravel. En unas coordenadas parecidas se sitúa el mexicano Carlos Chávez (1899-1978), si bien este autor tiende a evocar rasgos autóctonos de una forma más subjetiva, no tanto basándose en citas literales de melodías populares como en una evocación de las mismas. Partícipe del llamado «Renacimiento azteca» junto a pintores como Diego Ri-vera y José Orozco, el rechazo a lo europeo y un gusto por lo precolombino como sinónimo de autenticidad se enlazan en su *Sinfonía india* (1936) o en su *Toccata para percusión* (1942), obra para seis percusionistas donde el interés por la tímbrica y una plantilla lejana a la cuer-da lo acerca a las premisas organizativas de la música de Varèse. Finalmente, el argentino Alberto Ginastera (1916-1983) refleja su afecto por el folclore argentino en el ballet *Estancia* (1941), basado en escenas rurales del mundo gaucho. No obstante, especialmente a partir de los años cincuenta, el autor optará por los procedimientos técnicos más avanzados del momento, como la dodecafonía en su *Cuarteto n.º 2* (1958), o un estilo más internacional en sus óperas de los años sesenta como *Don Rodrigo* (1964) o *Bomarzo* (1967).

Tras la guerra (hasta los años setenta)

«Schoenberg ha muerto»: el serialismo integral

Hacia 1952, esta provocativa proclama aparecía en un ensayo del francés Pierre Boulez (nacido en 1925), compositor, director y figura clave de la música más avanzada de la segunda mitad del siglo. Provocativa porque no se refería únicamente al fallecimiento del maestro vienés, sino a la «muerte» de su música. ¿Qué le llevó a una figura como Boulez, hacedor y defensor de la música más avanzada de su generación, a ser tan severo con el tal vez compositor más rupturista de la primera mitad de la centuria? Boulez era de la opinión de que Schoenberg no habría desarrollado suficientemente el uso de la serie al haberla tratado como si de un «tema» se tratase, a la más pura tradición vienesa clásica.

El resto de esta historia pasa por otros tres puntos de referencia. En el primero, debemos volver la vista sobre Anton Webern, cuya obra contó con escasa repercusión en vida del músico. Curiosamente, tras su muerte en 1945 debida al disparo de un soldado norteamericano que lo había confundido con un militar alemán ya en las postrimerías de la Segunda Guerra Mundial, pasó a ser saludado por Boulez y un grupo de jóvenes, en palabras del mismo Boulez, como «el umbral de la nueva música». Apreciaban en Webern la capacidad para dimensionar cada fenómeno sonoro en sí mismo, dotándolo de un sentido espacial más allá de los tradicionales parámetros de la armonía, melodía y ritmo. Boulez creía que la música de Schoenberg dependía en exceso de los criterios formales clásicos. En este sentido, llegó a ponderar la música de Debussy como uno de los hitos importantes en la disolución de las formas tradicionales. En cualquier caso, la fecha de la muerte de Webern marcó simbólicamente el paso hacia un nuevo momento en la música, paradójicamente, no por la desaparición de su estilo, sino por su definitiva asimilación.

La segunda referencia nos lleva al compositor francés Olivier Messiaen (1908-1992), músico de una generación anterior, cuya diferenciada personalidad ya había estado en activo durante el período de entreguerras. Su profunda experiencia como ornitólogo se refleja en obras como su *Catálogo de pájaros* (1951) para piano. También se halla vinculado con cierto misticismo de raíz católica, caso de su obra *Veinte estampas sobre el niño Jesús (*1944), también para piano. Buena parte del estilo musical de Messiaen consiste en crear ordenamientos de diferente índole; así, en lo rítmico, por el sistema de añadir progresivamente duraciones a las notas elegidas. En las escalas, al basarse en una tipología que denominó como «modos de transposición limitada». Esta predisposición a la seriación llegó a su punto culminante en su *Modos de valor e intensidad* (1949), estudio para piano donde, a través de tres líneas melódicas, las series de notas, valores rítmicos y matices han sido seriados en su totalidad. Esta obra, única y un tanto aislada dentro del catálogo del autor, supuso el arranque del «serialismo integral», estilo en donde no sólo se ordenan las notas como en el sistema dodecafónico, sino que todos los parámetros musicales desde la intensidad hasta las articulaciones son susceptibles de ser seriados. Esta manera de entender la composición, donde se establece un material «precompositivo», obtuvo un especial predicamento durante la década de los cincuenta. Para

En *Modos de valor e intensidad* de Olivier Messiaen, cada sonido guarda siempre la misma duración, intensidad y tipo de ataque durante toda la obra. Los materiales de los que parte esta obra aparecen en la imagen. Esta composición resultó fundamental para el arranque del serialismo integral en la música posterior a la Segunda Guerra Mundial.

su extensión y conocimiento jugó un importante papel lo que podríamos considerar el tercer punto de referencia, que pasa por ser los cursos de verano organizados en la localidad alemana de Darmstadt desde 1946. Este evento, en el cual han participado los principales compositores de cada década hasta la fecha, se convirtió en uno de los lugares clave, no sólo para la extensión y comprensión de la música serial, sino por la gran cantidad de tendencias posteriores de la segunda mitad del siglo. No obstante, aunque Boulez y otros compositores asumieron la experiencia de Messiaen como referencia, el estadounidense Milton Babbitt (1916-2011) había trabajado previamente con la seriación total en sus *Tres composiciones para piano n.º 1* (1947) como una consecuencia lógica del desarrollo dodecafónico, y no como una quiebra con el mismo.

Boulez pronto aplicó el serialismo integral en obras como *Structures I* (1951) para dos pianos o *Le marteau sans maître* (1955), musicalización de tres poemas surrealistas de René Char para voz y un conjunto instrumental concentrado en la tesitura media: flauta en *sol*, viola, guitarra, vibráfono, xilorimba y una amplia percusión. Este «estructuralismo musical» fue acogido favorablemente dando lugar a un buen número de obras como *Kreuzspiel* (1951) de Karlheinz Stockhausen (1928-2007) o el *Quinteto a la memoria de Webern* (1955) de Henri Pousseur (1929-2009), entre muchas otras.

En el otro polo: indeterminación

De una manera paralela y prácticamente en las antípodas del control absoluto de todos los eventos musicales a que obligaba el serialismo integral, se expandió la llamada *indeterminación*. Con ella, el azar y las formas abiertas determinaban el sistema para componer o para interpretar música. Compositores como Charles Ives ya habían usado ocasionalmente lo aleatorio en determinados pasajes de sus obras. Sin embargo, el impulso definitivo vendría de la mano del compositor estadounidense John Cage (1912-1992). Desde muy temprano, Cage intuyó cuáles podrían ser los derroteros que la música iba a seguir durante el siglo. Así, ya en 1937 señalaba que el compositor «tendrá que enfrentarse con el campo del sonido en su totalidad». De ahí que, insatisfecho con los medios convencionales, buscó pronto otros materiales sonoros tales como recursos eléctricos en sus cinco *Imaginary landscape,* compuestos entre 1939 y 1952, percusión a partir de objetos cotidianos en su serie titulada *Constructions* (1939-1941), y especialmente en su impactante «piano preparado», manipulación del sonido del instrumento por medio de la colocación de tornillos,

«Enfrentarse con el campo del sonido en su totalidad» era una de las máximas de John Cage, que aparece en la foto manipulando las cuerdas de un piano para alterar la sonoridad del mismo en lo que se dio a conocer como «piano preparado».

trozos de madera, goma u objetos semejantes en las cuerdas, y utilizado por primera vez en *Bacchanale* (1940).

A principios de los años cincuenta, Cage empezó a adaptar la indeterminación como sistema de composición y ejecución. El resultado fue obras como *Music of changes* (1951) o *Music of piano* (1952-1956). La idea de la indeterminación en Cage se desenvuelve dentro de unas premisas de total ausencia de intención por parte del autor. La música debía producirse y existir más allá de las pretensiones del creador, como si de un objeto autónomo se tratase. Estas ideas fueron llevadas hasta sus últimas consecuencias en *4'33"* (1952), creación donde solo se marca la duración y puede ser llevada a cabo por cualquier instrumento o formación que se mantiene en silencio durante las tres partes que se señalan en la partitura. De esta forma, el o los ejecutantes no intervienen, y el fluir temporal y el espacio que forman el contexto de la obra pasan a ser la obra misma. Se trata de una composición única y que de alguna manera lleva a la indeterminación a un callejón sin salida por su apuesta extrema.

Cage influyó en un grupo de compositores estadounidenses que establecieron posiciones afines con las

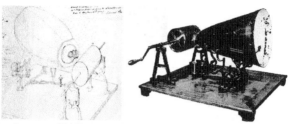

El primer sonido inesperadamente grabado hace más de ciento cincuenta años. Léon Scott patentó en 1857 el fonoautógrafo, capaz de plasmar el sonido físicamente, aunque sólo recientemente ha sido posible reproducir estos primeros registros sonoros. Izqda.: uno de los diseños del inventor. Dcha.: un ejemplar conservado en la Universidad de California.

artes visuales, caso de Morton Feldman (1926-1982) y, muy especialmente, Earle Brown (1926-2002). Los serialistas europeos también se interesaron por el uso de la indeterminación, no tanto como método compositivo, sino como medio para crear formas musicales complejas donde la interpretación, en cuanto al orden de las partes o la elección de diversos parámetros, pudiese ser elegida por los intérpretes. Es el caso, entre otros, de *Zyklus* (1959) de Stockhausen, *Pli selon pli* ((1957-1962) de Boulez o el *Cuarteto de cuerda* (1964) de Witold Lutoslawski (1913-1994).

Tecnología y sonido. Concreto y electrónica

En 1857 el escritor, impresor y librero Édouard-Léon Scott de Martinville patentó en Francia el *fonoautógrafo*, artefacto destinado al estudio de la acústica con el cual se podía grabar una imagen física del sonido en un papel ahumado, aunque no existía un sistema para una reproducción del mismo. En 2008, gracias al uso de un sofisticado programa de ordenador, se consiguió

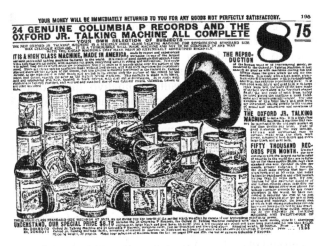

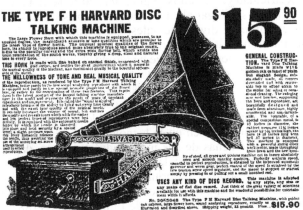

Catálogo de 1908 de la casa Sears Roebuck.
Denominadas como *talking machine* —literalmente,
'máquina parlante'—, la de arriba se basaba en el
fonógrafo de Edison que reproducía cilindros, mientras que
la de abajo copiaba al gramófono —primer reproductor de
discos de la historia— patentado por Emile Berliner en 1888.

conocer el sonido de estas imágenes. De esta forma, el fonoautógrafo ha terminando ganándole el puesto al fonógrafo inventado por Thomas Alva Edison (1847-1931) en 1877 como el medio más antiguo conocido para registrar sonido. Resulta llamativo que Edison considerase a su invento, capaz de grabar sonidos en cilindros con superficie de estaño o cera dura, una mera curiosidad sin valor comercial. De hecho, le aterraba la posibilidad de que tanta «mala música» pudiese quedar registrada para la posteridad. Tras el fonógrafo vendría el gramófono, patentado en 1888 en Estados Unidos por el inventor de origen alemán Emile Berliner (1851-1929). Con él se introdujo el disco, formato que, con diversas variaciones, estuvo en vigencia hasta finales de los años ochenta del siglo xx. Luego, la aplicación de la electricidad en los años veinte, más tarde la cinta, el cartucho, hasta llegar al CD y a los masivos sistemas de almacenamiento digital actuales. La expansión de los sistemas fonográficos resulta capital para entender la recepción y la percepción que ha tenido el siglo xx de la música, puesto que esta trepidante evolución tecnológica ha puesto a disposición de grandes masas de oyentes una inmensa y variada fonoteca de estilos.

A la par, resulta lógico y esperable que los compositores pronto viesen en la tecnología un medio para dar salida a muchas de sus inquietudes creativas, dado que ello permitía abordar las nuevas propuestas exploradoras de lo sonoro. La primera relación entre música y moderna tecnología debemos buscarla en el manifiesto *El arte de los ruidos* (1913) de Luigi Russolo (1885-1947), cuyo deseo de *«conquistar la infinita variedad de ruidos-sonidos»* —anticipándose de esta forma incluso a las ideas de Cage— derivó en los instrumentos conocidos como *intonarumori* ('entonadores de ruido'), aparatos de membrana que permitían reproducir los sonidos del mundo industrial y urbano afectos a la estética futuris-

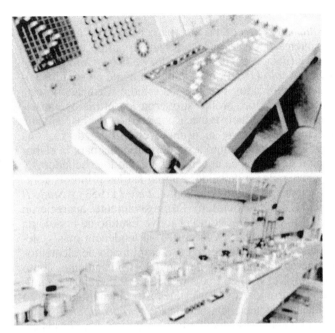

Algunos aspectos del Estudio de Fonología de Milán, uno de los lugares más importantes en cuanto a la creación de música electrónica de la segunda mitad del siglo XX.

ta. Durante el período de entreguerras se realizaron los primeros intentos de crear instrumentos electrónicos. Así nacieron el *theremin* (1920) o el *ondas martenot* (1928). Este último llegó a ser utilizado por algunos compositores como Messiaen o Varèse. Sin embargo, no se puede hablar propiamente de música electrónica hasta después de la Segunda Guerra Mundial, cuando los desarrollos tecnológicos, especialmente el de la cinta, permitieron las investigaciones de pioneros como el francés Pierre Schaeffer (1910-1995). Schaeffer transformaba sonidos grabados previamente, para lo cual se acuñó el término de *música concreta*. Pronto aparecieron otros composito-res interesados en ahondar en el nuevo campo, como Pierre Henry (nacido en 1927), creador de la *Sinfonía para un hombre solo* (1950), basada básicamente en sonidos vo-cales modificados. Frente a los estudios dedicados a este tipo de creación, pronto surgieron los primeros capaci-tados para producir música por medios exclusivamente electrónicos, siendo el primero el Estudio de Colonia (1952), en donde junto a las herramientas para la elabo-ración de la música concreta aparecían los osciladores y los generadores de ruido. Surgen así las primeras com-posiciones de esta índole como *Study I* (1953) y *Study II* (1954) de Stockhausen. Progresivamente aparecieron más y más estudios como el activo Estudio de Fonología de Milán en 1955. A la postre, la tendencia más gene-ralizada se decantó por un uso combinado de elementos «concretos» con los generados electrónicamente, como en *Visage* (1961) de Luciano Berio (1925-2003). La mú-sica electrónica tuvo su primer uso cinematográfico en el clásico de la ciencia-ficción *Planeta prohibido* (1956), cuya banda sonora fue compuesta y diseñada por los es-posos Louis y Bebe Barron (1920-1989 y 1925-2008, respectivamente).

Muy pronto, la posibilidad de integrar todos los elementos que componían un estudio dentro de una con-sola llevó a la creación de los sintetizadores, donde el control de todos los elementos sonoros se podía ejer-cer desde un teclado, haciendo que lo que antes supo-nía horas de estudio se podía realizar ahora en tiempo real. El primero de estos ingenios fue el *RCA Mark II* de 1955. Desde mediados de los cincuenta, diseñadores como Robert Moog (1934-2005) crearon sintetizadores más pequeños que pronto tuvieron una mayor difusión comercial. Por otra parte, fueron muchos los que conside-raron que la ejecución de obras electrónicas, consisten-te en la simple reproducción de las mismas, las alejaba de la tensión de un concierto en vivo. Así nacieron las primeras composiciones que combinaban elementos electrónicos con la interpretación en directo. Inauguró este género *Musica su due dimensioni* (1952) de Bruno Maderna (1920-1973), obra a la que siguieron muchas otras como la ya citada *Deserts* de Varèse.

Textural y estocástica

Mientras el serialismo integral se hacía con el territorio de la música occidental, una serie de autores de la Europa del Este ahondaron en la investigación de la sonoridad total a partir de plantillas tradicionales en lo que se terminó denominando *música textural*. El polaco Krzysztof Penderecki (nacido en 1933) comenzó a trabajar con *clusters*, esto es, acordes formados por grupos de notas muy cercanas, generalmente cromáticas, dando lugar a una serie de bloques de sonido donde ya no interesa la distinción ruido-sonido, sino los bloques sonoros que se transforman en parámetros de densidad e intensidad. Ejemplo de ello es su *Lamento por las víctimas de Hiroshima* (1960) para cincuenta y dos instrumentos de cuerda frotada. En una faceta parecida trabajó el húngaro György Ligeti (1923-2006), el cual desarrolló su carrera en Alemania y Austria tras huir del levantamiento de 1956. Ligeti, a partir del uso de una micropolifonía de pequeños y progresivos cambios, consigue que las masas sonoras modulen su color gracias a los paulatinos cambios de timbre, como en su obra para orquesta *Atmósferas* (1961).

Otra alternativa a la omnipresencia del serialismo fue la llamada *música estocástica*, que se apoya en principios matemáticos para su composición. Arquitecto además de compositor, el griego Iannis Xenakis (1922-2001) utilizó las teorías de probabilidad matemática como herramienta para trasladar cálculos a indicaciones musicales. Sus

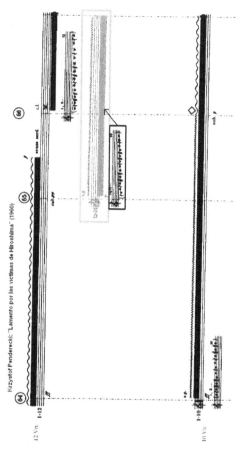

Este fragmento del *Lamento por las víctimas de Hiroshima* de
Penderecki nos muestra cómo en la llamada música textural
de los años sesenta interesaba tratar el sonido como un bloque
en plena transformación. La parte resaltada corresponde a
doce violines con una nota individualizada para cada uno de
ellos, tal como se señala en el recuadro. Doce sonidos dentro
de una muy estrecha interválica.

principios de construcción de gráficos que se traducen a una notación musical fueron expuestos en el libro titulado *Formalized music* (1963), y constatados en composiciones como *Metastasis* (1954) o *Achoripsis* (1958).

Implicaciones

La fuerte apuesta de las músicas posteriores a 1945 tuvo importantes consecuencias. Una de ellas fue el hecho, un tanto paradójico, de que el aspecto final de parte de la música creada bajo el férreo control intelectual del serialismo tuviese a veces una similar apariencia a aquella nacida bajo los presupuestos de lo indeterminado. Desde el punto de vista del procedimiento, el tratamiento serial de los sonidos condujo en ocasiones hacia una escritura *puntillista*, donde los sonidos aparecían como aislados, en pequeños grupos, sin continuidad melódica, debiendo el oyente percibir una globalidad de conjunto. Este procedimiento, que Webern anticipaba en su *Sinfonía op. 21* (1929), aparece en las primeras obras del italiano Luigi Nono (1924-1990) como *Polifónica-Monodia-Rítmica* (1951).

La novedosa música de vanguardia echó mano en muchas ocasiones de técnicas nuevas y alternativas en cuanto a la ejecución de los instrumentos tradicionales. A la altura de 1945, a través de autores como Webern o Bartók, muchos procedimientos de la familia de la cuerda estaban perfectamente integrados: diferentes colocaciones del arco, diferentes tipos de armónicos o diferentes tipos de *pizzicati*. En los vientos aparecieron distintos tipos de ataque, sonidos con aire, multifónicos y muchos otros, sin olvidar que la gran beneficiada de las nuevas concepciones tímbricas fue, sin lugar a dudas, la familia de la percusión. Todo este mundo de exploración de nuevos y experimentales recursos se vincula a la aparición de nuevos signos, capaces de plasmar gráficamente los nuevos sonidos. Así surgieron las llamadas «partituras gráficas», muy ligadas a la indeterminación y a la improvisación, de gran plasticidad, que buscaban estimular la imaginación y la creatividad del intérprete. El posible resultado sonoro de la «partitura» era bastante imprevisible, aunque seguramente ese era uno de sus principales atractivos.

La era «post»

Entre la década de los sesenta y setenta del pasado siglo, historiadores, pensadores y estudiosos en general empezaron a padecer una especie de vértigo a la hora de valorar en qué consistían las nuevas dinámicas sociales que se estaban fraguando. Se empezó a hablar de *posmodernidad, posmaterialismo, posestructuralismo* o de *sociedad posindustrial*. Todo ello constataba que lo único de lo que se tenía cierta certeza era sobre lo que se dejaba atrás. Consecuentemente, el panorama de la cultura se comenzó a describir como variado, de ahí que términos como *pluralidad, eclecticismo* o *intertextualidad* iniciaron una abundante circulación como herramientas definitorias de las nuevas coordenadas de nuestro mundo. Pero, a tenor de lo visto más arriba, ¿no había sido el siglo xx un universo musicalmente plural? El filósofo y musicólogo alemán Theodor Adorno (1903-1969) lideró una corriente muy influyente que valoraba al serialismo integral y a toda la música que orbitaba a su alrededor como la culminación de una evolución cuya línea estaría definida, *grosso modo*, de la siguiente forma: cromatismo de Wagner-atonalidad-dodecafonía-Webern-serialismo integral. Dicha línea englobaría a la música «más progresiva», la idea de vanguardia por excelencia, desdeñándose todo lo demás como estilos accesorios. Por el contrario, musicólogos como el francés y

«No, no es Stockhausen. Simplemente se nos ha caído una bandeja con instrumentos quirúrgicos». Esta viñeta aparecida en 2005 en el periódico británico *The Guardian* ironiza acerca de las características de algunas músicas contemporáneas, en este caso del alemán Karlheinz Stockhausen.

también filósofo Vladimir Jankélévitch (1903-1985) objetaron a esta visión de la música del siglo XX por entenderla reduccionista, ciega a multitud de estilos —piénsese en Falla, Stravinski o Bartók entre otros— en constante diálogo entre ellos. Si a ello se suma la presencia, en absoluto impermeable, de sonidos procedentes del *jazz,* músicas populares o de procedencia étnica, el panorama se tornaba ampliamente diverso.

Por otro lado, uno de los debates más polémicos que ha suscitado la música moderna gira en torno a su virtual divorcio con el gusto del público, llegando a utilizarse crudos adjetivos como el de considerar a dicha música como sociológicamente *muerta.* Sin negar que muchas de las composiciones del siglo XX han resultado de difícil escucha, aun a pesar del complejo y justificatorio aparato compositivo que las ha creado, quizá debiésemos plantearnos qué es lo que entendemos por público hoy en día, y en qué medida guarda todavía relación con aquel público burgués nacido en el siglo XVIII. La expansión y distribución de música a nivel global y masivo, ¿nos conduce a una atomización en muchos públicos? Asimismo, quizá también debiésemos plantearnos las razones por las que se ha hecho música a lo largo de la historia. Casi nunca han sido puramente musicales, lo que demuestra que los individuos viven y asimilan el hecho musical dentro de un «receptáculo» o envoltorio con diferentes ángulos: la liturgia, la legitimación de clase o de poder, ser fondo de un café —¡esto ya en el siglo xviii!—, ser motor de danza, la inauguración de un evento, el ropaje publicitario o de una producción audiovisual, la identificación de un grupo de edad y un largo etcétera. Rememoremos aquí el periplo de la *Consagración de la primavera*, de escándalo a banda sonora de una animación de Walt Disney. Difundir música por motivos puramente musicales, paradójicamente, no facilita su recepción, y este, tal vez, haya sido uno de los «pecados» de la música contemporánea. En definitiva, cuestiones abiertas y sin perspectivas de cierre inmediato.

Escrutando senderos

Veamos algunas corrientes que se han dado y se dan entre finales del siglo xx y principios del siglo xxi, síntoma de una pluralidad que no debe entenderse compuesta por departamentos estancos.

Uno de los primeros síntomas de alejamiento de las corrientes altamente estructuralistas del serialismo integral aparece en un grupo de compositores de Estados Unidos de la década de los sesenta y setenta que se acogieron a principios constructivos basados en la sencillez del material y en la repetición de patrones. Pronto recibieron el nombre de *minimalistas* al ser asociados con la estética del arte plástico homónimo. Entre ellos cabe destacar a La Monte Young (nacido en 1935), Philip Glass (nacido en 1937) o Steve Reich (nacido en 1936). Algunas obras de Reich, como *Piano phase* (1967) o *Drumming* (1971), utilizan motivos repetitivos que poco a poco evolucionan entre ellos entrando en fases diversas, creando una intrincada polirritmia a partir de la sencillez del material de partida.

Steve Reich: "Piano Phase" (1967)

Repetición de patrones que sutilmente evolucionan creando diversas fases. Obsérvese a través de las diferentes colocaciones que adquieren las tres notas señaladas. Son los principios constructivos de la música minimalista de Steve Reich.

En otro polo, algunas obras ahondan en lo que podría denominarse *nueva complejidad*, donde se busca una suerte de «escucha múltiple», una especie de «poliforma» donde se pretende la comprensión y escucha de un todo compuesto. Es el caso de *Opening of the mouth* (1992-1997) de Richard Barrett (nacido en 1959), o *Kammerzyklus* (1996) de Claus-Steffen Mahnkopf (nacido en 1962).

Uno de los perfiles esenciales con los que se ha caracterizado a la posmodernidad es su vocación «deconstructiva», siendo uno de sus síntomas el recurrir a la cita. En música, la cita utilizada en las últimas décadas no es un material tomado para la construcción y el desarrollo, a modo de lo que se haría con un *cantus firmus* renacentista, sino una forma de ensamblaje unas veces y de irrupción llamativa otras, dentro del discurso artístico. La encontramos en algunas composiciones de Alfred Schnittke (1934-1998) como su *Concerto grosso I* (1977), siendo quizá la obra más emblemática en este aspecto la *Sinfonía* (1968) de Luciano Berio, donde aparece música de Mahler, Ravel, Berlioz, Beethoven o del mismo Berio entre muchos otros. En palabras del compositor Philippe Manoury (nacido en 1952) la posmodernidad se concibe como «una especie de peso aplastante de la historia».

A finales de los años sesenta, Pierre Boulez dirigía y alababa obras del compositor y músico vinculado al *rock* Frank Zappa (1940-1993). Lo popular, el *jazz*, lo étnico que ya no es «nacional», siempre ha estado dejando su sello en la música de diversos compositores. Las fuentes étnicas aparecen en *Lux aeterna* (1971) de George Crumb (nacido en 1929) o en *Telemusik* (1996) de Stockhausen. El afamado compositor nipón Toru Takemitsu (1930-1996) decía a respecto de su obra: «Me gustaría desarrollarme en dos direcciones al mismo tiempo: como un japonés respetuoso con la tradición y como un occidental respetuoso con la innovación».

Se puede decir que durante todo el siglo XX una de las búsquedas más específicas fue la posibilidad de realizar música con *microtonos*, esto es, recurriendo a intervalos más pequeños que el semitono. Puede considerarse pionero en el uso de esta opción al mexicano Julián Carrillo (1875-1965), al que siguieron otros investigadores y compositores de la microtonalidad, como el checo Alois Hába (1893-1973) o el propio Charles Ives que utilizó cuartos de tono en algunas de sus obras. La música electrónica fue un acicate en esta cuestión, puesto que permitió un estudio interno del sonido. A principios de los años setenta, un grupo de compositores franceses compuesto por Gérard Grisey (1946-1998), Tristan Murail (nacido en 1947) y Hugues Dufourt (nacido en 1946) empezaron a trabajar, en palabras de este último, «sobre la dimensión interna de la sonoridad». Su música parte de un análisis de todo el espectro acústico del sonido, es decir, su composición interna, y de su traslado a la orquesta o conjuntos instrumentales. En este sentido, resulta clave la obra *Partiels* (1975) de Grisey. El *espectralismo*, que así fue como se llamó esta tendencia, y, de un modo más general, la microtonalidad, más que haber tenido una continuación explícita, ha sido asimilado por autores de lenguajes y estilos distantes, como por ejemplo el alemán Friedrich

Haas (nacido en 1953) o el mexicano Javier Torres Maldonado (nacido en 1968).

Si bien hemos apuntado partituras de Shostakovich o Britten, de alguna manera se podría decir que la ópera fue un género «damnificado» durante el siglo XX, especialmente si se la compara con el predominio que había detentado en la historia precedente. Sin embargo, una de las características de la era postserial ha sido la vuelta a una mayor proliferación de composiciones relacionadas con el género o, al menos en un sentido amplio con el «teatro musical». Algunos ejemplos de ello, en los estilos más diversos, son *L'amour de loin* (2001) de Kaija Saariaho (nacida en 1952), *L'Upupa* (2003) de Hans Werner Henze (nacido en 1926), *FAMA* (2005) de Beat Furrer (nacido en 1954) o *El viaje a Simorgh* (2007) de José María Sánchez-Verdú (nacido en 1968).

Durante las últimas décadas, la creación musical ha seguido ligada a la evolución tecnológica. En la medida en que el *software* informático ha sido desarrollado, este se ha aplicado en un grado proporcional a la música como fuente de apoyo y transformación compositiva. En este sentido, el Instituto de Investigación de Acústica y Música (IRCAM en sus siglas en francés), fundado en París bajo la dirección de Pierre Boulez en 1976, se ha convertido en una organización puntera, con una extensa actividad dedicada al estudio científico de la música y convirtiéndose en un lugar central donde han hecho parte de su formación muchos de los compositores más relevantes de la actualidad.

Una de las consecuencias más visibles de la reacción a la vanguardia ha sido una cierta vuelta hacia la tonalidad, en una corriente que podía denominarse *neotonalista*, apreciable en la obra del estadounidense David Del Tredici (nacido en 1937) o en las descarnadas y místicas creaciones del estonio Arvo Pärt (nacido en 1935) de la década de los ochenta en adelante. Asimismo, asociado a estos postulados de reintroducción de la tonalidad en la

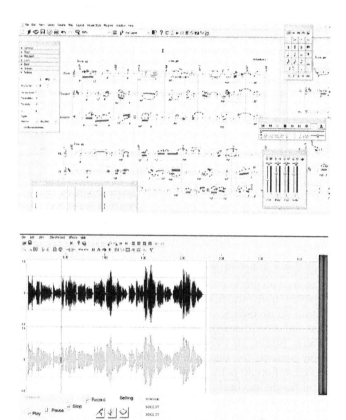

La música evoluciona con la tecnología informática y viceversa. Arriba un editor de partituras. Abajo, un programa de manipulación de sonido que permite realizar con pocos clics las complicadas operaciones de la música electrónica de décadas pasadas.

música contemporánea, se ha acuñado el término *neoro-manticismo* que nos ubica más en las coordenadas de una tonalidad utilizada al estilo de la segunda mitad del siglo XIX. En la década de los ochenta, con composiciones como *Wölfli-lieder* (1982), emergió con fuerza la figura del alemán Wolfgang Rhim (nacido en 1952), que ha derivado hacia lo que una parte de la crítica ha calificado como *nueva expresión*, cajón de sastre donde se ubican compositores de diversa tendencia estilística.

Podíamos seguir matizando tendencias, pero detengámonos aquí para considerar la enorme y rápida extensión de los estilos musicales a nivel planetario a partir de las décadas de los sesenta y setenta, producto de una alta capacidad de comunicación y, consecuentemente, de la facilidad de acceso a lo que podríamos denominar la *fonoteca global*. Más allá de la existencia de un difícil equilibrio entre la aceptación de los enormes cambios de la vanguardia y el rechazo a los mismos, debemos señalar que la producción musical se basa cada vez más en opciones personales que en latitudes, de tal suerte que determinado procedimiento o estilo logra aparecer en diferentes lugares y momentos con cierta facilidad. Esta opción personal puede ser la necesidad de coordinar lo heterogéneo que propugna el francés Philippe Hurel (nacido en 1952) en trabajos como *Flash-Back* (1997), o la obra de un José Luis de Delás (nacido en 1928), español que, huyendo del franquismo, se asentó en Alemania desarrollando una obra totalmente particular, comprometida y poética, ejemplo de lo cual puede ser su composición *Les profundeurs de la nuit* (1996). Precisamente España nos sirve de termómetro para medir esta internacionalización de los estilos musicales. El primer intento de actualizar el oscuro panorama tras el desastre de la Guerra Civil aparece en la llamada *Generación del 51*. En los compositores de este grupo, como Cristobal Halffter (nacido en 1930) o Luis de Pablo (nacido en 1930) se puede encontrar el uso de la dodecafo-

En activo: autores para un cambio de milenio. Jesús Rueda,
Philippe Hurel e Isabel Mundry.

nía, del serialismo integral o de la indeterminación. Todos
ellos, siguiendo la lógica del siglo, transitaron por varias
etapas, moviéndose en evoluciones personales, como las
coordenadas neotonalistas de Antón García Abril (nacido
en 1933), o el desarrollo de lenguajes armónicos propios
como Ramón Barce (1928-2008) o Josep Soler (nacido en
1935). Algo parecido le sucede a su coetáneo portugués
Joly Braga-Santos (1924-1988), que desde planteamientos
neoclasicistas evolucionó hacia formas emparentadas con
las corrientes europeas de posguerra. En una generación
más tardía encontramos minimalismo e influencia de John
Cage en Carles Santos (nacido en 1940); músicas alternativas con Llorenç Barber (nacido en 1948), popular por
sus conciertos de campanas; a Eduardo Polonio (nacido
en 1941), uno de los principales compositores de música
electroacústica de las últimas décadas en Europa; a Jesús
Villa Rojo (nacido en 1940), excelente clarinetista, difusor de la música de vanguardia y músico muy afecto al uso
de las partituras gráficas; o a Francisco Guerrero (1951-
1997), el cual trabajaba a partir de modelos naturales y
físicos, como la teoría de los fractales, siguiendo su línea
ciertos presupuestos propuestos por Xenakis. Actualmen-
te, la composición musical en España está insertada en las
corrientes internacionales, bien sea por la formación o por
el tipo de desarrollo de los proyectos, caso de Alicia Díaz
de la Fuente (nacida en 1967) o de Alberto Posadas (nacido
en 1967), alumno de Guerrero, ambos con conexiones

con el IRCAM parisino o bien porque participan de esa pluralidad, a veces sincrética, de la creación coetánea. En este sentido puede ser demostrativo el grupo Música Presente, colectivo de intérpretes y compositores como Polo Vallejo (nacido en 1959), Jesús Rueda (nacido en 1961) o David del Puerto (nacido en 1964), cuyo nexo no está tanto en su propuesta estilística como en la necesidad de coordinarse para crear, interpretar, investigar y difundir la música actual.

Y es que esta sensación de pluralidad y eclecticismo que parece regir el cambio de milenio en la música tiene uno de sus síntomas más claros en la abundancia del análisis, que se ha puesto casi en pie de igualdad con la enseñanza compositiva. Al no imponerse una corriente preponderante, parece que la única posibilidad de abordar el hecho musical sea examinar caso por caso. Ligeti, autor que, más allá de la música textural, caminó por diferentes estéticas y búsquedas, parecía personalizar en su propia sensibilidad y vivencia esta falta de lo que en musicología se llama *práctica común*, un núcleo principal en la creación, cuando declaraba en 1993: «... no tengo ninguna visión definitiva del futuro, ningún plan general, sino que avanzo de obra en obra palpando en distintas direcciones...». Y precisamente, son otras direcciones las que nos conducen a otros territorios musicales, fenómenos de gran impacto durante el siglo XX.

JAZZ: «NO TENGO NI IDEA DE LO QUE VOY A HACER CUANDO EMPIEZO UN SOLO»

La reflexión del trompetista Doc Cheatham (1905-1997) nos conduce a la esencia de la sabiduría jazzística: «el infinito arte de la improvisación» tal y como lo definió el musicólogo Paul F. Berliner. Nos hemos referido en el primer capítulo a las «perdidas» improvisaciones de

Posiblemente el primer *jazzman* de la historia. El cornetista Buddy Bolden en el recuadro, fotografiado con su banda hacia 1900.

autores como Bach o Beethoven. Así, la improvisación no ha sido ni es un medio de expresión exclusivo del *jazz,* pero en él alcanza una plenitud incontestable.

Hacia 1900, Nueva Orleáns es un auténtico crisol de razas y culturas. Por una parte, la tradición europea franco-hispana. Por otra, la de las poblaciones negras de origen esclavo y criollo. Ambas se fundían en la vida musical del Storyville, el barrio de las diversiones. En semejante caldo de cultivo surge el estilo Nueva Orleáns practicado por pequeñas bandas instrumentales donde destaca el uso de instrumentos como el clarinete, el trombón, la corneta o la trompeta para el plano melódico, de percusión, el contrabajo, la tuba, el banjo, la guitarra y, ocasionalmente, el piano como miembros habituales del acompañamiento, y de una entonación *hot,* o sea, con una fuerte articulación e importancia del *vibrato.* El estilo de marcha es omnipresente, puesto que dichas bandas intervienen en diferentes aspectos de la vida social de la ciudad. Aparece así el que ha sido considerado el primer *jazzman* de la historia: el cornetista Buddy Bolden (1877-1931). No obstante, debemos tener en cuenta que en la génesis del *jazz* hay al menos otros dos estilos que resultan fundamentales. Por un lado el *ragtime,* música de estilo pianístico relacionada con la danza decimonónica conocida como *cake-walk,* y generada en las últimas décadas del siglo XIX en torno a la ciudad de San Luis, siendo su figura más sobresaliente el compositor y pianista Scott Joplin (1868-1917). El *rag*, como se le conocía popularmente, carece del componente improvisatorio del *jazz*, es música escrita, pero se articula con abundantes síncopas y otros tipos de desviaciones del pulso regular —el *off-beat*—, elementos rítmicos definidores del futuro estilo jazzístico. Por otra parte, el *blues*, música de carácter melancólico y expresiva del desaliento y el dolor de la América negra y campesina, será otro de los grandes nutrientes del *jazz*. Pero irá más allá. El *blues*, en sus estructuras rítmicas, armónicas y melódicas, así como en su paso de lo rural a lo urbano, funciona como una «superestructura» que sostiene todo el armazón jazzístico. Se tocará y compondrá *blues* durante todas las épocas, adaptando su organización básica de doce compases a las tendencias estilísticas de cada momento, siendo además una de las principales fuentes en el surgimiento del *rock*.

Volvamos a Nueva Orleáns. Varios intérpretes blancos organizaron sus propias bandas, como el percusionista y bajista Papa Jack Laine (1873-1966). El estilo de las orquestas «blancas» se conoció como *dixieland*, quizá menos expresivo que el de sus coetáneas «negras», aunque conviene señalar que en la práctica los músicos no eran tan tajantes con las segregaciones raciales a la hora de tocar. Una de estas bandas, la Original Dixieland Jazz Band fue la primera en grabar piezas de éxito de *jazz* en 1917, ayudando de esta forma a la popularización definitiva del estilo. Precisamente en ese año de 1917, las autoridades deciden cerrar el Storyville, lo que produce una diáspora de músicos que se establece principalmente en la ciudad de Chicago. Allí se grabaron la mayoría de los discos que conocemos como estilo Nueva Orleáns, que seguramente ya no era el primitivo del cambio de siglo del que apenas quedan registros. En Chicago, el *blues*, en su versión urbana, se incardinó definitivamente como uno de los grandes tejidos del *jazz,* dando lugar al *blues* clásico, con notables intérpretes como la cantante Bessie Smith (1894-1937). También en esta ciudad se formaron relevantes bandas como la Creole Jazz Band del trompetista King Olivier (1885-1938), los Hot Five y Hot Seven de Louis Armstrong (1901-1971) o los Red Hot Pepper del pianista Jelly Roll Morton (1885-1941). Muchos músicos blancos, fascinados por estas formaciones, imitaron su música, caso del trompetista Bix Beiderbecke (1903-1931). En los años veinte, la música practicada en Chicago adquirirá paulatinamente una serie de características que permanecerán durante varias décadas. A nivel organizativo, el solista irá tomando cada vez más relevancia, realizando solos sucesivos, —coros en la argot jazzístico— abandonándose poco a poco la textura heterofónica de solos simultáneos del estilo Nueva Orleáns. Desde el punto de vista instrumental, la sección de acompañamiento tenderá a abandonar la tuba y el banjo para centrarse en el contrabajo, el piano o la guitarra. Irrumpirá con fuerza el saxofón, eclipsando en cierta medida al trombón. Geográficamente, será el momento en que el *jazz* se «desterritorializa» masivamente. Consigue una gran repercusión en Europa, al igual que otras músicas como el tango porteño, en un transvase a la inversa de lo que había sucedido con la música durante muchos siglos. Ahora la dirección era del Nuevo al Viejo Continente. Recordemos que hemos señalado en qué forma autores como Ravel o Stravinski no permanecieron ajenos a su novedosa influencia. Aparecerán así los primeros jazzistas europeos, siendo quizá el primer ejemplo más significativo el quinteto Hot Clube de France fundado por el guitarrista belga Django Reinhardt (1910-1953) y el violinista francés Stéphane Grapelli (1908-1997) en 1934.

La era del *swing* se inicia en los años treinta. El *swing* pasa a denominar desde entonces el elemento rít-

De izquierda a derecha, los actores Forest Whitaker y Samuel E. Wright interpretando respectivamente a los músicos de *be-bop* Charlie Parker y Dizzy Gillespie en la película sobre la biografía del primero titulada *Bird*, dirigida por Clint Eastwood en 1988.

mico característico del *jazz*. Si no hay *swing*, no hay *jazz*. Las pequeñas bandas crecen en número adentrándonos en la dorada época de las *big bands*, con un incremento notable de la sección de viento. Surgen orquestas señeras lideradas por no menos señeros músicos, arreglistas y compositores como Count Basie (1904-1984) o Duke Ellington (1899-1974). El crecimiento de la plantilla genera dos tendencias divergentes. Por un lado, la aparición de frecuentes arreglos más allá de la tradicional improvisación a partir de un tema dado. Por otro, una llamativa y creciente importancia de los solistas dentro de estas orquestas. En efecto, es esta una época de grandes solistas: el saxofonista Coleman Hawkins (1904-1969), el clarinetista Benny Goodman (1909-1986) o el pianista Fats Waller (1904-1943), entre muchos otros. Nueva York se convierte en un gran centro, a la par que la era del *swing* transforma a la música en un negocio gigantesco. Pero en muchos casos, la masiva comercialización condujo a la elaboración de clichés comerciales buscando formas y modas que garantizaban el éxito inmediato. Emergió así una generación de músicos que tenía algo nuevo que decir. Solistas procedentes de las *big bands*, muchos de ellos, se reunían hacia 1940 en lugares como el mítico Milton's Playhouse de Harlem, dando lugar a pequeñas formaciones dentro de las cuales se fraguó el *be-bop*. Entre ellos, figuras legendarias como el trompetista Dizzy Gillespie (1917-1993), el pianista Thelonious Monk (1917-1982) o el saxofonista Charlie Parker (1920-1955), creadores de un estilo de melodías interpretadas a velocidad vertiginosa y de armonías avanzadas. En el *be-bop* operaba, en cierto grado, la influencia de la música clásica moderna y del intelectualismo de las grandes ciudades.

El *cool jazz* nace en la década de los cincuenta como una expresión de equilibrio y templanza frente al ímpetu *be-bop*. Pianistas como John Lewis (1920-2001), líder del grupo The Modern Jazz Quartet, Lennie Tristano (1919-1978) o Dave Brubeck (nacido en 1920), o saxofonistas como Gerry Mulligan (1927-1996), imprimieron a la música ciertos caracteres de la tradición clasicista europea, tales como la interpretación en *legato* o incluso el uso de cierto tipo de contrapunto. El *cool* hundía sus raíces en la orquesta Miles Davis-Capitol de finales de los años cuarenta. Miles Davis (1926-1991) puede considerarse casi como una figura mítica, un auténtico camaleón en sentido activo, al que encontramos a través de las diversas singladuras del *jazz* a lo largo del siglo. Pero, a la par del *cool,* el estilo *be-bop* continuó desarrollándose con diferentes matices bajo la denominación común de *hard-bop* o, más tardíamente, *pos-bop.* Dentro de esta órbita, entre otros muchos, se situaron músicos como el trompetista Donald Byrd (nacido en 1932), el batería Art

Una de las formaciones del saxofonista John Zorn, uno de los músicos más implicados en el *jazz* más avanzado en el cambio de milenio.

Blakey (1919-1990) o inicialmente John Coltrane (1926-1997), quizá otro de los grandes de todos los tiempos, saxofonista que trasciende con su personal estilo a las tendencias que le tocó vivir, habiéndose convertido en una piedra angular para el *jazz* de los últimos cuarenta años. Precisamente Coltrane participó en la grabación del mítico álbum de Miles *Kind of blue* (1959), junto a otros destacados músicos, entre los que figura el pianista Bill Evans (1929-1980). En este disco aparecen varias composiciones que dieron lugar al llamado *jazz modal,* corriente que echa mano de la armonía extraída de las escalas conocidas como modos, a las que nos hemos referido varias veces en capítulos precedentes.

Los estilos *funk* y *soul* comienzan a cimentarse en la década de los cincuenta, consolidándose paulatinamente en la década posterior, en la cual también continúan en activo el *hard-bop*, el *jazz* modal o el *cool,* conformando lo que con los años será considerado como el *mainstream* o 'corriente principal', con vínculos con el *be-bop* y la tradición más primigenia del *jazz*. Mas los sesenta serán recordados por la irrupción del *free jazz:* una nueva concepción rítmica lejana al metro fijo, una exploración libre por territorios de la atonalidad, no ajena del todo a la vanguardia europea coetánea, un énfasis en la intensidad y una incursión premeditada en el ámbito del ruido con ciertos ecos de la protesta social que se declaraba en la década. Este camino impetuoso había tenido sus precedentes en músicos como el contrabajista Charlie Mingus (1922-1979), y se sustanció en figuras como el saxo Ornette Coleman (nacido en 1930) —precisamente él editó el imprescindible albúm *Free jazz* (1960)— o el pianista Cecil Taylor (nacido en 1929). El propio Coltrane participó de aspectos relacionados con el *free* dentro de su particular trayectoria. Pero también en los sesenta toma carta de naturaleza el *latin jazz*, corriente que busca la comunicación con elementos de la música latinoamericana. Si los aires afrocubanos y puertorriqueños ya habían sido explorados por músicos del *be-bop*, el *latin* tendrá sus nombres propios, caso del trompetista Arturo Sandoval (nacido en 1949) o del pianista Michel Camilo (nacido en 1954) más recientemente. Igualmente, dentro de esta corriente debe señalarse la influencia de la música brasileña, donde juega especial importancia la *bossa nova* y la figura del compositor y arreglista Antônio Carlos Jobim (1927-1994) que ha proporcionado una gran cantidad de composiciones que se han asentado en el repertorio del *jazz* gracias, entre otros, a músicos como el saxofonista Stan Getz (1927-1991). Hacia finales de los años sesenta y durante la década de los setenta, el *jazz fusion* estableció un diálogo con los elementos más progresivos del *rock,* incluyendo entre ellos la singular tendencia hacia la electrificación. Miles llevó a cabo su propia apuesta en este sentido, sumándole componentes tomados del *free,* en el doble LP *Bitches Brew* (1970).

Más allá de un lugar. Músicos de rap como el estadounidense Cornell Haynes, *Jr. Nelly* (nacido en 1974) a la izquierda, o el grupo español La Excepción, nos recuerdan cómo la música popular urbana se ha convertido en un fenómeno común para personas de diferentes geografías y contextos, dentro de los parámetros transculturales de las sociedades posmodernas.

Muchos de los jóvenes músicos que se pusieron a las órdenes del veterano trompetista, terminaron siendo los impulsores del estilo *fusion* creando sus propios grupos: el pianista Chick Corea (nacido en 1941) con Return to Forever, el también pianista Joe Zawinul (1932-2007) y el saxofonista Wayne Shorter (nacido en 1933) con Weather Report, banda en la cual también participaba el revolucionario del bajo eléctrico Jaco Pastorius (1951-1987), o el guitarrista John McLaughlin (nacido en 1941) con la Mahavishnu Orchestra.

Desde los años ochenta, el *jazz* participa de cierta pluralidad, conformándose dentro de estas dos corrientes que se mueven con fuerza como dos polos heredados de las anteriores décadas. Por una parte, una tendencia calificada en ocasiones como *neo-bop*, liderada principalmente por el trompetista Wynton Marsalis (nacido en 1961), que en el fondo es una continuación del *mainstream* de los cincuenta y sesenta. Por otra, músicos que apuestan por continuar búsquedas de experimentación y vanguardia como los saxofonistas John Zorn (nacido en 1953) y Steve Coleman (nacido en 1956). Entre ambos polos circula una gran cantidad de propuestas, dándose incluso movimientos diversos como el *smooth jazz* de los ochenta, ligado a influencias pop, o el *acid jazz*, con puentes hacia el *hip-hop* o la música electrónica de baile. Y es que el *jazz* ha gozado siempre de una capacidad mimética a la vez que ha mantenido su idiosincrasia de una manera muy definida. Ha desarrollado a lo largo de poco más de un siglo una secuencia parecida a la de la música clásica occidental, con su génesis, su momento clásico, sus búsquedas de vanguardia, sus miradas hacia la tradición de su *mainstream* o su actual eclecticismo. Sus estilos surgen sin desaparecer nunca definitivamente, retroalimentándose unos a otros. De hecho, ha habido *revivals* constantes, como el del *dixieland* ya en plena década de los cincuenta. A ello contribuye sin duda el hecho de haber sido una música que ha crecido en paralelo al mundo de la fonografía, con lo que la presencia constante de los estilos más antiguos se ve favorecida por la existencia de grabaciones hechas por sus protagonistas, que, todo sea dicho de paso, debido a la apresurada evolución del *jazz*, suelen estar vivos cuando se les requiere de nuevo. El *rock* presenta ciertas concomitancias.

Rock y pop: suma y sigue

Efectivamente. Lo señalábamos en el primer capítulo: el surgimiento de un estilo dentro de lo que se denomina como *rock* y *pop* no implica normalmente una anulación absoluta del anterior. Esto ha propiciado que dentro de esta nomenclatura se alojen una enorme, variada y compleja tipología de propuestas musicales asociadas a no menos variados y complejos fenómenos culturales. Busquemos algunos puntos en común.

Bajo dicha denominación se engloban una serie de estilos musicales en constante evolución durante los últimos sesenta años, cercanos y habituales para mucha gente de todo el mundo. Es el resultado de una mezcla de diferentes influencias, cuya característica común podría ser el hecho de haberse constituido en una vía de expresión de actitudes y valores juveniles y en una especie de música popular universal. Otra característica de estos estilos radicaría en su fuerte vinculación con la industria del disco y con los medios de comunicación de masas. Ello explica en buena medida su dependencia de las leyes del mercado, donde normalmente triunfa aquello que es apoyado por las grandes compañías que a su vez apoyan lo que más vende más allá de otros criterios de calidad. Instrumentalmente, el *pop-rock* ha conformado un estándar alrededor de la agrupación constituida por voz, dos guitarras eléctricas, bajo y batería. Pero no es un modelo único puesto que ha ofrecido variaciones a lo largo de su historia.

En el nacimiento del *rock'n'roll* durante los años cincuenta concurren varias culturas musicales activas en la sociedad norteamericana. Entre ellas se halla el *country*, música de las poblaciones rurales blancas con origen en el folclore traído por los emigrantes europeos, el *rhythm and blues*, animado y electrificado estilo de *blues* practicado principalmente por músicos y cantantes negros de las ciudades, o el *boogie-woogie* de las orquestas de *swing*. El *rock'n'roll* posee una fuerte identidad rítmica y armónica con los dos últimos, de tal suerte que muchas canciones de los primeros músicos y cantantes como Elvis Presley (1935-1977), Bill Haley (1925-1981) o Chuck Berry (nacido en 1926) podrían encuadrarse con facilidad dentro de aquellos. Precisamente puede considerarse a Berry como uno de los más importantes a la hora de definir las temáticas rockeras vinculadas directamente con la inquietud adolescente, amén de marcar un antes y un después en la forma de tocar la guitarra eléctrica. Aunque al pinchadiscos Alan Freed (1921-1961), gran promotor de esta música, se le atribuyó en muchas ocasiones la invención del término *rock'n'roll,* lo cierto es que la palabra *rock* aparecía en muchos temas desde principios de los cincuenta. El mismo Freed se vio envuelto en un escándalo en 1959 por haber aceptado sobornos para poner ciertos discos. Una curiosa práctica de «incentivos» que, sin embargo, pasó a ser normal tiempo más tarde dentro de la industria discográfica.

Este primer *rock* fue visto como algo salvaje y peligroso desde ciertos sectores sociales debido, entre otros motivos, a la histeria que se producía en las masas de adolescentes que aclamaban con locura a sus ídolos, lo que por otra parte nos sitúa en el arranque del fenómeno fan. Así, a principios de los sesenta hubo un deseo por parte de ciertos sellos de reconducir este fenómeno hacia la creación de grupos y cantantes donde se primaba cierto melodismo vocálico y se atemperaba la imagen desbocada de los intérpretes del *rock* inicial. Puede considerarse como el primer intento de «domesticación» del *rock,* fenómeno recurrente en su historia, producto de un deseo de explotar comercialmente su gran alcance, extirpando del mismo sus potenciales peligros contraculturales o contestatarios. Es así que aparecen figuras como el cantante Bobby Rydell (nacido en 1942), auténtica imagen del buen *teenager* —'adolesecente'—. En este caldo de cultivo, y bajo el mito de la playa, surgió The Beach Boys, grupo californiano que contaba con refinados arreglos vocales.

Se ha señalado que el sosiego impuesto al *rock* a principio de los sesenta, dio lugar a lo que hoy conoceríamos como *pop.* Sea esto más o menos veraz, en la década de los sesenta la cultura *pop-rock* emerge con fuerza en suelo británico. The Beatles, cuyo nombre procede de un sueño que tuvo uno de sus miembros, concretamente John Lennon, será el grupo que marcará

Dos iconos de la cultura popular en contacto. Mafalda, personaje creado por el dibujante argentino Joaquín Salvador Lavado *Quino* (nacido en 1932), protesta porque alguien ha llenado de pelos su ejemplar del álbum de The Beatles *Rubber Soul* (1965), a la derecha. La estética de largos cabellos de los componentes del grupo fue objeto de no pocos comentarios en su momento.

toda la década, junto quizá a The Rolling Stones como reverso de una misma moneda. Cantidad de grupos se crearán con una mirada puesta en el cuarteto de Liverpool, no sólo en su país sino en otros lugares de Europa y América, suponiendo un fenómeno social a nivel global y sin precedentes en el mundo de la música en general. Su evolución es la evolución del pop de la época. Con unos inicios enraizados en el primigenio *rock* y en elementos de la música de balada adolescente, poco a poco crearán un sonido propio e inconfundible para derivar a mediados del decenio hacia una línea más experimentadora, llena de creatividad y con capacidad para dar cabida a multitud de influencias musicales, en consonancia con el espíritu de la cultura *hippie* del momento. Prueba de ello es su álbum *Stg. Pepper's Lonely Hearts Club Band* (1967), el cual marca un antes y un después no sólo en su música sino en la historia del pop.

Pero no debemos abandonar los sesenta sin antes acercarnos a dos fenómenos de especial relevancia. El primero nos conduce a un músico y poeta venido del mundo de la canción *folk* llamado Robert Allan Zimmerman y más conocido como Bob Dylan (nacido en 1941). Quizá a él se deba que la generación de músicos pop de la década inclinase las letras de sus canciones hacia contenidos de corte más lírico o reivindicativo. La protesta expresada a través de la música de estos años le debe mucho a él. No en vano, Dylan se reconocía en el cantante de *country* Woody Guthrie (1912-1967), auténtica voz de los desposeídos de América. El otro fenómeno nos lleva a la eclosión de una música totalmente negra en cuanto a su ejecución, su composición, su producción y su comercialización. Su máxima expresión podemos encontrarla en el *soul* de la casa Stax, con nombres como Wilson Pickett (1941-2006), y muy especialmente en la compañía fundada en 1960 por Berry Gordon en Detroit: la Tamla Motown. El sonido Motown produjo nombres legendarios como el cantante Marvin Gaye (1939-1984) o grupos como The Supremes, creando una música de gran calidad tanto en lo que atañe al sonido como a la melodía, la forma y los arreglos.

El dinamismo de los sesenta es responsable en buena medida de que a finales de la década y principios de la siguiente se intentase hacer una música de gran calado partiendo del *pop-rock*. Los grupos del llamado *rock sinfónico,* como Pink Floyd, Genesis o King Crimson, quisieron crear muy elaboradas composiciones explorando las vías ofrecidas por la tradición clásica y el mundo de lo psicodélico. También esta corriente utilizó elementos extraídos de otros de las grandes manifestaciones de principios de los setenta: el rock duro, asimismo llamado *hard rock* o *heavy metal.* Led Zeppelin, Black Sabbath o Deep Purple fueron las primeras bandas de este contundente estilo. En su territorio convergen la faceta más «agresiva» del *pop-rock,* ya observable en algunas composiciones de The Beatles o The Rolling Stones o en grupos como The Who, y la herencia de varios guitarristas que desplegaron un particular virtuosismo a partir del desarrollo de las grandes posibilidades que ofrecía la guitarra eléctrica. En este sentido, y apoyados en la inagotable tradición del *blues,* destacaron figuras como Eric Clapton (nacido en 1945) o Jimi Hendrix (1942-1970). Casi coetáneamente, los cantantes del conocido como *glitter rock* o *glam rock* como David Bowie (1947) se caracterizaron por sus brillantes vestuarios y maquillajes y un característico sonido con préstamos del *heavy* y de la psicodelia.

Los setenta suponen la diversificación definitiva del *pop-rock*. Cinco ejemplos pueden otorgar una idea de ello. El *reggae,* nacido en Jamaica, con su peculiar escritura de silencio al principio de cada compás y abanderado por el singular Bob Marley (1945-1981). La *salsa,* encuentro de la música de los emigrantes cubanos en Nueva York con elementos del *pop* y del *jazz.* El asentamiento definitivo del *funk,* con sus característicos y brillantes ritmos de guitarra, sus líneas de bajo percusivas y rotas y sus rítmicos acentos en la percusión, se realizó gracias a figuras como el cantante procedente del *soul* James Brown (1933-2006). El *punk,* música de ropajes anarquistas, nacida hacia mediados de la década como contestación a la sociedad establecida, denunciaba de una manera cruda tanto en lo musical como en las letras las inaceptables condiciones de vida de los jóvenes británicos durante la recesión económica del momento, pasando a la historia como grupo emblemático del género The Sex Pistols. Y finalmente, el nacimiento de la música disco, culminación del alejamiento de lo emocional de la música *soul* y *gospel*, buscando principalmente el carácter bailable más allá de la melodía y de la instrumentación. Desde grupos como los Bee Gees o ABBA, hasta cantantes como Donna Summer (nacida en 1948), el estilo buceó por todo lo imaginable en cuanto a géneros posibles, desde el *funk* hasta el rap, para llevarlo a las pistas de baile.

Para situarnos en los ochenta, baste la frase del músico asociado a la *new wave* Joe Jackson (nacido en 1954): «El rock de la década de los ochenta no es una

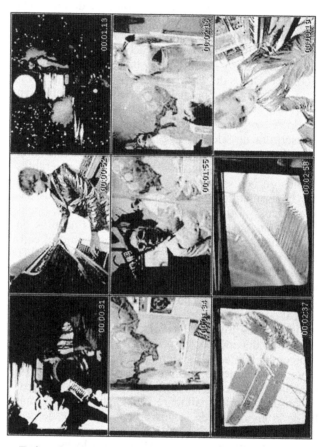

Tarjeta de presentación. El videoclip se convierte en una forma habitual de presentar y difundir canciones a partir de la década de los ochenta. En la imagen, diversos momentos correspondientes a la canción *Video killed the radio star* (1981) del grupo The Buggles.

lucha contra lo establecido, porque en realidad es lo establecido». Parecía que la música no podía ser ajena al engullimiento comercial del neoliberalismo. Resulta así sintomático cómo se terminan asentando las *radiofórmulas* —cadenas temáticas—, centradas en la música, las cuales vuelcan y «dictan» en buena medida los ingredientes de las listas de éxitos. El videoclip se convierte en uno de los elementos habituales para presentar y difundir canciones. El macroconcierto, con raíces en la anterior década, se transforma en un fenómeno de alto valor para la industria del espectáculo, capaz de convocar a masas que empiezan a tener un carácter intergeneracional: el pop-rock ha superado la treintena. Y aunque nunca había desaparecido, se potencia la figura del cantante solista como estrella fulgurante. Michael Jackson (1958-2009), nacido al calor de la Motown y de la tendencia disco con su grupo familiar The Jackson Five, o Madonna (nacida en 1958) son prueba de ello.

La diversificación continúa. El desarrollo de un *rock para todos*, también conocido como *rock para adultos*, elaborado a partir de clichés inspirados en estilos pasados, cuyo mayor exponente fue el grupo Dire Straits. La consolidación de la *new wave* —literalmente, 'nueva ola'—, con grupos como Talking Heads o The Buggles que, partiendo de una «destilación» de elementos del *punk*, añadía importantes elementos electrónicos. Y si de electrónica hablamos, los años ochenta suponen una importante irrupción de la tecnología en la música pop dada la popularización definitiva de los sintetizadores. Algunos grupos como los alemanes Tangerine Dream o Kraftwerk ya habían basado su música en la utilización masiva de este tipo de instrumentos, caso del mítico *Minimoog* presente ya desde los años setenta. A la vez que se afianzaban modelos como el Yamaha DX7, o la utilización de cajas de ritmos, la tímbrica del pop adquirió

La figura del DJ, como Uroš Umek (nacido en 1976) en la foto, ha conducido a la música electrónica a adquirir una condición esencialmente destinada al baile. Los géneros de esta corriente han llegado incluso a la pedagogía de la flauta de pico, como en el volumen de *Planète Electro* de Fred Thomasseau, a la derecha.

un sabor electrónico, en particular en aquellos grupos que se situaron bajo la nomenclatura de *tecno-pop*, o *electro-pop*, como Ultravox o Depeche Mode.

En los noventa, la etiqueta *world-music* cuajó como una forma de introducir músicas conectadas con tradiciones étnicas o no-occidentales en el diseño del *marketing* de las grandes discográficas. Es sintomático que fueron músicos vinculados al pop como Peter Gabriel o Paul Simon los que ejercieran de introductores de una ceremonia que aprovechaba la mitomanía del mestizaje como búsqueda de nuevos consumidores. En la mayoría de los casos se trataba de una pincelada, de un instrumentista o instrumento más «exotizado» que exótico sobre el armazón del *pop-rock*.

Pero también en los noventa, y en las antípodas de la tecnificación, el *grunge*, el sonido de grupos como Nirvana o Pearl Jam, pretendía mantener la herencia del sonido *underground* compartiendo raíces con el *punk* y el *heavy*. Es como si el *rock* quisiese conservar en todo momento una corriente sustentada sobre las esencias que nacieron de la guitarra de Chuck Berry, creando su inconfesado y particular *mainstream* basado en la tradición de figuras como Hendrix o estilos como el *rock* duro, buscando asentarse en «lo genuino» que estaría representado en el decenio por formaciones como The Red Hot Chili Peppers o Soundgarden. Por si esto no fuese suficiente, la década de los noventa ofreció fuertes *revivals* como el del *funk* de grupos como Jamiroquai o The Brand New Heavies, o una enorme eclosión de música derivada del género prosódico y rítmico del rap, estilo nacido décadas atrás, pero que en este instante se expande en una excepcional gama de matices cuya fortaleza estaría representada principalmente por el *hip-hop*. Y finalmente, una sensación, a cuarenta años vista, de que el *pop-rock* tenía una historia propia, a lo que contribuía la pléyade de «mitos vivos», léase grupos como The Rolling Stones o nombres como Phil Collins (nacido en 1951), en activo sincrónicamente con todo lo nuevo.

El cambio de milenio ha supuesto una expansión definitiva de la música electrónica, especialmente orientada al baile, pero también como armazón de diversos aspectos musicales, sea en las bases de los cantantes de estilos relacionados con el rap, sea por la utilización de *samplers*, esto es, muestras digitales de sonidos reales con los que se crea la música sin necesidad de utilizar instrumentos, modo de proceder de conjuntos como los dúos The Chemical Brothers o Properllerheads. En los noventa la tendencia se asentó con ritmos basados en pulsaciones muy básicas con el señalado destino de servir de música de baile y con una nomenclatura que incluía nombres como *bakalao, mákina, newbeat* o *tecno-house*, llegando a «explotar» en una infinidad de subgéneros a partir del primer decenio del siglo XXI, abarcando denominaciones como *jungle, ambient, trip-hop* y un sinfín más. La aparición de la figura del DJ, el *deux ex machina* por excelencia de este tipo de géneros, el cual elabora la música a partir de fragmentos también de música pero pregrabada, tales como *loops* —'bucles'—, ha hecho a muchos reflexionar acerca de qué relación tienen estas creaciones con los parámetros tradicionales del *pop-rock* que en el fondo se acoge al molde clásico de la presencia viva de la ejecución por medio de la voz y el instrumento. Si bien la vivencia colectiva y los patrones culturales de la música electrónica parecen estar en sintonía con lo que ha sido la historia del género, es cierto que muchos autores electrónicos más jóvenes han buscado su genealogía nada más y nada menos que en compositores de la electrónica clásica de los cincuenta y sesenta como el mismísimo ¡Stockhausen! Es una cuestión que queda abierta. Como abierta es la cantidad de géneros que se multiplican y definen año tras año no sólo en la música electrónica, sino en todo el espectro abarcado por el *pop-rock*. A veces resulta complicado saber en qué se distinguen musicalmente unos de otros, porque seguramente la definición por parte de sus protagonistas se atiene tanto a cuestiones musicales como circunstanciales. Pero lo cierto es que la enciclopedia en red Wikipedia ofrecía a la altura de marzo de 2011 como subgéneros del *rock,* es decir, sin contar el pop, el *funk* u otras corrientes, la friolera de doscientas dos entradas, entre ellas algunas tan llamativas como el *rock wagneriano.* En definitiva: el *pop-rock,* en cuanto a sus cientos de ramificaciones, suma y sigue.

Epílogo
Un colofón: pistas a través
de la ventanilla

Es posible conocer un país viajando en tren, deteniéndose en las principales estaciones y conociendo aquellos lugares que la tradición nos ha legado como más significativos. Sin embargo, a poco que el viajero quiera tener sus ojos bien abiertos se percatará de que a través de la ventanilla de su vagón aparecen vastos territorios inexplorados para su curiosidad. Nuestro particular viaje a través de la historia de lo sonoro ha circulado sobre una vía que, por breve, necesariamente funciona como un tamiz. En esos vastos territorios quedan multitud de acontecimientos y hechos altamente estimulantes para quien quiera ampliar sus experiencias musicales. Por citar sólo algunos entre muchos...

Las primitivas liturgias cristianas o el drama litúrgico para la Edad Media. La *música ficta,* el complejo movimiento de músicos por la geografía europea o una enorme nómina de compositores de polifonía para el Renacimiento. Un Barroco plagado de géneros escénicos, vocales e instrumentales llenos de hibridaciones y préstamos entre ellos en rápida y constante evolución. Ilustres, y a veces olvidados, la mayoría barrocos, como Vivaldi, «rescatados» durante los últimos sesenta años: Joseph Bodin de Boismostier, José de Nebra, Johann Pisendel, Francesco Provenzale y un largo etcétera con abundante y hermosa música por descubrir. De forma parecida, protagonistas del clasicismo anteriores y coetáneos de los gigantes vieneses: Carl Heinrich Graun, Johann Adolph Hasse, Antonin Benda, Johann Schobert, Anton Eberl o Juan Crisóstomo Arriaga. Todos ellos partícipes del amplio espacio del nacimiento del concierto público, de la edición masiva o de la querella operística. Un universo vocal inmenso en el Romanticismo, poblado de *lieder,* canciones de concierto, operetas, canciones ligeras y de tanta literatura *amateur.* Junto a ello, la inmensa nomenclatura para las últimas décadas decimonónicas: Ernest Chausson, Paul Dukas, Vincent d'Indy, Max Bruch, Charles Stanford, Carl Nielsen, Tomás Bretón o Pablo Sarasate. Finalmente, el exploratorio siglo XX, también amplio y variado: Leoš Janaček, Karl Amadeus Hartmann, Henry Cowell, Harry Parcht, Mauricio Kagel, Terry Riley, Arthur Bliss, Klaus Huber, Sofía Gubaidulina, Carmelo Bernaola o Joan Guinjoan. Y una actualidad siempre renovada y desbordante.

No perdamos de vista que la humanidad es una humanidad musical allá donde levanta su cultura. Músicas ligadas a diferentes geografías planetarias, como las tradiciones milenarias de China, Japón o la India con su propio bagaje sonoro altamente sofisticado. Nos esperan aspectos que relacionan a la música con cuestiones de género, con la estética, con el *ballet,* con la organología, con la cinematografía y lo audiovisual. Más *jazz,* y más *rock,* y más electrónica, y más géneros afortunadamente inclasificables. Y sobre todo: nos aguarda buscar la parte viva del asunto, escuchar, buscar grabaciones, compararlas, ir a conciertos, leer sus programas, atender a las informaciones que sobre música aparecen en los medios de comunicación. Permitámonos adentrarnos sin miedo en la historia, en la historia viva de la música, para que la historia no se nos escape.

Glosario

Acorde: grupo de notas ejecutadas a la vez que poseen ciertas relaciones establecidas entre ellas. El acorde básico, que se empezó a codificar a finales del Barroco tardío, se conoce como *tríada* por estar constituido por tres sonidos: una nota fundamental, otra a distancia de intervalo de tercera y otra a distancia de quinta. A partir de esta forma básica se pueden añadir otras notas o variar el número de intervalos, lo que afecta notablemente al carácter de la música. Por ejemplo, agregar una nota a intervalo de séptima da un *acorde de séptima.*

Aerófono: instrumento de viento.

Alteración: sostenidos y bemoles son signos que se colocan delante de la nota y *alteran* su sonido subiéndolo medio tono los primeros y bajándolo los segundos. La música modifica su carácter según el uso que se haga de dichos signos.

Altura: en música, sinónimo de *nota.*

Anacrusa: comienzo de la melodía o el movimiento melódico en un pulso débil recayendo seguidamente en uno fuerte. Crea un importante empuje rítmico.

Anticipación: nota que aparece justo antes de la armonía —acordes— que le corresponde. Contrario de *retardo*.

Armonía: disciplina que estudia cómo se forman los acordes y cómo se enlazan. Hablamos de velocidad del ritmo armónico rápida o lenta en función de la duración de cada una de las áreas armónicas.

Arpegio: ejecución de las notas de un acorde de manera sucesiva y no simultánea.

Binaria: la organización del ritmo en grupos de dos pulsos, uno fuerte seguido de uno más débil. También llamado *tiempo binario*.

Cadencia: por una parte, es la resolución de una frase musical, como si de un punto en lenguaje escrito o hablado se tratase. También se ha denominado así a ciertas zonas de escritura virtuosística para lucimiento del solista, especialmente a partir del clasicismo.

Canto llano: sinónimo de *canto gregoriano*.

Clave: signo que colocado al principio de la partitura nos indica la posición de las notas en el pentagrama y su altura relativa. Por ejemplo, la *clave de sol* indica notas más agudas que la *clave de fa*. No confundir con *clave* referido al instrumento de tecla renacentista o barroco.

Color: en la música se refiere a la mayor o menor variedad de timbres utilizados, especialmente en el caso de la orquesta que ofrece grandes posibilidades en este sentido.

Compás: organización rítmica de la música en grupos de dos, tres, cuatro o más pulsos.

Conjunto: movimiento melódico compuesto por notas sucesivas —*do, re, mi,* etcétera—, esto es, sin saltos interválicos mayores que la segunda.

Consonancia: la impresión de ciertos sonidos que parecen fundirse en un todo único frente a lo que sería disonancia. La percepción de una mayor consonancia o disonancia depende de factores físicos, educativos o culturales. Véase también *disonancia.*

Contrapunto: sistema de composición basado en la adición de líneas melódicas superpuestas que guardan ciertas relaciones de construcción entre ellas. Evidentemente, este varía según la época histórica y el estilo. Así, no es igual el contrapunto renacentista que el atonal.

Cordófono: instrumento de cuerda.

Cromático: se refiere especialmente a la utilización de las doce notas de la escala cromática, coloquialmente, tanto teclas blancas como negras en un piano. Se habla de mayor cromatismo cuanto más se incida en su uso, como por ejemplo en ciertas épocas como el posromanticismo.

Diatónica: en referencia a la escala de siete notas básica, coloquialmente las teclas blancas del piano, o las escalas formadas por la sucesión de tonos y semitonos similar a esta. También se habla de *escala natural.*

Disonancia: frente a *consonancia,* los sonidos simultáneos parecen colmados de tensiones, de ahí que la armonía tradicional indicase los modos de «resolver» dichas tensiones. La percepción de una mayor consonancia o disonancia depende de factores físicos, educativos o culturales. Véase también *consonancia*.

Escala natural: véase *diatónica*.

Fuga: una de las formas de contrapunto más elaborada que usa los procedimientos de canon e imitación y cuya máxima expresión apareció ya dentro del contrapunto armónicamente saturado del Barroco tardío.

Grado: se aplica a cada una de las notas de una escala: I para el primero, II para el segundo y así sucesivamente.

Hemiola: patrón rítmico que alterna pulsaciones ternarias con binarias.

Homofonía: escritura vertical y paralela de los sonidos de las diferentes voces.

Intervalo: la distancia entre dos notas, sucesivas o simultáneas. El básico *de segunda* se aplica a dos notas correlativas, por ejemplo *mi-fa*. *De tercera* implicaría una más, y así sucesivamente. La utilización de un tipo de interválica u otra, más o menos disonante, más o menos cromática, incide notablemente en el carácter de la música.

Legato: ejecución continua de las notas sin articulación en cada una de ellas.

Mayor: se aplica a determinado carácter de las escalas y de las tonalidades resultado del ordenamiento interno de sus sonidos. En el caso de *mayor*, este ordenamiento viene caracterizado por la distancia de un tono entre el primer y el segundo sonido de la escala, así como entre el segundo y el tercero. Junto a *menor*, ha formado un binomio constructivo muy importante en la música occidental durante casi tres siglos. Véase también *menor*.

Melodía de timbres: procedimiento donde la sucesión de notas de una melodía común se ha sustituido por la sucesión de diversos instrumentos que interpretan la misma nota.

Menor: se aplica a determinado carácter de las escalas y de las tonalidades resultado del ordenamiento interno de sus sonidos. En el caso de *menor*, este ordenamiento viene caracterizado por la distancia de un tono entre el primer y el segundo sonido de la escala, y de un semitono entre el segundo y el tercero. Junto a *mayor* han formado un binomio constructivo muy importante en la música occidental durante casi tres siglos. Véase también *mayor*.

Microtono: intervalo de sonidos menor que un *semitono*, por ejemplo de cuarto de tono.

Modalidad: véase *modo*.

Modo: cada una de las escalas realizadas a partir de cualquiera de las notas de la escala diatónica. Su variedad estriba en la diferente colocación de tonos y semitonos que caracteriza a cada uno de ellos. Para la música occidental, hunden sus raíces en los ocho modos de la música gregoriana, y aparecen en la música folclórica, en la música contemporánea, en el *jazz*, en tradiciones como la árabe o la hindú y en muchos otros estilos.

Modulación: paso de una tonalidad a otra dentro de una composición.

Monódico: o *monofónico*, referido a canto o interpretación a una sola voz en oposición a polifónico. Véase *polifonía*.

Multifónicos: técnica avanzada de interpretación de los instrumentos de viento que permite la emisión de dos o más sonidos simultáneos.

Nota: cada uno de los sonidos que conforman una escala musical. Equivalente a *altura*.

Parte: línea o voz independiente, instrumental o vocal.

Pentatónica: escala de cinco notas ampliamente extendida a lo largo de las músicas de todo el planeta. Hay muchos tipos dependiendo del orden interno de sus sonidos.

Pizzicato: indicación para los instrumentistas de cuerda frotada de que la nota se debe ejecutar pellizcando la cuerda con los dedos y no mediante el uso del arco.

Polifonía: en oposición a *monofónico* (*monódico*), se refiere a toda música en la que concurren dos o más sonidos simultáneos. La polifonía alberga una enorme variedad según el estilo musical, desde la más simple a la más intrincada. Véase *monódico*.

Retardo: nota que aparece justo después de la armonía —acordes— que le corresponde. Contrario de *anticipación*.

Semitono: distancia acústica entre dos notas correlativas que abarca la mitad de un tono. Es sinónimo de *medio tono*. En la escala diatónica están situados entre las notas *mi-fa* y *si-do*. Véase *tono* y *alteraciones*.

Silábico: en música vocal, escritura en que a cada nota le corresponde una sílaba del texto.

Tempo: mayor o menor velocidad de la ejecución musical.

Ternaria: la organización del ritmo en grupos de tres pulsos, uno fuerte seguido de dos más débiles. También llamado *tiempo ternario*.

Tesitura: grupo de sonidos que un instrumento o una determinada voz son capaces de emitir.

Textura: grado de densidad sonora de una determinada composición. Hablamos de textura *polifónica* o *monofónica*, entre otras.

Tiempo binario: véase *binaria*.

Tonalidad: sistema que ha sido el privilegiado en la música occidental durante varios siglos, consistente en que un tono —una nota— ejerce como polo de atracción a todos los sonidos que se organizan a su alrededor. La tonalidad puede ser mayor o menor según se constituyan internamente sus sonidos, al igual que las escalas que también pueden ser mayores o menores. No es necesario tener conocimientos de armonía para sentir esa atracción hacia el polo principal. Los sonidos de la tonalidad guardan una serie de relaciones jerárquicas entre sí y respecto a dicho tono base.

Tono: distancia acústica entre dos notas correlativas. En otros sentidos equivale a *nota* o a *tonalidad.*

Trémolo: rápida repetición de una nota.

Tríada: véase *acorde.*

Trino: rápida alternancia de una nota principal con una inmediata superior o inferior.

Voz: véase *parte.*

Bibliografía

BIBLIOGRAFÍA GENERAL

BENNET, Roy. *Investigando en los estilos musicales*. Madrid: Akal, 2001 (edición original: 1998).

—, *Léxico de música*. Madrid: Akal, 2003.

CRUCES, Francisco (ed.). *Las culturas musicales: lecturas de etnomusicología*. Madrid: Trotta, 2008 (edición original: 2001).

DAHLAUS, Carl. *Fundamentos de la historia de la música*. Barcelona: Gedisa, 2003 (edición original: 1997).

FUBINI, Enrico. *La estética musical desde la Antigüedad hasta el siglo XX*. Madrid: Alianza, 2005 (edición original: 1988).

GROUT, Donald J., PALISCA, Claude V. y BURKHOLDER, Peter V. *Historia de la música*. Madrid: Alianza, 2008 (edición original: 1988).

Károly, Ottó. *Introducción a la música*. Madrid: Alianza, 2003 (edición original: 1976).

Khüns, Clemens. *Historia de la composición musical*. Barcelona: Idea Books, 2003.

Martín Triana, José María. *El libro de la ópera*. Madrid: Alianza, 2001 (edición original: 1987).

Michels, Ulrich. *Atlas de música I*. Madrid: Alianza, 1998 (edición original: 1977).

—, *Atlas de música II*. Madrid: Alianza, 1998 (edición original: 1992).

Sadie, Stanley. *Guía Akal de la música*. Madrid: Akal, 2009 (edición original: 1994).

Williams, Bernard. *Sobre la ópera*. Madrid: Alianza, 2010.

Música en la Prehistoria, la Antigüedad y la Edad Media

Andrés, Ramón. *El mundo en el oído. El nacimiento de la música en la cultura*. Barcelona: El Acantilado, 2008.

Asensio Palacios, Juan Carlos. *El canto gregoriano. Historia, liturgia, formas*. Madrid: Akal, 2008 (edición original: 2003).

Comotti, Giovanni. *Historia de la música 1. La música en la cultura griega y romana*. Madrid: Turner, 1986 (edición original: 1977).

CULLIN, Olivier. *Breve historia de la música en la Edad Media*. Barcelona: Paidós, 2005.

GÓMEZ MUNTANÉ, Maricarmen. *La música medieval en España*. Kassel: Reincherberger, 2001.

HOPPIN, Richard H. *La música medieval*. Madrid: Akal, 2002 (edición original: 1991).

MÚSICA EN EL RENACIMIENTO

ATLAS, Allan W. *La música del Renacimiento*. Madrid: Akal, 2002.

GALLICO, Claudio. *Historia de la música 4: La época del humanismo y del Renacimiento*. Madrid: Turner, 1986 (edición original: 1977).

REESE, Gustave. *La música en el Renacimiento I*. Madrid: Alianza Música, 1995 (edición original: 1988).

—, *La música en el Renacimiento II*. Madrid: Alianza Música, 2006 (edición original: 1988).

MÚSICA EN EL BARROCO

BASSO, Alberto. *Historia de la música 6. La época de Bach y Haendel*. Madrid: Turner, 1986 (edición original: 1977).

BUKOFZER, Manfred F. *La música en la época barroca. De Monteverdi a Bach*. Madrid: Alianza, 2002 (edición original: 1986).

Camino, Francisco. *Barroco. Historia, compositores, obras, formas musicales, discografía e intérpretes de la música barroca.* Madrid: Ollero y Ramos, 2002.

Walter Hill, John. *La música barroca.* Madrid: Akal, 2008.

Música en el clasicismo

Downs, Philip G. *La música clásica. La era de Haydn, Mozart y Beethoven.* Madrid: Akal, 1998.

Martín Moreno, Antonio. *Historia de la música española 4: el siglo XVIII.* Madrid: Alianza, 2006 (edición original: 1985).

Pestelli, Giorgio. *Historia de la música 7. La época de Mozart y Beethoven.* Madrid: Turner, 1986 (edición original: 1977).

Rushton, Julian. *Música clásica.* Barcelona: Destino, 1998.

Música en el siglo XIX

Carredano, Consuelo y Eli, Victoria. *Historia de la música en España e Hispanoamérica 6: La música en Hispanoamérica en el siglo XIX.* Madrid: Fondo de Cultura Económica, 2010.

Cassini, Claudio. *Historia de la música 8. El siglo XIX. Segunda parte.* Madrid: Turner, 1986 (edición original: 1977).

Dı Benedetto, Renato. *Historia de la música 7. El siglo xix. Primera parte.* Madrid: Turner, 1986 (edición original: 1977).

Plantinga, León. *La música romántica.* Madrid: Akal, 1992.

Whittal, Arnold. *Música romántica.* Barcelona: Destino, 2001.

Música en el siglo xx

Adell, Joan-Elies. *La música en la era digital. La cultura de masas como simulacro.* Lleida: Milenio, 1998.

Berendt, Joachim E. *El jazz. De Nueva Orleáns a los años ochenta.* Madrid: Fondo de Cultura Económica, 1998 (edición original: 1962).

Charles Soler, Agustí. *Análisis de la música española del siglo xx. En torno a la Generación del 51.* Valencia: Rivera Mota, 2002.

Cripps, Colin. *La música popular en el siglo xx.* Madrid: Akal, 1999.

Dibelius, Ulrich. *La música contemporánea a partir de 1945.* Madrid: Akal, 2004.

Frith, Simon, Straw, Will y Street, John. *La otra historia del rock.* Barcelona: Robinbook, 2006.

Fubini, Enrico. *El siglo xx: entre música y filosofía.* Valencia: Universidad de Valencia, 2004.

García Laborda, José María (ed.) y otros. *La música moderna y contemporánea a través de los escritos de sus protagonistas.* Sevilla: Doble J, 2004.

—, *La música del siglo xx, primera parte (1890-1914): modernidad y emancipación.* Madrid: Alpuerto, 2000.

Gómez Pérez, Rafael. *El rock. Historia y análisis del movimiento cultural más importante del siglo xx.* Madrid: El Drac, 1994.

Károlyi, Ottó. *Introducción a la música del siglo xx.* Madrid: Alianza, 2004 (edición original: 2000).

Morgan, Robert P. *La música del siglo xx.* Madrid: Akal, 1999 (edición original: 1994).

Smith Brindles, Reginald. *La nueva música. El movimiento avant-garde a partir de 1945.* Buenos Aires: Ricordi, 1996 (edición original: 1987).

Supper, Martin. *Música electrónica y música por ordenador. Historia, estética, métodos, sistemas.* Madrid: Alianza, 2006.

Tirro, Frank. *Historia del jazz clásico.* Barcelona: Robinbook, 2007.

—, *Historia del jazz moderno.* Barcelona: Robinbook, 2007 (edición original: 2001).

vv. aa. *Posmodernidad, veinte años después.* Revista *Doce Notas Preliminares*, n.º 8, 2001.